C. W. LEADBEATER

L'Occultisme dans la Nature

DEUXIÈME SÉRIE

2ᵉ Édition

PARIS

1926

L'Occultisme
dans la Nature

C. W. LEADBEATER

L'Occultisme dans la Nature

DEUXIÈME SÉRIE
2ᵉ Édition

EDITIONS

PARIS
1926

NOTE DE L'AUTEUR

Tandis que notre Présidente se trouvait, l'an dernier, loin d'Adyar, pour une tournée de conférences en Angleterre et en Amérique, la direction des entretiens journaliers avec les étudiants d'Adyar m'incomba. Je donnai dès lors un certain nombre d'enseignements nouveaux et répondis à une foule de questions. Mes paroles furent sténographiées et ce livre est le résultat des notes ainsi prises. Il arrive parfois que ce qui fut dit sur la terrasse, durant nos réunions, fut l'objet de quelques courts articles dans *The Theosophist* ou dans *Adyar Bulletin*; plutôt que de me reporter aux notes sténographiques, j'ai simplement recopié ces articles pour ce livre non sans les avoir augmentés et corrigés.

Un ouvrage tel que celui-ci est sans aucun doute incomplet; il contient aussi nombre de répétitions bien que celles-ci aient été autant que possible évitées. Bien des sujets ont aussi été traités dans mes ouvrages précédents; néanmoins, tous les enseignements contenus dans le présent volume découlent invariablement des plus récentes découvertes relatives aux matières traitées, matières qui ont été classées au mieux. En outre, avec ses neuf sections, ce volume constitue le deuxième tome d'une série.

Adyar, juillet 1911.

C. W. LEADBEATER.

L'OCCULTISME DANS LA NATURE
2e VOLUME

PREMIÈRE SECTION

LA VIE APRÈS LA MORT

LE THÉOSOPHE APRÈS LA MORT

Quand, après avoir définitivement quitté son corps physique, un membre de la Société Théosophique se trouvera sur le plan astral, il fera bien de se livrer, pour ainsi dire, à une sorte d'inventaire, de se rendre compte de sa situation, du genre de vie qui se présente à lui, afin d'en tirer le meilleur parti possible. Il agira sagement en consultant quelque ami ayant plus d'expérience que lui en la matière; c'est, d'ailleurs, ce que font presque toujours les membres de la Société Théosophique qui viennent de mourir.

Il faut se rappeler que, lorsque l'un d'eux arrive, après sa mort, sur le plan astral, ce n'est pas pour la première fois. Il a généralement fourni sur ce plan une grande somme de travail pendant son sommeil au cours de sa vie terrestre; il se trouve donc en terrain familier. En général, son premier mouvement est de se rendre tout droit auprès de notre vénérée Présidente; c'est certainement la meilleure chose qu'il puisse faire, personne n'étant mieux qualifié pour lui donner de bons conseils. Tant de possibilités se présentent dans le monde astral que l'on ne peut pas donner une règle générale; mais l'homme qui s'efforce de se rendre utile à tous ceux qui l'entourent ne peut se tromper beaucoup. Il y a, dans ce monde, une foule d'occasions de s'instruire et de travailler, parmi lesquelles le nouveau venu doit trouver le meilleur emploi de son temps.

Le monde astral, pas plus du reste, que le monde physique, ne se modifie pas selon la commodité des membres de la Société Théosophique; ils doivent, comme les autres, faire face aux conditions de ce nouveau milieu. Si un ivrogne déambule sur une route, ceux qui passent sur cette route le rencontrent, qu'ils soient ou non membres de la Société; le plan astral, à cet égard, ne se distingue pas du plan physique. Les théosophes familiarisés avec les lois de la vie astrale devraient, mieux que d'autres, savoir comment traiter les êtres désagréables qu'ils trouvent sur leur chemin, car ils sont, comme les autres, exposés à se trouver face à face avec eux. D'ailleurs, ils ont dû les rencontrer déjà en maintes occasions, alors qu'au cours de leur vie physique ils fonctionnaient sur le plan astral; il ne faut pas qu'ils les craignent davantage maintenant. De plus, par le fait qu'ils sont à présent au même niveau, ils peuvent mieux s'entendre avec eux et leur venir utilement en aide.

Après la mort, il n'y a, somme toute, aucune différence entre les conditions où se trouve l'homme ordinaire et celles du psychique, sauf que ce dernier, plus familiarisé avec les choses de l'astral, est moins désorienté dans ce nouveau milieu. Etre psychique, c'est pouvoir rapporter, dans la conscience physique quelques notions des mondes supérieurs; c'est donc seulement par certaines aptitudes du corps physique que le psychique diffère de l'homme ordinaire. Cette différence disparaît dès que le corps physique a été rejeté.

RAPPORTS DES DÉCÉDÉS AVEC LA TERRE

L'homme décédé est souvent au courant des sentiments de la famille qu'il a quittée. On pourra facilement s'en convaincre si l'on réfléchit à ce qui se manifeste par l'intermédiaire du corps astral. Le mort ne suit pas nécessairement, dans tous leurs détails, les événements de la vie physique; il ne sait pas forcément ce que ses amis mangent ou quelles sont leurs occupations. Mais il sait s'ils sont joyeux ou tristes et il est immédiatement au courant de tous leurs sentiments, tels que amour ou haine, jalousie ou envie.

Ce n'est qu'au moyen d'une matérialisation partielle (c'est-à-dire en attirant à soi un voile de matière éthérique) qu'un ivrogne planant aux abords d'un cabaret, peut respirer l'odeur de l'alcool. Il ne peut la sentir comme nous; c'est pourquoi il pousse toujours les buveurs à s'enivrer, afin de prendre possession de leurs corps par obsession et de se livrer alors à sa passion, ainsi qu'à toutes les autres sensations qu'il recherche avec tant d'avidité.

Le corps astral comporte les contre-parties exactes des yeux, du nez et de la bouche, mais il ne faut pas en conclure que l'homme astral voit, entend, sent, goûte, avec ces yeux, ces oreilles, ce nez ou cette bouche. La matière du corps astral entier étant constamment animée d'un mouvement rapide, il est absolument impossible qu'aucune de ses particules ait une fonction spéciale comme les extrémités de certains nerfs du corps physique.

Les sens du corps astral ne s'exercent pas au moyen d'organes spéciaux, mais par l'intermédiaire de toutes les particules de ce corps; par exemple l'homme, avec sa vue astrale, voit également bien par toutes les parties de son corps; il voit donc simultanément tout ce qui l'entoure, au lieu de ne regarder que devant lui.

S'il tente de saisir la contre-partie astrale de la main d'un homme vivant, les deux mains passeront l'une à travers l'autre sans produire aucune sensation de contact. Toutefois, il est possible de matérialiser une main qui, bien qu'invisible, donnera l'impression d'une main physique ordinaire; le fait se produit souvent dans les séances de spiritisme.

Il y a trois subdivisions du monde astral d'où l'homme décédé peut (bien que la chose ne soit pas recommandable) voir et suivre les événements physiques. Sur le sous-plan le plus bas, il s'occupe généralement de tout autre chose et s'intéresse fort peu à ce qui se passe dans le monde physique, sauf, ainsi que l'explique notre littérature, quand il hante les mauvais lieux; mais sur le sous-plan immédiatement supérieur, il est en contact très étroit avec notre monde et il lui est possible d'être entièrement conscient d'une foule de choses de ce monde. Ce ne sont pas les choses physiques qu'il voit, mais bien leurs contre-parties astrales. A un degré diminuant rapidement, l'homme possède encore cette conscience du plan physique lorsqu'il s'élève de deux autres sous-plans; mais au-dessus de ceux-ci, ce n'est que par un effort spécial et par l'intermédiaire d'un médium qu'il pourrait prendre contact avec le plan physique; cela serait même extrêmement difficile du sous-plan le plus élevé.

La possibilité de voir et de suivre, du plan astral, les événements physiques, est déterminée par le caractère, par l'humeur et par le degré de développement atteint. La plupart de ceux que nous appelons couramment de braves gens, qui vivent une vie normale jusqu'à la fin, traversent ces sous-plans inférieurs avant de s'éveiller à la conscience astrale; aussi est-il peu probable qu'ils soient conscients de quoi que ce soit de physique. Cependant, certains restent parfois en contact avec notre monde quand ils sont très inquiets de quelque personne laissée ici-bas.

Le corps astral des individus peu développés étant surtout composé de la matière de ces sous-plans inférieurs, il en résulte qu'ils sont plus aptes à suivre, dans une certaine mesure, ce qui se passe sur la terre. Tel est surtout le cas des gens de peu d'intelligence, dépourvus d'aspirations élevées, qui ne pensent qu'à des sujets terre à terre, et cette attraction des choses inférieures augmente à mesure qu'on la satisfait.

Celui qui, tout d'abord, était heureusement inconscient de ce qu'il y a au-dessous de lui, peut avoir le malheur d'en devenir conscient; tel est souvent, l'effet du chagrin égoïste des survivants. Le défunt s'efforce de ralentir alors son mouvement ascensionnel afin de rester en contact avec cette vie d'ici-bas à laquelle il n'appartient plus; il augmente ainsi, pendant un certain temps, sa faculté de voir les choses terrestres et sa douleur morale est grande quand il sent ce pouvoir lui échapper. Cette souffrance vient entièrement de l'entrave apportée par le décédé lui-même au cours régulier de sa vie astrale; elle est absolument étrangère à l'évolution ordinaire et normale qui se poursuit après la mort.

Les morts ne voient point le monde physique tel qu'il est exactement; d'ailleurs ni les morts, ni les vivants ne le voient tel qu'il est réellement, car nous, ou du moins la plupart d'entre nous, nous n'en voyons guère que les parties solides et liquides, et la portion beaucoup plus vaste occupée par les gaz et l'éther échappe à notre vue.

Le décédé, lui, ne voit pas la matière physique; il n'en voit pas non plus toutes les contre-parties astrales, mais seulement celles qui appartiennent au sous-plan particulier sur lequel il se trouve. Seul peut avoir une idée nette de ce qui se passe sur le plan astral, celui qui a développé la vue éthérique et la vue astrale alors qu'il était encore vivant dans son corps physique.

Une autre difficulté se présente : le désincarné ne peut jamais distinguer avec certitude entre le corps physique et la contre-partie astrale, même lorsqu'il la voit. Il lui faut une longue expérience pour être capable de distinguer nettement les objets; sinon il commettra beaucoup d'erreurs. Tel est le cas des maisons hantées où l'on constate des jets de pierres, des piétinements, des déplacements d'objets. Cette faculté de reconnaître les choses physiques est donc, en grande partie, le résultat de l'expérience et du savoir, mais elle restera très imparfaite si le désincarné ne l'a pas développée avant sa mort.

Un correspondant nous demande si un mort peut jouir de la contre-partie astrale d'une représentation théâtrale et trouver place dans la salle où elle a lieu, même lorsque celle-ci est comble.

Assurément, un théâtre, bondé de spectateurs, a une contre-partie astrale visible pour les morts. Toutefois, la pièce n'a guère d'attrait pour eux puisqu'ils ne peuvent en aucune façon, voir ni les costumes, ni le jeu de physionomie des acteurs comme nous les voyons; de plus, les sentiments exprimés, étant factices et non réels, ne font aucune impression sur la matière astrale.

Les corps astrals peuvent s'interpénétrer et s'interpénètrent constamment les uns les autres dans leur entier sans se faire mutuellement aucun mal; et si vous y réfléchissez un instant, vous comprendrez qu'il ne peut en être autrement. Lorsque vous êtes assis auprès d'une personne, en chemin de fer ou en tramway, votre corps astral et celui du voisin s'interpénètrent nécessairement dans une très large mesure, et cette pénétration ne présente pas la moindre difficulté parce que les particules astrales sont infiniment plus espacées, en proportion de leurs dimensions, que ne le sont les particules physiques. Mais en même temps, en raison de leurs différentes vibrations, ces deux corps astrals s'influencent fortement, si bien que le fait d'être assis tout près d'une personne impure ou animée de mauvais sentiments est très préjudiciable. Une personne décédée entrera donc sans difficulté dans une salle de théâtre pleine de monde; d'ailleurs son corps astral flottera sans doute dans l'air tandis que les spectateurs sont assis aux places que vous connaissez.

L'homme qui se suicide est un écolier qui fuit l'école

avant d'avoir appris la leçon prescrite; il est coupable d'avoir eu la présomption de prendre de lui-même une décision qui est du ressort de la Grande Loi. Les conséquences d'une rébellion aussi grave contre la nature sont toujours importantes; elles s'étendent, non seulement sur la prochaine vie mais, très probablement, sur plusieurs vies suivantes.

Immédiatement après sa mort, le suicidé est dans le même cas que la victime d'un accident; tous deux arrivent brusquement sur le plan astral. Il y a cependant une différence énorme. L'homme qui meurt par accident, ne s'attendant pas à la mort, est jeté dans un état d'inconscience et traverse ainsi généralement le plus bas des sous-plans sans en sentir les divers désagréments. Le suicidé, au contraire, ayant agi délibérément, en est généralement conscient et assiste, non sans douleur, au spectacle pénible qu'il présente. Il n'est pas possible de le délivrer des images et des sentiments qu'il s'est créés, mais un ami dévoué peut souvent venir à son secours en les lui expliquant et en lui recommandant la patience, la persévérance et l'espoir.

Tout en reconnaissant entièrement que le suicide est une faute, et une faute des plus graves, nous n'avons pas le droit de juger celui qui la commet. Les cas diffèrent extrêmement et il nous est impossible de connaître tous les mobiles divers qui les ont déterminés et qui tous sont dûment pris en considération dans le fonctionnement de la Loi de justice éternelle.

Pour apprécier les conditions de la vie d'un homme dans le monde astral, il faut tenir compte de deux facteurs importants : le temps qu'il passe sur chaque sous-plan inférieur et le degré de conscience qu'il y atteint.

La durée de son séjour sur ces sous-plans dépend, nous l'avons dit, de la quantité de matière qu'il a empruntée à chacun d'eux pendant sa vie terrestre.

Le degré de conscience sur un sous-plan varie suivant les cas.

Prenons un cas extrême. Supposons un homme ayant

développé dans sa dernière incarnation, des tendances qui correspondent à la matière du dernier sous-plan astral, et admettons qu'il ait eu la chance d'apprendre, dès les premières années de sa vie, la possibilité et la nécessité de combattre ces tendances. Il est peu probable que les efforts de cet homme pour se maîtriser aient complètement réussi; s'il en est ainsi, la matière grossière a été constamment mais lentement remplacée par de la matière plus affinée. Mais, ce progrès étant extrêmement lent, il arrive, en général, que l'homme meurt avant que le résultat ne soit complet. Dans ce cas, la quantité de matière appartenant au dernier sous-plan, restée dans son corps astral, sera sans doute assez faible pour lui épargner un trop long séjour sur ce sous-plan ; mais comme il n'a pas, dans sa dernière incarnation, eu l'habitude d'y fonctionner, cette habitude ne pouvant être prise tout d'un coup, il faudra qu'il y reste jusqu'au moment où toute la matière de ce sous-plan sera désagrégée. Pendant tout ce temps, il sera dans un état inconscient, dans une sorte de sommeil, grâce auquel les nombreux désagréments de ce sous-plan lui seront totalement épargnés.

Ces deux facteurs de l'existence d'outre-tombe, c'est-à-dire, d'une part le sous-plan sur lequel l'homme est situé, et d'autre part son degré d'évolution de conscience sur ce sous-plan, ne dépendent nullement de la manière dont il est mort, mais de la manière dont il a vécu; aucun accident, quelque terrible ou soudain qu'il soit, ne peut avoir d'influence sur eux. Néanmoins, la vieille prière si connue de l'Eglise a sa raison d'être : « De la mort subite, délivrez-nous, Seigneur! ». Car si la mort subite ne rend pas nécessairement plus mauvaise la situation de l'homme sur le plan astral, elle ne contribue du moins en rien à la rendre meilleure. Au contraire, le long épuisement de la vieillesse et les ravages de toutes sortes qu'entraîne une longue maladie sont invariablement accompagnés d'un détachement et d'une désagrégation très sensibles des particules astrales, si bien que l'homme se réveillant sur le plan astral, trouve dans tous les cas, déjà faite une partie importante de sa tâche.

La terreur et le trouble mental qui accompagnent parfois la mort par accident sont en eux-mêmes une très mauvaise préparation à la vie astrale. A vrai dire, on a vu des cas, heureusement très rares, où cette agitation et cette terreur persistaient après la mort; c'est pourquoi le désir, souvent exprimé d'avoir un certain temps pour se préparer à la mort, ne peut être tout à fait considéré comme une simple superstition, car il a sa raison d'être. En tout cas, pour celui qui vit la vie théosophique, le fait de passer, subitement ou non, dans le monde astral n'importe que bien peu puisqu'il cherche toujours à faire le plus de progrès possible et que son but reste le même après comme avant.

En résumé, il paraît certain que la mort par accident n'implique pas forcément un long séjour sur le niveau astral le plus bas, bien que, dans un sens, on puisse dire qu'elle le prolonge un peu puisque la victime n'a pu rejeter les particules grossières dont les souffrances d'une longue maladie l'auraient débarrassée.

En ce qui concerne les enfants, il est extrêmement douteux qu'au cours de leur vie courte et relativement innocente, ils aient développé une grande affinité pour les manifestations inférieures de la vie astrale; et il est vraiment peu probable qu'on les voie jamais sur ces niveaux. En tout cas, qu'ils meurent par accident ou maladie, leur vie astrale est relativement courte et leur vie dans le monde céleste, bien que plus longue, est toujours proportionnée à leur vie astrale. Ils se réincarnent aussitôt que les forces, qu'ils ont mises en jeu dans leur courte vie terrestre, sont épuisées, de même que nous l'avons observé pour les adultes; la même grande Loi agit partout.

En général, la manière dont on traite *habituellement* son cadavre n'affecte pas *nécessairement* l'homme qui est sur le plan astral. Je suis obligé de faire ces deux restrictions, d'abord parce que certains rites magiques, horribles, peuvent atteindre très sérieusement celui qui est passé sur le niveau astral; ensuite parce que la condition du cadavre, quoique n'affectant pas *nécessairement* l'homme véritable agit quelquefois quand même sur lui par suite de son ignorance ou de sa sottise.

Je vais essayer de vous l'expliquer.

La durée de la vie astrale, après l'abandon définitif du corps physique, dépend principalement des deux facteurs suivants : la qualité de sa vie physique passée et l'attitude mentale après ce que l'on appelle la mort. Pendant sa vie terrestre, l'homme modifie constamment la matière de son corps astral. Il agit sur elle directement, par les passions, les émotions et les désirs dont il subit l'empire, et indirectement, d'en haut, pour ainsi dire, par ses pensées et d'en bas, par tous les détails de sa vie physique (sa bonne conduite ou sa débauche, sa propreté ou sa malpropreté, sa nourriture et sa boisson). Si, par perversité, il s'est obstiné à suivre une mauvaise voie, s'il a été assez sot pour se construire un véhicule astral lourd et grossier, habitué à ne répondre qu'aux vibrations les plus inférieures du plan astral, il se trouvera, après la mort, retenu sur ce plan pendant tout le temps nécessaire au long et lent processus de la désagrégation de son corps astral. Si, par contre, il s'est attaché à mener une vie convenable, ce véhicule contiendra une forte proportion de matière plus subtile, les tourments et les inconvénients de sa vie d'outre-tombe seront très diminués et son évolution plus rapide et plus aisée.

Ceci est généralement compris, mais le second facteur important, l'attitude mentale après la mort, semble souvent oublié. La chose désirable pour le défunt est de bien se rendre compte de la position qu'il occupe sur ce petit arc de son évolution, d'apprendre qu'il est arrivé à l'heure où il doit se replier vers le plan de son Ego véritable et que, par conséquent, son devoir est de détourner, autant que possible, sa pensée des contingences physiques et de fixer de plus en plus son attention sur les questions d'ordre spirituel qui l'occuperont dans le monde céleste. Par là, il facilite grandement la désagrégation astrale normale et évite l'erreur, malheureusement si commune, de s'attarder inutilement sur les niveaux inférieurs, où il ne doit pas séjourner longtemps.

Bien des gens se refusent à tourner leurs pensées vers le haut et passent leur temps à lutter de toutes leurs forces pour rester en contact avec le monde physique qu'ils ont quitté, ce qui gêne beaucoup quiconque s'efforce de les secourir. Les questions terrestres étant les seules auxquelles ils se soient jamais intéressés, ils s'y attachent désespérément même après leur mort. Naturellement, ce contact avec les choses d'ici-bas leur devient de plus en plus difficile, mais au lieu d'accueillir avec joie cette constatation et de faciliter ce processus de perfectionnement et de spiritualisation graduel, ils lui opposent une résistance désespérée. La force colossale de l'évolution finit par les entraîner dans son courant bienfaisant; mais ils ne cèdent que pas à pas.

Ils s'attirent ainsi de grandes peines et d'inutiles chagrins et retardent sérieusement leurs progrès spirituels.

Cette ignorante et fâcheuse résistance à la volonté cosmique est grandement aidée par le cadavre qui constitue une sorte de point d'appui sur le plan physique. Le décédé est naturellement en rapports étroits avec ce cadavre et il peut commettre l'erreur de s'en servir comme d'une ancre qui l'attache fortement à la matière physique tant que la décomposition n'est pas trop avancée. La crémation sauve l'homme de lui-même; brûler ainsi son corps, c'est littéralement « brûler ses vaisseaux » car cette heureuse opération diminue dans de grandes proportions, la possibilité de se rattacher à la terre.

Ni l'ensevelissement, ni l'embaumement ne peuvent, en quoi que ce soit, forcer l'Ego à prolonger son séjour sur le plan astral; mais chacune de ces méthodes lui en offre à la fois la tentation et les plus grandes facilités d'y satisfaire. Aucun Ego, tant soit peu évolué, ne consentirait à être retenu sur le plan astral, surtout par un moyen tel que l'embaumement de son cadavre. Que son véhicule physique soit brûlé, qu'il soit, selon la déplaisante coutume actuelle, abandonné à une lente décomposition, ou qu'il soit indéfiniment conservé comme une momie égyptienne, son corps astral ne s'en désagrégera pas moins rapidement, avec la même facilité.

Les avantages de l'incinération sont nombreux. Elle rend impossible toute tentative, même temporaire, de revivifier le cadavre et par suite de s'en servir dans un but de basse magie; elle met ainsi (et d'autre manière encore) les vivants à l'abri de nombreux dangers.

DES CONDITIONS D'EXISTENCE APRÈS LA MORT

Est-il préférable, demande-t-on souvent, que l'homme de niveau moyen, soit inconscient dans le monde astral ou qu'il y soit conscient?

Ceci dépend et de la nature des activités et du degré de développement de l'Ego.

Lorsque l'homme ordinaire meurt, il n'a pas encore renoncé à tous ses désirs; aussi doit-il d'abord épuiser leur force avant de pouvoir entrer en état d'inconscience. Si la seule activité dont il est capable est celle qui provient des désirs inférieurs, il est évidemment préférable pour lui que rien ne vienne l'empêcher de tomber le plus tôt possible dans une inconscience relative, puisque tout le Karma qu'il pourrait générer ainsi serait probablement mauvais.

Si, d'autre part, son développement lui permet de se rendre utile aux autres sur le plan astral, et surtout si déjà il y a souvent travaillé pendant son sommeil, il n'y a aucune raison pour qu'il ne cherche pas à employer utilement le temps qu'il est obligé d'y passer; mais il fera bien de n'y pas déployer de nouvelles forces qui pourraient prolonger son séjour.

Ceux qui travaillent sous la direction des disciples des Maîtres de Sagesse sont sagement guidés, car ces disciples ont, en cette matière, une grande expérience et sont à même en tout cas, de demander conseil à ceux qui en savent plus qu'eux.

Comme la vie physique, la vie astrale peut être dirigée par la volonté, mais toujours dans les limites assignées par le Karma de chacun, c'est-à-dire par ses actions passées. L'homme ordinaire a peu d'initiative, sa capacité de vouloir est faible; aussi est-il, dans une grande mesure, aussi bien dans le monde astral que dans le monde physique, l'esclave de l'ambiance qu'il s'est créée. Au contraire un homme déterminé, tirera toujours le meilleur parti de tout et vivra sa propre vie quelles que soient les circonstances. Après tout, ce que sa volonté a produit, sa volonté peut le modifier peu à peu s'il en a le temps.

Pas plus que pendant la vie terrestre, on ne peut, en astral, se débarrasser des mauvais penchants sans faire les efforts nécessaires. Les désirs ardents et tenaces nécessitent un corps physique pour être assouvis et l'absence de ce corps est la cause de longues souffrances. Mais peu à peu ces désirs s'atténuent et, faute d'être satisfaits, s'atrophient et disparaissent. De la même manière, la matière du corps astral s'use lentement et se désagrège à mesure, en même temps que la conscience s'en retire graduellement par l'effort semi-conscient de l'Ego; et ainsi, par degrés, s'opère la libération de tout ce qui fait obstacle à l'ascension vers l'état céleste.

En général, et ceci est vraiment déplorable, la personne décédée ne comprend nullement la nécessité de se débarrasser des désirs inférieurs qui la lient. Si elle comprenait sa situation et si, sachant que son devoir est de se retirer en elle-même en abandonnant toute pensée terrestre, elle s'appliquait à cette tâche, elle accélérerait beaucoup les deux processus de libération dont j'ai parlé. Au contraire, dans son ignorance, elle vivifie ces désirs, prolonge ainsi leur durée et s'attache de toutes ses forces aux parties les plus grossières de son corps astral parce que les sensations qu'elles lui procurent lui donnent l'illusion de cette vie physique à laquelle elle aspire passionnément. Aussi le travail le plus important des aides invisibles consiste-t-il à expliquer aux décédés leur situation et l'on comprend ainsi combien la connaissance même purement intellectuelle des vérités théosophiques devient utile à ce moment.

Après la mort, en arrivant sur le plan astral, les gens ne comprennent pas qu'ils sont morts et même, s'ils s'en rendent compte, ils ne perçoivent pas tout d'abord en quoi ce monde diffère du monde physique.

Sur terre, une foule de contingences impérieuses remplissent la vie. Il faut se nourrir, se vêtir, se loger ; pour y arriver, il faut de l'argent et pour avoir l'argent, il faut travailler. Cette nécessité nous semble si naturelle ici-bas que, libérés par la mort de cet esclavage, nous avons pendant longtemps grand'peine à croire que nous sommes vraiment libres et, dans bien des cas nous continuons à faire d'inutiles efforts pour des besoins que nous n'avons plus.

Ainsi parfois l'on voit des personnes récemment décédées essayer de manger, se préparer des repas complètement imaginaires, tandis que d'autres se construisent des maisons. J'ai positivement vu dans l'au-delà, un homme se bâtir une maison pierre à pierre, et, bien qu'il créât chaque pierre par un effort de sa pensée, il n'avait pas compris qu'il aurait tout aussi bien pu construire la maison entière, d'un seul coup par le même procédé, sans se donner plus de mal. Peu à peu il fut conduit, en découvrant que les pierres n'avaient pas de pesanteur, à s'apercevoir que les conditions de ce nouveau milieu différaient de celles auxquelles il était accoutumé sur terre, ce qui l'amena à en continuer l'examen.

Dans le *summer-land*, les hommes s'entourent de paysages qu'ils se créent eux-mêmes ; d'aucuns cependant s'évitent cette peine et se contentent de ceux qui ont déjà été imaginés par d'autres. Les hommes qui vivent sur le sixième sous-plan, c'est-à-dire près de la terre, sont entourés de la contre-partie astrale des montagnes, des arbres, des lacs physiques, de sorte qu'ils ne sont pas tentés d'en édifier eux-mêmes ; ceux qui habitent les sous-plans supérieurs, qui planent au-dessus de la surface terrestre, se créent tous les paysages qu'ils veulent, par les méthodes que j'ai décrites. Le plus fréquemment, ils reproduisent des scènes de leurs Ecritures diverses; aussi, dans ces régions, se trouve-t-on constamment en présence de tentatives maladroites et pauvres d'imagination pour créer des joyaux poussant sur des arbres, des mers de cristal sillonnées de feu, des créatures dont l'intérieur est rempli d'yeux, des divinités aux cent têtes et aux cent bras.

C'est la conséquence de l'ignorance et des préjugés de la vie physique, que tant de gens perdent leur temps à un travail sans valeur aucune, alors qu'ils pourraient l'employer à venir en aide à leurs frères.

Pour qui a étudié la Théosophie et qui, par conséquent, comprend la nature de ces mondes supérieurs, une de leurs caractéristiques les plus agréables, est le repos et la liberté absolus que l'on y trouve par suite de la disparition de ces contingences qui rendent la vie physique si misérable. L'homme mort seul est absolument libre, libre de faire ce qu'il veut, libre d'employer son temps à sa guise, libre, par conséquent de consacrer toutes ses énergies à aider et à secourir.

DE L'OBSESSION ANIMALE

Nous savons qu'un Ego, dans sa descente en réincarnation, peut être détourné de sa route et retenu indéfiniment sur les niveaux de l'astral par l'attraction de l'âme-groupe de quelque race d'animaux avec lesquels il a une affinité trop grande. Nous savons que la même affinité s'empare quelquefois d'une âme, sur le plan astral, pour l'associer très intimement avec une forme animale; nous savons aussi qu'une grande cruauté peut engendrer un lien karmique qui nous lie à un animal et nous fait souffrir horriblement avec lui. Tout ceci a été décrit par Mme Besant dans une lettre à un journal hindou, lettre qui fut reproduite par le *Theosophic Gleaner*, vol. XV, p. 231, Mme Besant s'exprime ainsi :

« L'Ego humain ne se réincarne pas dans un animal, car se réincarner signifie entrer dans un véhicule physique qui, ensuite, appartient à l'Ego et dont il est maître. La liaison de l'Ego humain à une forme animale, liaison imposée comme châtiment, n'est pas une réincarnation, car l'âme animale, véritable propriétaire du véhicule, n'en est pas dépossédée, et l'Ego humain n'est pas maître du corps auquel il est temporairement attaché. Cet Ego ne peut pas devenir un animal ni perdre ses attributs humains pendant son châtiment. Il n'est pas forcé de recommencer son évolution depuis les stades les plus bas de l'humanité, car, aussitôt qu'il est libéré, il reprend la forme humaine à laquelle son évolution antérieure lui donne droit.

« Lire l'histoire de Jada Brarafa et celle de la femme de Rishi, libérés par le contact des pieds de Ramâ, cas qui démontrent l'erreur de la croyance populaire que l'homme *devient* une pierre ou un animal.

« Voici ce qui se passe : Quand un Ego, une âme humaine, par ses appétits vicieux ou par une autre cause, forme un lien très fort avec un type d'animal quelconque, son corps astral présente les caractéristiques animales correspondantes et, dans le monde astral, où les pensées et les passions prennent forme, il se peut qu'il revête cette forme animale. Ainsi, après la mort, dans le Pretaloka (1), l'âme serait incorporée dans une enveloppe astrale ressemblant plus ou moins à l'animal dont elle a, sur terre, exalté en elle les caractéristiques. Soit à ce moment, soit lorsque, retournant en incarnation, l'âme repasse dans le monde astral, elle peut être, dans des cas exceptionnels, liée par affinité magnétique au corps astral de l'animal dont ses tendances la rapprochent, et elle sera, par lui, enchaînée,

---

(1) *Preta*, élémentaire, coque astrale, vitalisée, d'avare ou d'égoïste. (*Note du Comité.*)

comme un prisonnier, au corps physique de cet animal. Ainsi captive, elle ne peut ni s'élever vers *Svarga*, si le lien a été établi pendant qu'elle était un *Preta*, ni se réincarner dans l'humanité.

« C'est vraiment pour l'âme un châtiment que d'être ainsi liée à un animal ; elle est consciente sur le plan astral, elle a conservé toutes ses facultés humaines, mais elle est sans action sur le corps de la bête à laquelle elle est enchaînée et ne peut se manifester par lui sur le plan physique. L'organisme de l'animal ne possède pas le mécanisme par lequel un Ego humain peut s'exprimer ; c'est une prison, non un véhicule. En outre, l'âme de l'animal, n'ayant pas été expulsée, est la véritable propriétaire de son propre corps et elle seule peut en disposer.

« Shri Shankarâchârya indique très clairement la différence entre pareille prison et la transformation en pierre, en arbre ou en animal. Un tel emprisonnement n'est pas une réincarnation et lui donner ce nom est une erreur. J'affirme donc, en toute connaissance de cause, que l'Ego humain ne peut se réincarner dans un animal, ni devenir un animal. Cette expérience n'est d'ailleurs pas la seule qu'une âme dégradée puisse faire dans le monde invisible ; il y en a d'autres. Il y est fait allusion dans les Shatras Hindous, mais à un point de vue spécial et d'une manière vague.

« Quand, sans que l'Ego soit tombé assez bas pour encourir un emprisonnement aussi absolu, son corps astral est néanmoins fortement animalisé, il peut se réincarner normalement dans un véhicule humain, mais ce corps reproduira les caractéristiques d'un animal ; tels sont les « monstres » à tête de porc, de chien, etc...

« En cédant aux vices bestiaux les hommes s'attirent des peines plus terribles qu'ils ne se l'imaginent généralement, car les lois de la nature sont inviolables et apportent à chacun la récolte de la graine qu'il a semée. Les souffrances qu'endure l'entité humaine consciente, ainsi momentanément arrêtée dans son évolution et privée de moyens d'expression, sont très vives, et leur but est naturellement que l'Ego se corrige. A peu près identiques sont celles qu'endurent les Egos liés à des corps humains dont les cerveaux ne sont pas sains, comme ceux des idiots, des fous, etc. L'idiotie et la folie sont les conséquences d'autres vices que ceux qui entraînent la servitude animale, mais dans les deux cas, l'Ego est lié à une forme à travers laquelle il ne peut s'exprimer. »

Ces exemples montrent, du moins en partie, d'où vient la croyance si répandue qu'un homme peut, dans certaines circonstances, se réincarner dans le corps d'un animal. Les livres orientaux décrivent comme des vies distinctes ce qui, pour nous, ne constitue que les trois étapes d'une *seule* vie. Ils expliquent que lorsque l'homme meurt à la vie physique, il renaît immédiatement sur le plan astral, ce qui signifie simplement que sa vie, spécialement et entièrement astrale, commence alors; de même le passage à la vie céleste est appelé par eux mort sur le plan astral et nouvelle naissance sur le niveau supérieur. Dans ces conditions, on conçoit aisément que les cas anormaux mentionnés ci-dessus puissent être considérés comme une « réincarnation dans le règne animal », mais cette expression aurait, dans la littérature théosophique, un sens très différent.

Au cours de récentes investigations, notre attention a été attirée sur une série de cas qui diffèrent un peu de ceux dont j'ai parlé plus haut, en ce que le lien rattachant l'Ego à l'animal a été formé par l'être humain dans le but d'échapper à quelque chose qu'il a senti être plus terrible encore. Sans aucun doute, ces cas étaient connus des anciens et c'est en partie à eux que se rapporte la tradition relative aux incarnations animales. Je vais essayer de l'expliquer.

A la mort, la partie éthérique du corps physique se retire de la partie la plus dense et peu après (généralement quelques heures) le corps astral se sépare à son tour du corps éthérique, à ce moment commence la vie sur le plan astral. En général, l'inconscience est complète jusqu'au moment de la séparation du corps éthérique, et quand a lieu l'éveil à une vie nouvelle, cette vie est celle du monde astral. Néanmoins, certaines personnes s'accrochent si désespérément à l'existence physique, que leur véhicule astral ne peut se détacher entièrement du corps éthérique, et elles s'éveillent encore entourées de matière éthérique.

Le corps éthérique n'est qu'une partie du corps physique et n'est pas, à proprement parler, un véhicule de conscience, c'est-à-dire un corps dans lequel l'homme peut vivre et agir. Ces malheureux se trouvent donc en posture fort désagréable, suspendus pour ainsi dire entre deux plans. Le monde astral leur est fermé par la matière éthérique qui les enveloppe et en même temps ils ont perdu les organes des sens physiques. Ils errent alors de tous côtés, solitaires, muets et terrifiés, enveloppés d'une brume épaisse et sombre, incapables de frayer avec les habitants soit d'un monde, soit de l'autre; ils aperçoivent parfois d'autres âmes qui flottent comme eux, et dans la même situation fâcheuse, mais ils ne peuvent communiquer avec elles, sont incapables même de les rejoindre ou de les arrêter dans leur course sans but au sein de la nuit profonde où ils errent. De temps à autre, le voile de matière éthérique se soulève assez pour leur permettre de jeter un coup d'œil sur les scènes des sous-plans inférieurs de l'astral et ce spectacle est rarement encourageant, car il fait plutôt songer à une scène de l'enfer; parfois aussi un objet terrestre et familier est en partie et momentanément aperçu, phénomène généralement causé par la rencontre avec une forme-pensée intense; mais après cette éclaircie, qui rappelle le supplice de Tantale, quand la lueur fugitive s'évanouit, la brume est plus épaisse, plus troublante, plus désespérante encore.

Pendant tout ce temps, le malheureux décédé ne peut arriver à comprendre que si seulement, par un effort de volonté, il se libérait du désir qui le retient à la matière physique, il passerait immédiatement (après quelques instants d'inconscience) à la vie ordinaire du plan astral; mais c'est précisément ce qu'il redoute par dessus tout; il craint de perdre sa misérable semi-conscience, et s'accroche même aux horreurs de ce monde gris noyé dans un épais brouillard plutôt que d'entrer dans ce qu'il considère comme une mer d'anéantissement et d'extinction complète. Parfois — même résultat des enseignements erronés reçus sur terre — il se dit que s'il se laisse aller, il tombera dans l'enfer. Dans tous les cas, sa douleur, son désespoir et l'accablement que lui cause sa solitude sont extrêmes.

Pour sortir de cette position fâcheuse, que ces individus ne doivent, d'ailleurs, qu'à eux-mêmes, il existe plusieurs moyens. Parmi ceux qui composent notre groupe d'aides invisibles, quelques-uns se consacrent spécialement à la tâche de rechercher les âmes dans cette douloureuse situation ; ils essaient de les persuader que ce qu'elles peuvent faire de mieux est de se laisser aller au courant qui les en ferait sortir. Il y a aussi, parmi les décédés, des cœurs généreux qui se consacrent à explorer les bouges du monde astral pour en sauver les âmes. Quelquefois ces efforts sont couronnés de succès, mais en somme peu nombreuses sont les victimes qui ont le courage et la confiance nécessaires pour rompre le lien qui les attache à ce qui leur semble bien injustement être la vie.

Peu à peu la coque éthérique se résorbe d'elle-même et le cours ordinaire de la nature revendique ses droits en dépit des efforts faits pour s'y soustraire. Parfois, en désespoir de cause, on voit ces désincarnés hâter le dénouement, convaincus qu'en somme l'anéantissement est préférable à la vie qu'ils mènent, par indifférence, ils s'abandonnent et il s'ensuit pour eux une extrême mais agréable surprise.

Il arrive que, pendant leurs premières luttes, quelques âmes ont la malchance de découvrir des méthodes antinaturelles qui leur permettent, jusqu'à un certain point de reprendre contact avec le monde physique, alors qu'elles devraient, au contraire, chercher à entrer dans le monde astral. Elles pourraient y parvenir facilement par l'intermédiaire d'un médium, mais, généralement, « l'esprit-guide » du médium leur en défend sévèrement l'accès, et il a parfaitement raison car, dans leur terreur et leur détresse, elles n'ont plus aucun scrupule ; luttant avec l'énergie d'un homme qui va se noyer, elles poursuivraient le médium de leurs obsessions jusqu'à le rendre fou ; efforts tout à fait inutiles puisque leur succès même n'aboutirait qu'à prolonger leurs souffrances, en faisant plus épaisse encore la prison de matière dont elles ont tout intérêt à se débarrasser. A l'occasion, elles tâchent de s'emparer d'une personne qui, inconsciemment, possède la médiumnité, en général quelque jeune fille de tempérament psychique, mais elles ne peuvent réussir dans cette tentative que lorsque l'Ego de la jeune fille est si peu maître de ses véhicules qu'il ne les défend pas contre les mauvaises pensées ou les passions inférieures. Quand les relations de l'Ego avec ses véhicules sont normales et saines, il ne peut être dépossédé de ses facultés, malgré les efforts acharnés des pauvres âmes dont je viens de parler.

L'animal, lui, n'a pas d'Ego, mais il possède un fragment de l'âme-groupe qui lui en tient lieu. Le pouvoir de ce fragment d'âme sur ses véhicules n'est pas comparable à celui d'un Ego humain ; c'est pourquoi ce que nous appellerons pour l'instant « l'âme » de l'animal peut être dépossédé bien plus aisément que lui. Parfois, ainsi que je l'ai dit, l'âme humaine errant à travers le monde brumeux, se rend compte par malheur de cette possibilité, dans sa folie, elle obsède le corps d'un animal, ou, si elle n'arrive pas à chasser entièrement son âme, elle tâche d'en être en partie maîtresse afin de partager dans la mesure possible la demeure du véritable propriétaire. Par l'intermédiaire de l'animal, elle se trouve ainsi une fois de plus en contact avec le monde physique ; elle voit par les yeux de l'animal (expérience quelquefois très remarquable) et ressent toute douleur qu'on lui inflige ; en réalité du point de vue de sa propre conscience elle *est* elle-même l'animal.

Un membre âgé et respecté de l'une de nos branches anglaises raconta qu'il reçut un jour la visite d'un homme venant lui demander conseil dans des circonstances particulières. Le visiteur semblait avoir connu des jours meilleurs, mais il était tombé, disait-il, dans un état de pauvreté si complète qu'il avait dû accepter n'importe quel travail, et qu'il était réduit à assommer le bétail dans un immense abattoir. Il se déclarait incapable de continuer son odieux métier à cause des cris déchirants d'angoisse que poussaient ses victimes quand il se préparait à les assommer, et des voix qui lui disaient : « Aie pitié de nous! Ne frappe pas, car nous sommes des êtres humains attachés à ces animaux et nous ressentons leurs souffrances ».

Ayant entendu dire que la Société Théosophique s'occupait de choses extraordinaires, il venait demander un avis.

Cet homme était sans doute un clairaudient, ou, en tout cas, assez sensitif pour lire les pensées de ces pauvres créatures qui s'étaient associées avec des animaux et ces pensées se traduisaient probablement pour lui par des cris et des supplications. Il n'est pas étonnant que, dans ces conditions, il se sentît incapable de continuer son métier. Voilà qui doit faire réfléchir ceux qui mangent de la viande, ceux qui, sous le nom de « sport », se font un jeu de tuer des animaux, surtout les vivisecteurs et, en général, tous ceux qui tuent ou torturent des animaux, car ils risquent ainsi d'infliger à un être humain de terribles souffrances. Le fait, que des matérialistes s'exposent à commettre de pareilles erreurs, semble prouver que rien ne subsiste plus de la croyance de divers peuples anciens où il était défendu de tuer certains animaux « de peur de déposséder un ancêtre ».

La personne ainsi liée à un animal ne peut s'en séparer à volonté, et même le pourrait-elle, elle ne saurait y réussir que peu à peu, à grand'peine et au bout de plusieurs jours d'efforts.

Ce n'est généralement qu'à la mort de l'animal qu'elle peut s'en dégager, et encore, pas immédiatement. Elle tâchera alors d'obséder quelque autre animal de la même espèce ou, à défaut, quelque autre créature.

J'ai remarqué que les animaux obsédés ou semiobsédés par des êtres humains sont souvent évités ou craints par le reste du troupeau. En fait, ils sont souvent à moitié fous de terreur et de colère, tant ce qu'ils éprouvent est étrange, et ils n'ont aucun moyen de s'y soustraire.

Les animaux les plus exposés aux obsessions de ce genre, semblent être les moins développés, tels que les bœufs, les moutons et les porcs. Il est probable que les bêtes plus intelligentes, comme les chiens, les chats et les chevaux, ne se laisseraient pas obséder aussi facilement, bien que mon attention ait été une fois attirée par l'exemple particulièrement triste de quelqu'un qui était ainsi enchaîné à un chat. Il y a aussi le cas bien connu du singe de Pandharpur qui fit voir, de si étrange façon, qu'il était au courant des cérémonies Brahmaniques. Mais, le plus souvent, l'âme qui obsède se contente de ce qu'elle a trouvé, tant sont grands les efforts nécessaires pour obséder même la bête la plus stupide.

Cette obsession animale semble avoir aujourd'hui remplacé l'horrible vampirisme d'autrefois.

Les hommes de la quatrième race-mère qui avaient pour la vie matérielle un attachement irrésistible, réussissaient parfois à en prolonger dans leur propre corps certaines manifestations inférieures et d'une horreur indescriptible en absorbant le sang de leurs semblables.

Dans la cinquième race, pareilles choses, heureusement, ne semblent plus possibles, mais les individus très matériels sont parfois les victimes de l'obsession animale — chose mauvaise, à coup sûr, mais cependant moins affreuse et moins révoltante que le vampirisme. — Voilà comment, même les choses les plus viles ici-bas deviennent meilleures.

On m'a cité deux autres cas d'associations avec des animaux; l'un où un décédé, de tempérament vicieux, avait l'habitude d'emprunter temporairement le corps d'un certain animal pour satisfaire sa perversité; l'autre, où un magicien oriental pour se venger d'une injure à sa religion, avait rattaché sa malheureuse victime décédée à une forme animale par un lien magnétique. Ceci porte à croire que sa victime avait quelque faiblesse permettant au magicien de la dominer, et qu'elle avait en outre commis intentionnellement un acte la mettant karmiquement sous la domination du sorcier, autrement, ce cas ne serait normalement pas possible, et le précédent non plus.

Toute obsession, qu'elle soit exercée sur le corps d'un homme ou sur celui d'un animal, est pour celui qui obsède un mal et un obstacle, car les attaches qui le retiennent à la terre en sont momentanément renforcées, et ses progrès dans la vie astrale retardés, sans compter les mauvais liens karmiques qui en résultent. Cette vie dans le brouillard — comme, d'ailleurs, presque toutes les autres expériences pénibles de la vie d'outre-tombe — n'a d'autre cause que l'ignorance où est l'âme des conditions réelles de cette vie. Plus nous acquérons de connaissances sur la vie et la mort, plus s'impose à nous la nécessité de faire tous nos efforts pour propager la doctrine théosophique, car il devient de plus en plus évident que cette connaissance signifie vie, bonheur et progrès pour tous.

ANIMAUX INDIVIDUALISÉS

Quand un animal individualisé meurt, il a une vie astrale heureuse et très longue, pendant laquelle il reste généralement dans le voisinage immédiat de l'endroit où il a vécu. Ses rapports avec son ami ou son protecteur se continuent; il le voit, il jouit de sa société autant que par le passé, bien qu'invisible à celui qu'il aime, et la mémoire qu'il conserve de sa vie terrestre est tout aussi fidèle que lorsqu'il vivait ici-bas.

Cet état sera suivi de la période encore plus heureuse que l'on désigne quelquefois sous le nom de « conscience endormie », qui durera jusqu'au jour où dans un monde futur, cet animal individualisé revêtira la forme humaine. Pendant tout ce temps, son état est analogue à celui d'un être humain dans le monde céleste, bien qu'à un niveau moins élevé. Il s'y crée son propre entourage, bien qu'il n'en ait qu'une vague conscience, et assurément cet entourage comportera l'image la plus belle et la plus sympathique de son ami terrestre. Pour toute entité en contact avec le monde céleste, soit qu'elle fasse ses premiers pas dans l'évolution humaine ou qu'elle se prépare à y entrer, ce monde représente la béatitude la plus haute dont elle puisse jouir.

DE LA LOCALISATION DES ÉTATS

La notion de lieu s'applique aux sous-plans du monde astral, mais seulement dans une certaine mesure. La matière de ce plan, sous tous ses états, nous entoure évidemment ici, sur la surface de la terre, et l'homme vivant, qui fait usage de son corps astral pendant le sommeil physique, entre simultanément en contact avec tous les états de la matière astrale, et est apte à en recevoir des impressions. Si, utilisant mon corps astral pendant que je dors, je regarde le corps astral d'un autre homme vivant, je le vois tout entier composé de la matière de chaque sous-plan ; mais, le corps astral d'un homme ordinaire, décédé, a été remanié par ce qu'on appelle l'élémental du désir et de ce fait, en général, un seul degré de sa matière peut seulement être impressionné.

Ce que nous appelons la « vue », dans le monde astral, n'est pas une véritable vue, car ce mot implique l'usage d'un organe apte à recevoir certaines vibrations spéciales. Tout autre est la vision astrale car on voit avec toutes les parties du corps astral, c'est-à-dire que chaque parcelle de ce corps est apte à recevoir les vibrations venant de l'extérieur et à les transmettre à la conscience intérieure. Néanmoins, toute parcelle n'est pas apte à enregistrer n'importe quel genre de vibrations ; ainsi je ne puis avoir connaissance de la matière astrale du degré le plus dense que si j'ai dans mon propre corps astral de la matière de même degré et je perçois les vibrations grossières que comporte cette matière au moyen de celle qui se trouve à ce moment à la surface de mon corps astral. Toutes les molécules du corps astral, étant pendant la vie, constamment en mouvement comme celles d'un liquide en ébullition, tous les degrés de matière sont représentés sur la surface du corps astral ; c'est pourquoi je puis voir simultanément tous les sous-plans astraux.

Après sa mort, l'homme ordinaire n'utilise pratiquement qu'un seul type de matière, celui qui est à l'extérieur par suite de l'organisation de la coque astrale en couches concentriques ; aussi n'a-t-il du monde astral qui l'entoure qu'une vision très incomplète.

Si, enfermé dans une coque de matière du degré le plus bas, il regarde le corps astral d'une personne vivante, il n'en peut voir que la partie constituée par ce même degré ; mais, comme il n'a aucun moyen de se rendre compte de la restriction de ses facultés, il croit voir le corps astral entier de la personne examinée et en conclut naturellement qu'elle possède uniquement les basses caractéristiques qui seules s'expriment par ce degré inférieur de matière.

Cet homme vit au sein de toutes sortes de hautes influences et de superbes formes-pensées, mais il en est complètement inconscient parce que les parties de son corps astral qui pourraient répondre à leurs vibrations sont à l'intérieur de sa coque impénétrable. Ce degré le plus bas de matière astrale, le septième si nous comptons à partir d'en haut, correspond à la matière physique et par lui est constituée la contre-partie astrale de tout objet solide du plan physique. Les contre-parties astrales du plancher, des murs et du mobilier d'une chambre appartiennent à ce type inférieur de matière astrale ; aussi l'homme qui vient de mourir les voit-il nettement, tandis qu'il est presque entièrement inconscient du vaste océan de formes-pensées qui l'entoure, la plupart étant composées de types plus élevés de matière astrale.

Plus tard, à mesure que la conscience se retire à l'intérieur, cette coque de matière grossière se désagrège; la matière du degré supérieur est graduellement mise à découvert et reçoit à son tour les vibrations extérieures. Alors les contre-parties des objets physiques solides s'effacent peu à peu tandis que les formes-pensées se font de plus en plus nettes, de sorte que, sans aucun déplacement, un monde nouveau se révèle à la conscience.

Si, au cours de cette évolution, il arrive que le décédé rencontre la même personne à des intervalles assez longs, il sera persuadé qu'une grande amélioration s'est faite dans son caractère; en réalité, cette personne n'aura nullement changé; c'est l'observateur qui, lui, a perdu la faculté de n'enregistrer que les vibrations d'ordre inférieur de son caractère et qui ne perçoit plus que celles d'un niveau plus élevé.

Le caractère des gens restant le même, le décédé en voit d'abord et seulement les mauvais aspects jusqu'au moment où, atteignant des états d'êtres supérieurs, il prend de plus en plus conscience de leur vertu.

Passer d'un sous-plan à un autre, c'est donc cesser de voir une partie de ce monde astral si merveilleusement complexe pour en voir une autre. Ce n'est, somme toute, que la répétition, sur une petite échelle, de ce que nous faisons tous en passant d'un plan à un autre. Le monde astral et le monde mental existent tous deux en entier maintenant et là même où nous sommes; mais comme notre conscience est centrée dans le cerveau physique, nous n'en sommes que vaguement conscients. Après la mort, notre conscience est transférée dans le corps astral; et immédiatement nous voyons la partie astrale de notre monde que nous ne voyons plus physiquement. Lorsque plus tard nous perdons le corps astral, nous vivons dans le corps mental et nous sommes conscients partiellement de l'état de matière mentale de notre univers ; à ce moment nous n'avons plus ni corps physique ni corps astral.

De même qu'un homme vivant dans le monde astral peut vaincre l'élémental du désir et conserver à toutes les parties de son corps astral le même mode vibratoire que pendant la vie physique, de même, sur terre, on peut en s'exerçant, acquérir, outre la conscience physique, la conscience astrale et la conscience mentale ; mais un tel progrès nécessite un haut développement.

Pour nous résumer, nous dirons donc que « s'élever plus haut », au sens spiritualiste ordinaire, c'est simplement élever sa conscience d'un sous-plan astral à un autre, lorsque la matière du corps astral a été remaniée, après la mort, par l'élémental du désir. Dans ce cas, l'individu ne perçoit l'ambiance qu'à travers la matière de degré inférieur qui forme la surface de son corps astral ; il n'a donc conscience d'abord que des sous-plans inférieurs de l'astral et il perçoit graduellement les sous-plans supérieurs à mesure que s'usent les couches les plus denses de son véhicule astral. En conséquence, dans la première partie de son existence d'outre-tombe, la partie la meilleure et la plus agréable du monde astral lui est fermée ; et lorsqu'il en a dépassé les degrés inférieurs, on peut dire alors qu'il s'est élevé plus haut.

Le théosophe qui connaît les propriétés de la matière astrale s'oppose à la réorganisation de son corps astral par l'élémental du désir, et dans le cas où cette réorganisation aurait été faite pendant la période d'inconscience qui suit immédiatement la mort, ceux d'entre nous qui se donnent la tâche de venir en aide aux décédés, détruisent le travail de l'élémental du désir et remettent le corps astral exactement dans l'état où il était avant la mort, avec le mélange naturel de tous ses degrés de matière ; de cette manière, le défunt perçoit l'ensemble du plan astral et non pas seulement une seule de ses subdivisions, il jouit, dès le début, d'une vie astrale parfaite et peut se rendre beaucoup plus utile que s'il était limité à la conscience d'une seule subdivision.

Toutefois, ainsi que je l'ai expliqué dans l' « *Occultisme dans la Nature* » (1ᵉʳ volume) au chapitre des sphères, l'idée de localisation des sous-plans est fondée jusqu'à un certain point. Ici, à la surface de la terre, la matière est solide, liquide, gazeuse ou éthérique, mais il est incontestable que, en général, la matière solide est en dessous, la matière liquide au-dessus, la matière gazeuse au-dessus des deux autres. Des parcelles de matière solide et surtout de matière liquide flottent dans l'air au-dessus de nous ; mais en fait la zone de matière solide est limitée par la surface de la terre, et celle de matière liquide par la surface supérieure des nuages, tandis que la zone de matière gazeuse s'étend à un grand nombre de milles au-dessus de celles-ci, et celle de matière éthérique à une hauteur bien plus supérieure encore ; aussi, bien que toutes les sortes de matière nous entourent, on peut cependant dire dans un certain sens que chaque sorte a sa zone propre, et que, plus la matière est subtile plus sa zone est étendue.

Il en est de même sur le plan astral. Les habitants du monde astral ont autour d'eux tous les degrés de matière et la plupart d'entre eux passent la première partie de leur vie à proximité de la surface de la terre physique ; mais au fur et à mesure qu'ils se replient sur eux-mêmes et que leur conscience atteint des niveaux plus élevés, ils trouvent plus facile et plus naturel de s'élever au-dessus de la terre, vers des régions où les courants perturbateurs sont moins nombreux.

J'ai été témoin du fait suivant. Un décédé, raconta, au cours d'une série de séances spirites, à un de mes amis, qu'il montait fréquemment à une hauteur d'environ cinq cents milles au-dessus de la terre. Etant bon occultiste, mon ami se trouva en mesure de vérifier scientifiquement cette affirmation du décédé ; je suis donc porté à la croire à peu près exacte.

Les degrés les plus hauts de matière astrale s'étendent presque jusqu'à l'orbite de la lune, d'où le nom donné par les Grecs au plan astral : *le monde sublunaire*. En réalité, la matière astrale de la terre s'étend si loin qu'elle arrive à toucher l'enveloppe astrale de la lune au moment de son périgée, mais pas à son apogée. J'ai vu aussi le cas d'un désincarné qui avait pu parvenir jusqu'à la lune, mais qui n'avait pas pu en revenir, les sphères astrales terrestres et lunaires ayant été séparées par la marée de l'espace, pour ainsi dire. Il fut obligé d'attendre que la communication fût rétablie par le retour du satellite à sa position précédente.

LA VIE CÉLESTE

La principale difficulté pour comprendre la vie céleste provient de notre habitude invétérée de considérer la personnalité comme étant l'homme lui-même. Il ne faut pas oublier que les liens d'affection qui unissent deux amis sont spirituels et non physiques et que ceux qui s'aiment ici-bas, se sont connus et aimés autrefois, dans d'autres corps, il y a peut-être des milliers d'années. En raison de ce passé, ils sont réunis sur le plan physique, mais ils ne peuvent néanmoins se comprendre que dans la limite de leurs aptitudes physiques; en outre, les corps mental, astral et physique que possède chacun d'eux sont trois voiles épais qui leur cachent leur vrai moi.

Quand l'un meurt, il passe sur le plan astral où son ami le retrouve pendant son sommeil et ils s'y voient déjà mieux que sur terre car à ce moment le plus épais des trois voiles est tombé. Celui qui est mort n'est encore en rapport qu'avec la personnalité de son ami, et si quelque grande douleur accable ce dernier, cette douleur sera reflétée dans sa vie astrale, et l'autre le saura et y prendra part. En effet, notre vie pendant le sommeil et notre vie à l'état de veille ne forment réellement qu'une seule vie; nous le savons quand nous dormons, car aucune solution de continuité ne vient, par le fait du sommeil, séparer la mémoire de la vie physique et celle de la vie astrale. Les morts peuvent donc connaître tout ce qui arrive à la personnalité des vivants par le corps astral de ces derniers.

Dans le monde céleste, tout se passe autrement. La conscience est centrée dans le corps mental, dans ce même corps mental qu'elle a utilisé pendant la dernière vie terrestre, mais aucun contact n'a plus lieu avec le corps mental des autres vivants. Le décédé construit lui-même, par la pensée, une forme mentale à l'image de son ami et l'Ego de ce dernier, agissant sur son propre niveau causal, vient animer cette forme. Il donne ainsi à cet ami un moyen d'exercer sur le plan mental, une activité qui n'a rien de commun avec la vie de la personnalité sur le plan physique.

Il est impossible à un homme d'animer en même temps plus d'un corps physique, mais sur le plan mental, il peut très bien animer simultanément toutes les formes-pensées que d'autres personnes se font de lui pendant leur vie céleste. C'est, je crois, d'une mauvaise compréhension de ce fait qu'est née la croyance qu'un même homme peut s'incarner simultanément dans plusieurs corps physiques.

Ceci explique comment les chagrins et les angoisses de la personnalité de l'homme vivant, qui influencent sensiblement son corps mental, ne peuvent, en aucune façon, affecter cette autre forme-pensée, sorte de corps mental supplémentaire de son Ego. Si, dans cette manifestation, l'Ego a la moindre conscience de ce chagrin ou de ce tourment, il les considère du point de vue du corps causal, c'est-à-dire non comme une peine, ni comme une douleur, mais simplement comme une leçon ou comme le paiement d'une dette karmique. Ceci n'est pas une illusion de sa part, car il voit la question de son propre plan et sous son véritable aspect; c'est notre appréciation moins élevée, personnelle qui est inexacte puisqu'elle voit chagrin et tourment là où, en réalité, il n'y a que des étapes de notre marche ascensionnelle.

A ce niveau, deux amis peuvent se connaître bien

mieux leur individualité n'étant plus recouverte que d'un seul voile, le corps mental; mais ce voile existe encore. Si celui qui est mort n'a connu pendant sa vie qu'un des côtés du caractère de son ami, celui-ci ne pourra s'exprimer pour lui, dans le monde céleste, que par ce côté-là et il lui sera impossible d'en manifester d'autres, mais cette expression d'une partie de lui-même sera infiniment plus complète et plus parfaite que celles que le défunt a jamais pu connaître de lui dans les deux mondes inférieurs.

Il n'oublie, en aucune manière, ce qu'est la souffrance puisqu'il a le souvenir bien net de sa vie passée, mais il comprend maintenant quantité de choses qui n'étaient pas claires pour lui quand il était sur le plan physique, et le bonheur du présent est si profond que tout chagrin ne lui apparaît plus que comme un rêve.

On demande comment, vivant sur terre, nous pouvons entrer en rapports avec nos amis qui sont dans le ciel. Ce n'est certes pas par notre personnalité; c'est, nous l'avons dit, par notre Ego, car à travers le voile de la personnalité nous ne pouvons rien connaître d'eux.

Supposez qu'une bonne mère, appartenant à la religion catholique, meure laissant une fille tendrement aimée, et que celle-ci, au moment où sa mère pénètre dans le monde céleste, adopte les idées théosophiques. La mère, en pensant à sa fille comme étant toujours catholique orthodoxe, serait sous l'empire d'une illusion et ceci est un exemple des limitations dont j'ai parlé plus haut. Si la mère ne peut voir que celles des pensées de sa fille qui sont conformes à l'orthodoxie, il y aura naturellement, dans les nouvelles croyances de cette dernière des points que la mère ne pourra guère saisir. Mais, l'Ego de la fille, ayant dans une certaine mesure profité de ce que sa personnalité a appris, aura une tendance correspondante à rendre les idées de la mère peu à peu plus larges et plus élevées mais sans jamais les heurter, sans faire ressortir de différence d'opinion et sans craindre, néanmoins, d'aborder les questions religieuses.

Je parle ici d'une personne moyenne car une personne plus évoluée qui serait déjà entièrement consciente dans son corps causal, animerait consciemment la forme-pensée imaginée par un ami habitant le monde céleste, fonctionnerait dans ce corps ou cette forme-pensée en pleine conscience et communiquerait directement à cet ami toute connaissance nouvelle acquise. Ainsi procèdent les Maîtres vis-à-vis de ceux de leurs disciples entrés dans le monde céleste, et dont ils modifient beaucoup ainsi le caractère.

La durée de la vie d'un homme dans le monde céleste dépend de la somme de ses forces spirituelles. De deux personnes de même niveau, celle qui a le plus de spiritualité aura la vie céleste la plus longue. Il convient, toutefois, de ne pas oublier que la force spirituelle s'épuise plus ou moins rapidement selon les cas. Ceux qui se sont spécialement consacrés au service des Grands Etres et de l'humanité auront une vie céleste un peu exceptionnelle. Il est évident que nos Maîtres ont déjà formé, il y a des millénaires, un groupe de serviteurs et d'aides de bonne volonté qu'ils envoient comme des pionniers, là où leur travail spécial est nécessaire.

Ceux qui ont lu les vies d'Alcyone, publiées dans le *Theosophist,* se rendent compte que le héros de cette histoire remarquable appartient à ce corps d'élite, ou plutôt à l'un de ces corps d'élite, et c'est pourquoi l'on voit maintes et maintes fois le même groupe de personnes se réincarner ensemble en toute sorte d'endroits. On ne peut s'étonner que, dans un groupe de cent personnes, il se produise quelques divergences; les unes générant plus de force spirituelle que les autres, leur Karma veut qu'elles se réincarnent dans des milieux différents, mais le seul fait de s'être consacré au service prime tout et ces personnes sont néanmoins rassemblées afin de pouvoir être utilisées en groupe.

Soyez bien convaincus qu'il n'y a pas là d'injustice et qu'aucune d'elles, pour cette raison ou pour toute autre, n'évitera son Karma. En réalité, ceux qui s'offrent pour le Service ont souvent de grandes souffrances à endurer au cours de leur tâche, tantôt parce que leur ancien Karma doit être rapidement épuisé afin qu'aucun obstacle ne vienne leur interdire un travail plus élevé, tantôt parce que, leur travail spécial ne leur ayant pas permis d'épuiser leur Karma de vie en vie, ils en acquittent en une fois une forte accumulation dans quelque grande catastrophe. On trouvera dans les vies d'Alcyone des exemples de ces deux cas.

Pour la majeure partie des humains, la vie céleste s'accomplit selon la loi ordinaire et sans aucune intervention étrangère. Elle varie, suivant les cas, de longueur et aussi d'intensité, ce que l'on reconnaît à l'état plus ou moins lumineux du corps mental.

Pendant la vie céleste l'homme plus développé, surtout s'il est consacré au service, engendre généralement du Karma qui modifie cette vie céleste pendant même qu'elle se poursuit.

Mme Blavatsky a, il est vrai, écrit dans *La Clef de la Théosophie*, qu'il est impossible aux matérialistes d'avoir aucune vie céleste puisqu'ils n'ont pas cru sur terre que cette vie pût exister; mais il est probable qu'elle employait le terme de matérialiste dans un sens plus absolu que celui qu'on lui attribue généralement car dans le même volume, elle affirme, en outre, qu'ils ne peuvent avoir aucune espèce de vie consciente après la mort. Tous ceux qui travaillent la nuit en astral savent au contraire qu'on y rencontre beaucoup de soi-disant matérialistes qui n'y sont certainement pas inconscients.

C'est ainsi qu'un matérialiste éminent, bien connu pendant sa vie de l'un de nos collègues de la S. T., fut récemment découvert par celui-ci sur la subdivision la plus élevée du plan astral; il s'y était entouré de tous ses livres et y poursuivait ses études à peu près comme sur terre. Interrogé par son ami, il n'hésita pas à reconnaître que les théories qu'il avait soutenues, sur la terre, se trouvaient réfutées par des faits inconstestables, mais ses tendances agnostiques étaient encore trop fortes pour lui permettre d'accepter ce que son ami lui disait relativement à un état spirituel plus élevé encore, au monde céleste. Et pourtant, il y a, dans le caractère de cet homme, bien des côtés qui ne pourront atteindre leur plein épanouissement que dans le monde céleste, mais puisque son incrédulité absolue, sur la vie d'outre-tombe, ne l'a pas empêché de faire l'expérience du monde astral, il n'y a pas de raison, me semble-t-il, pour que cette incrédulité soit un obstacle au juste perfectionnement de ses facultés supérieures sur le plan mental.

Nous constatons sans cesse ici-bas que la nature n'a aucune indulgence pour notre ignorance de ses lois. Celui qui, croyant que le feu ne brûle pas, met sa main dans une flamme, sera bien vite convaincu de son erreur. De même l'incrédulité au sujet d'une vie future ne modifie en rien la marche naturelle des choses et parfois on est à même, après la mort, de constater que l'on s'était trompé.

Le genre de matérialisme dont parle Mme Blavatsky est sans doute plus bas et plus absolu que l'agnosticisme ordinaire; c'est, en un mot, un état d'esprit incompatible avec la moindre activité digne d'une vie céleste. Nous n'avons jusqu'ici jamais rencontré de cas semblable.

LE KARMA DANS LA VIE CÉLESTE

Au début de nos études théosophiques nous fûmes conduits à considérer tous les mondes autres que le monde physique comme étant presque exclusivement le théâtre où se déroulent les effets, mais où ne se génère aucune cause. On supposait la plus grande partie de sa vie physique employée à générer du Karma, et la vie sur les plans astral et mental destinée à l'assimiler; croire qu'un homme pût générer d'autre Karma même sur le plan astral, était considéré presque comme une hérésie.

Plus tard, lorsque plusieurs d'entre nous furent en état d'étudier de première main les conditions de l'astral, nous dûmes reconnaître notre erreur puisqu'il nous était manifestement possible d'accomplir sur ce plan différents actes engendrant des résultats d'une grande portée.

Nous constatâmes donc que l'on peut agir et obtenir ces résultats non seulement dans le corps physique, mais aussi lorsque ce corps a été abandonné et que toute personne développée est aussi active après sa mort que pendant sa vie physique. Elle peut aider ou entraver son propre progrès comme celui des autres et par conséquent engendrer sans cesse du Karma de la plus haute importance.

Cette nouvelle conception des conditions de la vie après la mort s'est peu à peu répandue dans notre littérature et, elle est aujourd'hui admise par tous les théosophes, mais, bien des années encore, après que nous eûmes reconnu notre grave erreur, relativement au monde astral, nous conservâmes l'idée que dans le monde céleste, tout au moins, l'homme ne peut réellement faire autre chose que jouir du bonheur qu'il s'est préparé. Ceci est vrai pour la moyenne des hommes et pourtant n'oublions pas que, même dans leur béatitude, ils peuvent agir sur les autres et, par conséquent, engendrer du Karma.

Celui qui a réussi à élever sa conscience au niveau du corps causal a déjà unifié le Moi supérieur et le Moi inférieur (d'après l'ancienne terminologie), et il n'est plus soumis aux mêmes conditions qu'un homme ordinaire. Pendant toute sa vie physique, sa conscience est celle de l'Ego, que n'affectent ni la mort du corps physique, ni même les morts successives des corps astral et mental. Pour lui, la série des incarnations ne forme qu'une seule et même longue vie; et ce que nous appelons une incarnation n'est qu'un jour de cette vie, sa conscience est pleinement active pendant toute son évolution humaine et il engendre par suite autant de Karma à une période qu'à une autre. Sa condition, à un moment quelconque, est le résultat des causes qu'il a générées dans le passé, pas un seul instant il ne cesse de la modifier par ses pensées et par sa volonté.

Les hommes qui atteignent ce niveau sont bien rares aujourd'hui, mais d'autres possèdent un pouvoir analogue, quoique à un degré moindre. Tout être humain, après avoir vécu sur le plan astral, puis sur les degrés inférieurs du plan mental, a un éclair fugitif de la conscience de son Ego; il voit l'ensemble de sa vie passée, il a l'impression d'avoir réussi ou échoué dans la tâche qu'il devait accomplir. En même temps, un aperçu lui est ouvert de sa prochaine vie, de la leçon générale qu'elle doit lui apprendre, et du progrès spécial vers lequel il devra tendre.

Ce n'est que bien lentement que l'Ego arrive à apprécier la valeur de ces aperçus, mais dès qu'il commence à les comprendre, il en profite aussitôt.

Imperceptiblement il arrive à une période de son évolution où ces aperçus ne sont plus seulement momentanés; il devient capable d'y réfléchir et consacre une partie de son temps à dresser des plans pour cette vie prochaine. Sa conscience grandissante devient de plus en plus nette sur ces niveaux supérieurs du plan mental, chaque fois qu'il les atteint.

Arrivé à ce stade, il comprend qu'il est une unité au milieu d'innombrables autres Egos, et commence à avoir d'autres préoccupations que celle de son propre avenir. Il vit parmi les autres Egos une vie consciente, les influence et en est influencé; par là, il génère du Karma et, sur une échelle qu'il ne saurait atteindre ici-bas, car toute pensée crée dans les mondes supérieurs une force incomparablement plus grande que celle qui est entravée par la matière physique.

Ces états de conscience, dont je viens de parler, ne sont nullement ceux qui résultent de l'unification du moi supérieur et du moi inférieur. Quand ce haut degré est atteint, la conscience est constamment centrée dans l'Ego, d'où elle agit par l'intermédiaire de l'un quelconque des véhicules dont l'homme fait usage. Tant que cette union n'est pas réalisée, la conscience de l'Ego, ne peut entrer en activité sur son propre niveau que lorsqu'elle est libérée de ses véhicules inférieurs, et elle cesse au moment de la réincarnation, car dès que l'homme reprend un corps inférieur, sa conscience ne peut plus se manifester que par l'intermédiaire de ce corps.

A défaut de cette conscience parfaite de l'Ego, il existe d'autres stades de développement qu'il convient d'indiquer. L'homme très ordinaire n'a généralement pas une conscience bien déterminée hors du plan physique. Il est possible que son corps astral soit complètement développé et apte à être utilisé comme véhicule, mais il ne s'en sert pas habituellement comme tel et ses expériences du monde astral sont vagues et incertaines. L'une d'elles peut parfois lui revenir clairement à la mémoire, mais, en général, le temps qu'il consacre au sommeil de son corps physique n'est pour lui qu'une lacune.

Le stade immédiatement au-dessus est celui où se développe graduellement l'habitude de fonctionner dans le corps astral et d'acquérir la faculté de se rappeler ce qu'on y a fait. Le terme final de ce développement est l'éveil de la conscience astrale, bien que cet éveil ne se produise généralement qu'après des efforts déterminés et par la méditation. Une fois cet éveil obtenu, la conscience est ininterrompue nuit et jour jusqu'au terme de la vie astrale, et la perte temporaire de conscience qui se produit ordinairement au moment de la mort du corps physique est ainsi évitée.

Le stade suivant, qui est généralement long, est le développement de la conscience dans le corps mental, ce qui donne à la personnalité une conscience ininterrompue depuis sa naissance physique jusqu'au terme de sa vie céleste. Il ne s'agit toujours que de l'éveil de la conscience de la personnalité, non de celle de l'Ego;

au degré supérieur seulement est atteinte l'unification complète.

Il est clair que ceux qui s'élèvent à l'un quelconque de ces stades, continuent à générer un Karma, quel que soit le développement de leur conscience; mais quel sera le cas de la moyenne des hommes qui n'ont même pas encore relié leur conscience astrale à leur conscience physique?

Dès l'instant où un homme est capable de quelque activité dans son corps astral pendant son sommeil, il génère forcément du Karma. En effet, s'il éprouve, même inconsciemment, des sentiments de sympathie pour certaines personnes et s'il se dirige vers elles, pendant son sommeil, avec de vagues pensées de bienveillance, il les influencera inévitablement, et comme le résultat n'en peut être que bon, il en recevra certainement la réaction qui sera bonne aussi. De même que s'il s'agit par malheur de sentiments d'inimitié et d'hostilité agissante, le résultat pour lui ne pourra être que douloureux.

La conscience de cet homme dans le monde astral est généralement plus nette après la mort que pendant le sommeil du corps physique, la possibilité de penser et d'agir délibérément à l'égard des autres hommes est plus grande et par suite les occasions de générer du bon et du mauvais Karma sont d'autant plus nombreuses. Mais, lorsque, au terme de sa vie astrale, il passe dans le monde céleste, la même activité ne lui est plus possible. N'ayant, pendant sa vie, stimulé les activités de son corps mental que dans certaines directions, lorsqu'il vit complètement dans ce corps, il s'y trouve enfermé comme dans une tour, exclu du monde qui l'environne et pouvant seulement le percevoir à travers les fenêtres que ses activités y ont ouvertes.

Les forces puissantes du monde astral pénètrent jusqu'à lui par ces fenêtres; il y répond de même et mène ainsi une vie de radieuse joie; mais bien que cette vie soit restreinte à quelques activités spéciales et qu'il soit loin de jouir de toutes les possibilités de ce monde, il n'a nulle conscience de cette limitation. Il jouit au contraire de la félicité la plus complète, la plus élevée qu'il puisse éprouver et il ne peut concevoir qu'il existe une béatitude supérieure à la sienne. A l'intérieur des limites qui l'enferment et dont il est inconscient, il a tout ce qu'il peut désirer ou imaginer. Les images de ceux qu'il aime l'entourent et il est avec eux plus intimement en rapport qu'il ne l'a jamais été sur n'importe quel autre plan.

Examinons maintenant, au sein de cette vie si étrangement limitée, les possibilités de générer du Karma.

Cette vie est limitée, mais seulement au point de vue des activités du monde mental car, selon ses propres lignes, les possibilités sont beaucoup plus grandes que celles de la vie physique. Dans ces conditions, un homme ne peut générer de nouvelles activités, mais les siennes propres seront intensifiées et infiniment supérieures à celles que, dans les entraves de son corps physique, il s'efforçait de réaliser.

L'homme de niveau moyen, que nous venons de décrire engendre inconsciemment, au cours de sa vie céleste, trois résultats distincts. Prenons, par exemple, le sentiment d'affection.

Cet homme aime ses amis et il est probable que, après sa mort, ces amis pensent à lui avec un souvenir amical; la mémoire qu'ils ont conservée de lui n'est pas sans produire un certain effet, même sur leurs personnalités.

Mais, outre cet effet, il y a celui dont j'ai parlé plus haut. Il se crée une image de chacun de ses amis et s'attire ainsi une réponse très intense de la part de leurs Egos. Son affection pour un ami, qu'il manifeste au moyen de la forme-pensée créée dans ce but, est une force puissante pour le bien et qui n'est pas sans effet sur l'évolution de l'Ego de cet ami. Elle évoque chez celui-ci une somme d'affection qui, autrement, n'eût pas été éveillée; et l'accroissement constant de cette si admirable vertu pendant les siècles de la vie céleste le fait considérablement avancer sur l'échelle de l'évolution.

Une telle action sur un autre Ego, génère incontestablement du Karma, alors même que celui qui a mis tout ce mécanisme en mouvement l'a fait inconsciemment.

Quelquefois cette action sur l'Ego d'un ami survivant peut se manifester dans la personnalité même de cet ami sur le plan physique. Elle s'exerce sur l'Ego par la forme-pensée, mais la personnalité de l'ami survivant dans ce monde est une manifestation de l'Ego, et si celui-ci est considérablement modifié, il est possible que cette modification se fasse sentir sur le plan inférieur de la manifestation physique.

Pourquoi, pourrait-on se demander, la pensée d'un homme dans le monde céleste n'agit-elle pas sur son ami exactement de la même façon que la pensée d'un homme vivant? Pourquoi les vibrations émanant de son corps mental ne frappent-elles pas directement le corps mental de son ami, et pourquoi ne pourrait-il pas créer une forme-pensée qui, traversant l'espace, viendrait s'attacher à son ami de la manière ordinaire?

C'est précisément ce qui aurait lieu si cet homme était libre et conscient dans le monde mental, mais il ne peut le faire en raison des conditions particulières où il se trouve.

Il s'est exclu lui-même dans sa vie céleste du reste du monde du plan mental aussi bien que des niveaux inférieurs, et il vit au centre de la coque formée par ses propres pensées.

Si ses pensées pouvaient nous atteindre par les moyens ordinaires, les nôtres lui parviendraient également, mais il n'en est pas ainsi. La forme-pensée qu'il crée de son ami survivant étant à l'intérieur de sa coque, il peut agir sur elle; et, comme l'Ego de l'ami anime cette forme-pensée, la force remonte jusqu'à lui d'où elle peut, comme nous l'avons dit, se manifester dans une certaine mesure jusqu'à sa personnalité.

La coque, sur le plan mental, peut être comparée à une coquille d'œuf. Le seul moyen d'introduire quelque chose dans un œuf sans le casser serait d'employer la quatrième dimension ou de trouver une force dont les vibrations soient assez subtiles pour passer entre les molécules de la coquille sans l'altérer. Il en est de même pour la coque mentale; elle ne peut être traversée par aucune des vibrations de son propre niveau, mais celles plus subtiles venant de l'Ego la traversent facilement. Voilà pourquoi on peut donc agir sur celle-ci d'en haut et non d'en bas.

La forme-pensée créée par un décédé peut être considérée comme une sorte de corps mental artificiel supplémentaire construit pour un ami affectionné. La personnalité de ce dernier, ici-bas, ne connaît rien de cette forme-pensée, mais son Ego la connaît bien et s'y plonge avec joie, comprenant peut-être que c'est encore une occasion de se manifester, et, par conséquent, d'évoluer. Ainsi l'homme qui s'est fait aimer de tous, celui qui a de nombreux et vrais amis évoluera avec une bien plus grande rapidité, et ceci encore est évidemment une manifestation du Karma qu'il a engendré en développant en lui les qualités qui l'ont rendu si sympathique.

Tel est le résultat direct de son action sur les individus; mais il faut encore considérer deux aspects de son action générale. Celui qui aime ses semblables et en est aimé purifie sensiblement l'atmosphère mentale ambiante. Il est bon pour le monde et pour l'évolution humaine que l'atmosphère mentale soit ainsi chargée d'affection car ses habitants en reçoivent l'influence; dévas, hommes, animaux, plantes, toutes ces formes si diverses en sont influencées et pour leur bien.

Le second et le plus important résultat produit sur le monde, en général, sera facilement compris par ceux qui ont étudié le livre des *Formes-Pensées*, où l'on a essayé d'expliquer l'effusion qui descend du *Logos* en réponse à une pensée de dévotion élevée. Cette réponse n'atteint pas seulement l'auteur de l'aspiration, mais contribue aussi à remplir le réservoir de force spirituelle que le Nirmanakaya tient à la disposition des Maîtres de Sagesse et de leurs disciples pour le bien de l'humanité. Il en est pour l'affection vraie comme pour la dévotion, et si tout sentiment d'affection et de dévouement, pendant la courte vie physique, produit un résultat si magnifique, il est facile de comprendre que des élans, beaucoup plus forts et soutenus pendant peut-être un millier d'années, contribueront, dans une vaste mesure, à grossir cette réserve; ils seront pour le monde un bienfait inappréciable et d'une portée qui dépasse tout ce que nous pouvons exprimer ici.

Donc l'homme peut faire d'autant plus de bien que sa conscience augmente dans les mondes supérieurs, et même celui du niveau moyen, dont la conscience n'a reçu aucun développement spécial, est, néanmoins, capable d'une action bienfaisante efficace pendant son séjour dans ces mondes. Au cours de sa longue vie céleste, il peut être une source de bienfaits pour ses frères en humanité, et générer ainsi pour lui-même beaucoup de bon Karma s'il manifeste des sentiments désintéressés d'affection et de dévotion. C'est cette vertu de désintéressement, d'oubli de soi-même, qui lui en confère le pouvoir; et c'est, par conséquent, cette vertu-là que tout homme doit cultiver dès maintenant, en pleine conscience, afin qu'après sa mort il soit capable d'utiliser pour le mieux ces immenses périodes de vie dont les conditions sont, ici-bas, impossibles à comprendre.

DEUXIÈME SECTION

LE TRAVAIL ASTRAL

LES AIDES INVISIBLES

Des personnes nous écrivent souvent pour nous prier de les admettre dans le groupe des aides invisibles et en demandent les conditions. Ceux qui désirent se rendre aptes à ce genre de travail doivent, au préalable, étudier le livre : *Les Aides invisibles* et s'appliquer tout spécialement à développer les qualités que l'on y indique. Je n'ai que peu de chose à ajouter ; je tiens toutefois à engager celui qui désire se livrer à ce travail sur le plan astral, à se mettre préalablement au courant des conditions de la vie sur ce plan.

Nous sommes, dans la vie astrale, exactement ce que nous sommes ici-bas, mais moins entravés. Nos intérêts et nos activités, sur ce plan, sont semblables à celles du plan physique : le travailleur y est studieux, le paresseux y reste paresseux ; celui qui est charitable pendant sa vie cherche encore à aider après la mort. Certaines gens continuent, sur le plan astral, leurs bavardages malveillants avec autant d'âpreté qu'autrefois et ne cessent ainsi de générer du mauvais Karma. La plupart des morts hantent pendant longtemps les endroits qu'ils ont fréquentés pendant leur vie. Des quantités d'hommes errent aux alentours de leurs demeures ou continuent leurs visites quotidiennes à la contre-partie astrale du temple qu'ils entretenaient. D'autres flottent au gré de leurs désirs et se rendent en pèlerinage, sans peine ni dépense, aux célèbres sanctuaires qu'ils ont vainement désiré voir durant toute leur vie.

Il y a, dans l'astral, une parfaite continuité de vie. Sous bien des rapports, cette vie est plus réelle que celle-ci ou, tout au moins, plus proche de la réalité. La vie physique n'est pas continue, les activités y sont très limitées et la conscience n'y est que partiellement éveillée. Pour la plupart d'entre nous la nuit n'est qu'une lacune et nous ne nous rappelons rien, quand arrive le matin, de ce que nous avons fait pendant le sommeil; mais il ne faut pas cependant en inférer que les conditions soient les mêmes pour tous sur le plan astral.

La conscience astrale est plus large et comprend la conscience de veille, et chaque nuit nous nous rappelons nettement ce que nous avons fait non seulement les nuits précédentes, mais aussi les jours précédents. L'entrave est le cerveau physique et, en y revenant, nous perdons le souvenir de tout ce que nous avons vu ou fait, hors de lui. La vie astrale est plus vivante et ses émotions plus intenses qu'ici-bas. Ce que nous appelons un sentiment n'est qu'une faible partie de celui dont la force s'est épuisée à mettre en mouvement les lourdes molécules physiques. Voyez combien cette autre vie doit être plus intense et plus réelle.

Ceci est vrai pour tout le monde, et pourtant les gens de niveau commun font bien peu de réel travail sur le plan astral. En fait, ils ne savent pas qu'ils peuvent y travailler et le sauraient-ils, ils n'en comprendraient probablement pas l'utilité. Ils peuvent passer leur temps gaîment, flottant au gré de leurs désirs, éprouvant diverses sensations agréables; il semble même que ce soit la seule occupation de la plupart des gens, et il leur faudrait de sérieuses raisons pour y renoncer et se donner la peine d'aider autrui. Ces raisons, il faut le reconnaître, n'existent pas pour eux, mais lorsque nous avons commencé à étudier la Théosophie, à comprendre le cours de l'évolution et le but des choses, en nous s'élève le désir ardent d'aider à cette évolution, d'atteindre ce but et de mettre nos frères en humanité à même de comprendre aussi afin d'éclairer leur vie et de faciliter leur marche sur la voie du progrès.

Que doit faire celui qui s'est rendu compte de son devoir ? Tous, nous sommes plus ou moins capables d'accomplir ce travail, bien que nous n'y soyons probablement pas accoutumés. Tous les gens de culture et de développement ordinaires ont un corps astral bien organisé, de même que les gens normalement sains ont les muscles et la force nécessaires pour nager; mais s'ils n'ont pas appris à le faire il faudra qu'ils l'apprennent avant de se jeter à l'eau sans danger. Pour les gens de développement moyen, la difficulté ne consiste pas en ce que le corps astral ne peut agir, mais bien en ce que, depuis des miliers d'années, il a été habitué à n'être stimulé que par les impressions reçues d'en bas par l'intermédiaire du véhicule physique, de sorte que ces gens ne conçoivent pas que le corps astral puisse fonctionner sur son propre plan et pour son propre compte et que la volonté puisse agir directement sur lui; ils demeurent « non éveillés » parce qu'ils ont l'habitude d'attendre que les vibrations physiques viennent exciter leur activité astrale.

Il y a plusieurs moyens de commencer à aider. Supposons, par exemple, qu'un de nos parents ou de nos amis vienne à mourir. Afin d'arriver jusqu'à lui et de lui venir en aide pendant notre sommeil, il suffit de penser à lui avant de nous endormir avec la résolution de lui donner l'assistance dont il a besoin. Il n'est pas nécessaire de chercher à le voir ou à communiquer avec lui; non, efforçons-nous seulement de comprendre qu'aussitôt le corps physique endormi, nous sommes près de l'ami absent comme lorsqu'il vivait sur le plan physique.

Rappelons-nous surtout qu'il convient de réprimer avec soin tout sentiment de tristesse envers le soi-disant mort, car un sentiment de cette nature ne pourrait que réagir fâcheusement sur lui. Se laisser aller au désespoir par la perte des siens, affecte considérablement ceux-ci parce que le corps astral est le véhicule des émotions et, par suite, ceux qui vivent dans leur véhicule astral sont bien plus aisément et plus profondément atteints par les émotions que ceux dont le corps physique amortit les impressions.

Les morts peuvent nous voir, mais de nous ils ne voient que le corps astral; ils connaissent, par conséquent, nos émotions sans être nécessairement au courant des détails de notre vie physique. Ils savent si nous sommes heureux ou malheureux mais non quel livre nous lisons; ils perçoivent l'émotion, mais non la pensée qui l'a fait naître. Le désincarné emporte avec lui ses affections et ses inimitiés, il reconnaît ses anciens amis quand il les rencontre et il contracte aussi de nouveaux liens d'amitié parmi ceux qu'il voit pour la première fois sur le plan astral.

Il faut éviter non seulement toute manifestation de chagrin, mais encore toute excitation de quelque nature qu'elle soit; avant tout, l'aide invisible doit rester parfaitement calme. J'ai connu une brave dame qui, ayant le désir le plus vif d'aider, se mit, de par son empressement même dans un état de grande excitation. Or, l'excitation se manifeste dans le corps astral avec intensité par de violentes vibrations et des jets de couleurs flamboyantes; aussi, la personne qui venait de mourir, peu familiarisée encore avec les conditions de vie dans l'astral et, par suite, un peu intimidée et nerveuse, fut-elle terrifiée lorsqu'elle vit une grande sphère flamboyante et jaillissante se précipiter sur elle. Elle crut voir certainement le démon théologique en personne, et s'enfuit en poussant des cris jusqu'au bout de la terre, toujours poursuivie par cette apparition qui ne faisait qu'accroître sa terreur.

Il est une circonstance où souvent même un débutant peut se rendre utile : c'est lorsque la mort d'une personne est imminente. Si on peut aller voir le moribond et parler avec lui, autant que la nature de sa maladie le permet, de la mort et des états qui la suivent, quelques brèves explications sur ce point seront d'un grand réconfort et apaiseront ses angoisses. De fait, la seule présence d'une personne qui parle avec confiance et sérénité de la mort et de la vie au-delà est bien souvent la plus grande des consolations.

Si cette rencontre physique est impossible, on peut faire beaucoup pendant le sommeil en agissant du plan astral sur le mourant. Une personne non entraînée qui cherche à aider de la sorte doit suivre les règles indiquées dans nos livres : avoir, avant de s'endormir, l'intention bien arrêtée de porter assistance au malade et choisir les arguments et même les mots dont elle se servira, car plus la résolution prise à l'état de veille est précise et définie, plus grandes seront les chances de la mettre complètement et fidèlement à exécution sur le plan astral pendant le sommeil.

Les explications qu'il convient de donner au malade sont naturellement les mêmes dans les deux cas. Le but principal de l'aide est de le calmer et de l'encourager, de chercher à lui faire comprendre que la mort n'est qu'un événement parfaitement naturel, en général facile, et qu'elle n'est nullement une chute définitive dans un abîme insondable. Expliquer la nature du plan astral, montrer comment il faut y organiser sa vie afin d'en tirer le meilleur parti, indiquer les moyens de s'élever vers le monde céleste qui le suit immédiatement, tels sont les sujets qu'il est bon d'exposer progressivement aux mourants que l'on désire aider. Que celui qui aide se rappelle toujours que son attitude et son état d'esprit produisent un effet plus grand que ses arguments et ses conseils; qu'il s'applique donc à remplir sa mission avec sérénité et confiance. S'il est lui-même dans un état de surexcitation nerveuse, il fera plus de mal que de bien, comme la pauvre dame dont j'ai cité le cas plus haut.

L'assistance offerte devrait être continuée quelque temps après la mort, car la période d'inconscience momentanée qui la suit peut durer quelques minutes comme plusieurs heures, et quelquefois même s'étendre à des jours ou des semaines. Un étudiant entraîné observe lui-même les conditions de la conscience de l'homme décédé et règle son assistance en conséquence ; celui qui ne l'est pas fera bien d'offrir cette assistance immédiatement après la mort et de se tenir prêt à la donner pendant plusieurs nuits successives, afin d'être prêt lorsque ses services seront nécessaires.

Si nombreuses sont les circonstances diverses qui peuvent modifier la durée de cette période d'inconscience qu'il est assez difficile d'établir une règle générale. Nous devrions, tout au moins, prendre chaque soir la résolution de réconforter quelqu'un, et lorsque nous savons de quelle nature est sa peine, il faut nous y adapter de notre mieux. Si le patient est faible et épuisé, l'aide fera usage de sa volonté pour lui infuser de la force physique. S'il est, au contraire, excité ou énervé, l'aide s'efforcera de l'entourer de sérénité ou d'apaisement ; il l'enveloppera, pour ainsi dire, d'une forme-pensée intense de paix et d'harmonie, comme on envelopperait une personne dans une couverture.

Celui qui essaye ainsi d'aider hésite souvent à croire qu'il réussit dans ses tentatives, alors qu'en s'éveillant il ne se rappelle absolument rien de ce qui s'est passé. En fait, un succès partiel est assuré, et au fur et à mesure qu'il poursuivra son travail, il recevra de légères indications qui témoigneront qu'il obtient des résultats bien qu'il n'en ait pas le souvenir.

Nombreux sont les membres de la Société Théosophique qui se sont consacrés à cette œuvre et qui, pendant longtemps, ont ignoré les résultats de leurs efforts jusqu'au jour où il leur a été donné de rencontrer physiquement la personne qu'ils ont voulu aider et où ils ont eu la joie de constater son amélioration. Il arrive parfois que la personne ainsi aidée fait coïncider le commencement de sa guérison avec une certaine nuit où elle eut un rêve agréable ou curieux, et l'aide se souvient soudain que, cette même nuit précisément, il a fait des efforts spéciaux pour la soulager. La première fois que le fait se présente, le débutant se persuade que ce n'est qu'un simple hasard ; mais quand un nombre suffisant de coïncidences se sont accumulées, il commence à comprendre qu'il y a là plus qu'un hasard. Aussi doit-il faire de son mieux et se contenter d'attendre en ce qui concerne les résultats qu'il a obtenus.

Voici une expérience bien simple qui aide beaucoup les débutants à prendre confiance. Prenez la résolution de visiter astralement un endroit quelconque bien connu de vous, par exemple une chambre de la maison d'un ami et, la voyant en rêve, notez soigneusement la disposition des meubles et des objets; ou bien, si, sans en avoir eu préalablement l'intention, vous vous trouvez, pendant le sommeil, dans un endroit que vous reconnaissez, c'est-à-dire si, en langage ordinaire, vous rêvez d'un endroit connu, observez également avec attention. Le matin, en vous éveillant, s'il vous semble que tout, dans la chambre, était exactement dans l'ordre où vous l'avez vu physiquement la dernière fois, rien là évidemment ne peut vous prouver que ce n'était pas un simple rêve ou une réminiscence; mais si vous croyez vous souvenir de quelque changement dans la disposition du mobilier ou de quelque objet nouveau, le fait vaut la peine que vous vous dérangiez physiquement afin de vérifier l'exactitude de votre vision nocturne.

Tous ceux d'entre nous qui se sont consacrés au travail sur le plan astral se sont certainement trouvés en face de cas où leur aide était nécessaire. Parfois cette aide consiste-t-elle en une opération chirurgicale, en un effort fait une fois pour toutes. Mais le plus souvent il s'agit de réconforter, de rassurer, de fortifier de jour en jour et sans arrêt, afin de pénétrer jusque dans la nature intime, de guérir ses blessures et de la rendre meilleure et plus forte.

Parfois encore c'est une idée nouvelle qu'il faut faire accepter et qu'il convient de présenter peu à peu et avec prudence à mesure que l'esprit s'ouvre pour la recevoir. Ainsi chaque aide a un certain nombre de cas chroniques, clients, patients — appelez-les comme vous voudrez — qu'il visite toutes les nuits, comme le médecin qui, sur terre, fait chaque jour sa tournée de malades.

Il arrive souvent que ceux qui ont été ainsi aidés sont

remplis de reconnaissance pour le travailleur et s'attachent à lui pour seconder ses efforts et faire bénéficier les autres des bienfaits qu'ils ont reçus, de sorte que chaque aide est généralement le centre d'un petit groupe de gens dévoués pour lesquels il est toujours sûr de trouver de l'occupation. Par exemple, beaucoup de gens, quand ils meurent, se trouvent dans la situation d'enfants qui ont peur dans l'obscurité.

On peut, en raisonnant, arriver à les persuader que leurs craintes sont vaines; mais une main que l'enfant pourra saisir lui sera d'un secours bien plus réel que tout un chapitre de raisonnement.

Celui qui travaille en astral et dont certains cas réclament l'attention immédiate, ne peut raisonnablement passer sa nuit à réconforter un individu nerveux et incrédule; il détache auprès de lui un de ses disciples les plus sérieux qui, moins occupé, a le loisir de se consacrer à cette œuvre charitable. Pour rassurer un enfant qui a peur dans l'obscurité où il est plongé, il n'est pas besoin d'un savoir brillant ni d'une grande science; ce qui manque à l'enfant, c'est une main compatissante et le sentiment d'avoir près de lui un ami.

Il y a sur le plan astral une tâche assez vaste pour occuper un nombre indéterminé de travailleurs, et tous les gens de bonne volonté, hommes, femmes, enfants, peuvent en faire partie. Pour les travaux d'un ordre plus vaste et plus élevé, il est évident qu'une connaissance plus étendue est requise, mais un cœur rempli d'amour et du désir sincère d'aider est une base suffisante pour devenir un des aides secondaires et cet effort, si humble qu'il soit, est une source de bienfaits infinis.

Lorsqu'il abandonne définitivement son corps physique, le travailleur de l'astral est accueilli par une armée d'amis reconnaissants et heureux de ce que désormais il vivra sans cesse auprès d'eux, au lieu de n'y passer que le tiers de son temps. Les conditions de la vie après la mort n'éveillent plus en lui aucun sentiment d'inconnu et d'étrange; son seul changement est qu'il consacrera maintenant tout son temps à ce qu'il considère comme la tâche de beaucoup la plus belle et la plus féconde, que pendant la vie physique il reprenait avec joie chaque soir, et quittait chaque matin avec regret et sans laquelle les jours de la vie physique sont mornes et vides.

Il convient de signaler encore quelques points concernant la vie astrale. L'un d'eux est relatif à ce que nous sommes obligés d'appeler, je crois, la méthode parlée — la communication des idées sur le plan astral.

Il n'est pas toujours facile ici-bas de comprendre ce qui, sur le plan astral, se substitue au langage. Le son, tel que nous l'entendons, n'existe pas sur ce plan; il n'existe d'ailleurs même plus dans les degrés supérieurs de la matière physique, dans les degrés éthériques. Cependant, le symbole du son a une signification beaucoup plus haute car il est souvent parlé du *Verbe divin* qui éveille les mondes à la manifestation.

Si, au matin, nous nous souvenons d'une expérience de la nuit, par exemple d'avoir rencontré un ami ou assisté à une conférence, il nous semble toujours que nous avons entendu une voix comme sur terre, que nous avons répondu de la même manière; en réalité, il n'en est pas ainsi. Lorsque nous rapportons un souvenir dans le cerveau physique, nous y pensons instinctivement comme s'il nous était venu par l'intermédiaire des sens. Toutefois il ne serait pas exact de dire que le langage du monde astral consiste en une transmission de pensée; la pensée est formulée, mais d'une façon particulière.

Dans le monde mental on pense une idée, et la pensée est transmise immédiatement sans qu'il soit nécessaire de la formuler en paroles. Le langage n'a donc sur ce plan aucune importance, mais les aides qui travaillent sur le plan astral et qui n'ont pas encore acquis la faculté d'employer le véhicule mental, ne doivent compter que sur les possibilités de la matière qui les entoure. Ces possibilités sont, pour ainsi dire, intermédiaires entre celle du monde mental avec le transfert de pensée et celles du monde physique qui nécessitent le langage concret. La pensée intérieurement formulée en paroles est vue par l'interlocuteur qui y répond presque simultanément de la même manière, mais pour que la pensée ainsi perçue soit comprise, il est nécessaire que les deux interlocuteurs parlent la même langue ; c'est pourquoi plus un aide du plan astral connaît de langues, plus il est utile.

Les élèves des Maîtres apprennent à former pour leur usage un véhicule astral temporaire grâce auquel ils évitent ces difficultés. D'habitude, ils quittent en même temps leurs corps astral et physique ; ils centrent leur conscience dans leur corps mental et construisent avec la matière astrale environnante un véhicule temporaire dont ils se servent pour le travail astral. Ceux à qui ce procédé a été enseigné ont l'avantage de communiquer, selon la méthode du plan mental, par transmission de pensée, mais cette possibilité est limitée par le degré du développement du corps astral de leur interlocuteur.

En dehors des disciples spécialement entraînés, peu de gens travaillent consciemment dans leur corps mental, car ce degré de conscience exige, pour être atteint, des années de méditation et d'efforts spéciaux. Nous savons que, sur le plan mental, l'homme s'enferme dans une coque faite de ses pensées qui sont comme des canaux à travers lesquels la vie du monde mental pénètre jusqu'à lui ; mais ceci ne peut être appelé « fonctionner sur le plan mental », c'est-à-dire être capable d'y circuler librement et d'observer ce qui s'y passe.

L'élémental mental heureusement ne réorganise pas le corps mental après la mort, ce qui évite, sur le plan mental, les ennuis que cause l'élémental du désir sur le plan astral. D'ailleurs, l'essence élémentale mentale diffère grandement de celle du monde astral ; elle est en retard d'une chaîne ; par suite elle n'a pas la même force ; elle essaye de s'accommoder de l'essence du plan astral ; c'est d'elle que vient le manque de fixité de nos pensées, car elle saute constamment d'un sujet à un autre ; mais, du moins, elle ne s'organise pas en couches concentriques comme le corps astral, néanmoins certaines portions de la matière du corps mental peuvent se durcir, comme nous l'avons vu plus haut.

Quand une personne fonctionne dans son véhicule mental, elle abandonne son corps astral dont la vie demeure en suspens et de même son corps physique. Si elle le juge nécessaire, il lui est facile d'entourer ce corps astral d'une coque et d'y déterminer des vibrations qui le rendent impénétrable aux mauvaises influences. En méditant sur le Logos ou sur le Maître, chacun peut, certainement, à la longue, s'élever jusqu'au niveau astral et ensuite jusqu'au niveau mental, mais nul ne connaît le temps qui lui sera nécessaire pour y atteindre; ceci dépend entièrement de son passé.

Il est possible à toute personne qui arrive sur le plan astral après la mort, de se mettre à étudier et d'acquérir des connaissances nouvelles. J'en ai connu qui y ont, pour la première fois, étudié la Théosophie; j'ai même entendu citer le cas d'une dame qui y apprit la musique, mais c'est un cas très rare. Elle reçut probablement les leçons d'un musicien décédé ou même d'un musicien encore vivant chaque fois qu'il retournait sur le plan astral. Dans la vie astrale, beaucoup de gens s'imaginent jouer sur des instruments astraux; en réalité, ils se bornent à produire par leur pensée des vibrations qui donnent l'illusion du son. Il existe une certaine classe de dévas dont la caractéristique est la musique et qui se manifestent pas son intermédiaire, et ils consentent parfois à enseigner ceux dont la musique est, dans la vie, l'unique objectif.

La plupart des morts se ferment eux-mêmes à toutes les possibilités du monde astral en acceptant, à leur mort, la réorganisation de leur corps astral, qui les empêche de percevoir les niveaux supérieurs de ce monde. Le théosophe doit s'opposer à cette réorganisation, car, s'il veut travailler, il faut qu'il soit libre de pénétrer dans tous les sous-plans.

Il est impossible de nous débarrasser de l'essence élémentale, mais nous pouvons asservir l'élémental du désir, nous entourer de matière plus subtile et fortifier l'Ego afin qu'il conserve la haute direction. L'essence élémentale a besoin d'émotions violentes pour évoluer, car, ne l'oublions pas, son cours normal est le long de la courbe descendante de l'évolution. Si cette essence pouvait concevoir notre existence, nous lui apparaîtrions comme des êtres malfaisants qui essaient d'entraver l'évolution qu'elle sait devoir être la sienne. Si nous nous refusons à laisser notre corps astral vibrer en accord avec la matière grossière, celle-ci s'en détachera peu à peu et, le corps astral s'affinant, l'activité de l'élémental du désir diminuera.

La réorganisation que l'élémental du désir opère après la mort s'effectue à la surface de la contrepartie astrale du corps physique et non sur l'ovoïde qui l'entoure, et l'élémental essaye de paralyser par la crainte celui qui résiste à son action : c'est pourquoi il est si utile de connaître toutes ces questions *avant* la mort.

Le sommeil n'existe pas sur le plan astral. Le sommeil physique est nécessaire aux centres physiques; pendant le repos, ils se reconstituent chimiquement et le corps astral peut ainsi agir plus librement en lui, mais la fatigue est inconnue en astral, à moins que l'on ne désigne sous ce nom l'affaiblissement graduel de toutes les énergies lorsque le terme de la vie astrale approche.

En astral, comme ici-bas, on oublie. Je ne parle pas de la perte de mémoire qui sépare, pour la majorité des gens, le plan astral du plan physique, mais de l'impossibilité où l'on se trouve de se rappeler tous les détails des activités de la nuit ou de l'année dernières. En fait, on oublie peut-être même plus facilement sur le plan astral que sur le plan physique parce que l'activité y est plus grande.

Connaître une personne dans le monde astral n'implique pas nécessairement qu'on la connaisse sur terre. Beaucoup d'entre nous connaissent Mme Blavatsky sur le plan astral dans son nouveau corps et cependant n'ont pas vu ce nouveau corps physique. Elle se sert encore souvent de son ancienne forme, mais aujourd'hui elle revêt généralement son nouveau corps astral.

DU SOUVENIR DES EXPÉRIENCES ASTRALES

Lorsque, ce soir, vous quitterez votre corps, vous vous rappellerez tout ce que vous avez fait pendant la journée, pendant la nuit dernière ; vous aurez donc la mémoire entière de votre vie de veille et celle de votre vie nocturne. La mémoire astrale inclut la mémoire physique ; mais votre cerveau physique ne se souvient pas de l'activité astrale parce qu'il n'y a pas participé. Il faut former un lien spécial, ou plutôt il faut supprimer un obstacle pour que le souvenir astral descende dans le cerveau physique.

Au cours du lent processus de l'évolution, la mémoire parfaite deviendra l'apanage de chacun et il n'y aura plus de voile entre les deux plans, mais avant d'atteindre à ce développement complet, il survient parfois en astral certains événements dont on désire conserver physiquement le souvenir et l'on fait un effort spécial pour les imprimer sur le cerveau afin de les retrouver le lendemain matin. Il s'en produit aussi d'autres qui impressionnent si vivement le corps astral qu'ils s'impriment d'eux-mêmes sur le cerveau physique par une sorte de répercussion, mais cette impression est rarement parfaite et présente, à des degrés divers, bien des déformations. De là viennent en partie ce que nous appelons les rêves, et nous savons combien ils sont souvent incomplets, voire même ridicules.

Un cas de déformation fréquent, lorsque l'aide a peu d'expérience, est de se confondre avec la personne qu'il assiste.

Je me souviens qu'un membre de notre groupe fut délégué pour assister la victime d'une explosion. Averti quelques minutes avant l'accident, il eut juste assez de temps pour la calmer et la préparer et, aussitôt après le choc, il continua ses bons offices; mais quand arriva le matin, il vint me raconter l'événement de la nuit et me déclara qu'il avait éprouvé la sensation d'être lui-même la victime de l'explosion. Il s'était si bien identifié avec celui qu'il assistait qu'il avait comme lui reçu le choc et s'était senti projeté en l'air.

Une autre fois le même membre fut envoyé assister un soldat qui, en conduisant une voiture de munitions sur une mauvaise route de montagnes, avait été précipité sur le chemin et tué sous les roues qui lui passèrent sur le corps. Là encore, il s'identifia avec le soldat si bien que le lendemain il se souvint d'avoir rêvé qu'il conduisait lui-même une voiture de munitions, qu'il avait été précipité de son siège et écrasé par les roues, exactement comme le soldat.

Dans d'autres cas, les souvenirs que l'on rapporte ne sont pas conformes à ce qui s'est réellement passé; ils en sont plutôt une description symbolique, souvent très détaillée et parfois poétique. Ceci provient évidemment de la nature de l'Ego, de sa faculté d'imagination, de se représenter les faits par des images, mais parfois le symbole arrive à la mémoire sans la clef qui permet de l'interpréter et si l'aide ne peut demander à une personne plus expérimentée de le lui expliquer, il ne lui reste qu'une idée vague de ce qu'il a réellement fait. En voici un exemple typique, arrivé il y a bien des années, tant d'années même que, ne l'ayant pas noté sur le moment, un ou deux points sont devenus vagues dans mon esprit, et je me trouve obligé de les omettre, ce qui rendra, je crains, le récit moins intéressant.

Un matin, l'aide en question vint me voir pour me raconter un rêve extrêmement frappant qu'il venait d'avoir; il était certain que ce rêve était plus qu'un rêve. Il se rappelait avoir vu une jeune fille se noyer dans la mer. Il eut, je crois, l'impression qu'elle y avait été jetée avec intention, bien que je ne sois pas sûr qu'il ait vu l'auteur du crime. Il assistait à cette scène dans son corps astral et, ne sachant pas se matérialiser, il ne pouvait lui-même venir au secours de la jeune fille, mais le sentiment net de l'imminence du danger lui donna la force d'en imprimer l'idée dans l'esprit du fiancé de celle-ci qui accourut aussitôt, se précipita à la mer, ramena la jeune fille sur la plage et la déposa dans les bras de son père.

L'aide se rappelait parfaitement les visages de ces trois personnages et il les décrivit assez nettement pour qu'il fût possible par la suite de les reconnaître facilement.

Il me pria d'examiner le cas afin de vérifier jusqu'à quel point était fidèle le souvenir qu'il avait gardé de son rêve.

Or, en me livrant à cet examen, je constatai, à ma grande surprise, que l'histoire entière était symbolique et que les faits véritables étaient d'une nature différente. La jeune fille était orpheline de mère et vivait seule avec son père; elle semble avoir été aussi riche que belle, et nombreux étaient naturellement les jeunes gens qui aspiraient à sa main : notre histoire toutefois ne se rapporte qu'à deux de ces prétendants.

L'un, jeune homme des plus estimables mais timide, habitant le voisinage, adorait la jeune fille depuis son enfance; il avait été élevé avec elle dans une grande intimité et, de fait, il avait avec elle une sorte d'engagement de fiancé, moitié sous-entendu, moitié accepté, ainsi qu'il arrive quelquefois entre jeunes gens. L'autre était le type de l'aventurier, beau, brillant, séduisant, mais hypocrite, coureur de dot et ne méritant aucune confiance. Eblouie par les apparences, la jeune fille se persuada facilement que l'inclination qu'elle ressentait pour ce jeune homme était une affection réelle et que les sentiments qu'elle avait éprouvés pour son ami d'enfance étaient de pure camaraderie. Son père cependant voyait plus loin qu'elle et, quand l'aventurier se présenta, il le reçut avec une froideur marquée et refusa poliment, mais fermement, son consentement au mariage de sa fille avec un homme dont il ne savait absolument rien.

Le coup fut dur pour la jeune fille. L'aventurier la vit

en secret et lui persuada facilement qu'elle était maltraitée, incomprise, que son père était un tyran insupportable et ridiculement vieux jeu, qu'en fille de tête, elle devait montrer qu'elle savait ce qu'elle voulait en s'enfuyant avec lui ; après quoi, le père naturellement reviendrait à de meilleurs sentiments, verrait les choses plus sensément et l'avenir apparaîtrait pour eux sous les plus tendres couleurs.

La folle enfant écouta ces paroles et il sut si bien l'influencer qu'elle finit par consentir à ce qu'il lui demandait. Or, la nuit où notre ami assista à la scène que nous avons racontée, était précisément celle de l'enlèvement.

Comme dans un mélodrame, l'aventurier attendait au coin de la route avec une voiture pendant que la jeune fille se préparait à quitter furtivement sa chambre pour le rejoindre.

Ainsi qu'on se l'imagine aisément, au moment de faire le pas décisif, un grand trouble l'envahit et la fit hésiter.

Cette agitation de son esprit, ce désir ardent d'être conseillée attira l'attention de l'aide qui errait par hasard dans ces parages. Lisant dans les pensées de la jeune fille, il comprit immédiatement la situation et dirigea ses efforts pour l'empêcher de commettre cette folie, mais elle était si agitée qu'il ne put l'influencer comme il l'aurait voulu. Il chercha autour de lui qui il pourrait influencer plus efficacement. Il essaya d'agir sur le père ; mais celui-ci était dans sa bibliothèque, absorbé par un ouvrage littéraire si captivant qu'il fut impossible d'attirer son attention.

Heureusement l'amoureux de jeunesse de la jeune fille, qui avait été à moitié oublié, se trouvait à proximité : il se promenait à la clarté des étoiles, regardant les fenêtres de sa belle, à la façon des jeunes amoureux du monde entier. L'aide vola vers lui, et ayant reconnu la nature de ses sentiments, il constata avec bonheur que le jeune homme était plus réceptif. Son amour profond l'avait rendu inquiet et il lui fut facile de l'influencer assez pour le faire avancer jusqu'au coin de la route où se trouvaient la voiture et l'aventurier.

L'amour eut tôt fait d'ouvrir les yeux du jeune homme, qui devina, avec stupéfaction et honte, de quoi il s'agissait. Rendons-lui justice, il ne pensa pas à lui dans ce moment critique, ni qu'il était à la veille de perdre sa bien-aimée, mais seulement au fait qu'elle était sur le point de commettre une folie et de compromettre son avenir. Dans son exaltation, il oublia les convenances, se précipita dans la maison, qu'il connaissait pour l'avoir souvent fréquentée dans sa jeunesse, monta rapidement l'escalier et rencontra la jeune fille au moment même où elle sortait de sa chambre.

Des paroles qu'ils échangèrent, ni l'un ni l'autre ne purent dans la suite se souvenir; dans une prière ardente et passionnée, le jeune homme supplia la jeune fille de réfléchir avant de commettre un acte aussi grave et d'entrer dans la voie de perdition; il lui montra dans quel abîme elle était sur le point de se jeter, et lui demanda de s'expliquer franchement avec son père si dévoué qu'elle allait si mal récompenser des soins incessants dont il l'avait entourée.

Le choc causé par la soudaine apparition du jeune homme, la véhémence de ses objurgations, réveillèrent la jeune fille comme d'une sorte de trance et elle n'opposa presque aucune résistance quand il l'entraîna près de son père, toujours assis dans sa bibliothèque. On peut s'imaginer quelle fut la stupeur du père quand il fut mis au courant, car il n'avait pas eu le moindre soupçon des projets de sa fille et celle-ci, maintenant qu'elle n'était plus sous le charme de l'aventurier, se demandait comment elle avait pu se laisser aller à une telle extrémité. Tous deux témoignèrent toute leur gratitude au jeune amoureux et, avant même qu'il ne partît, la jeune fille ratifia l'ancien engagement contracté alors qu'ils n'étaient encore que des enfants et lui promit d'être bientôt sa femme.

Tels avaient été les événements en réalité et le symbolisme choisi par l'Ego de l'aide est donc bien exact, quelque différent qu'il soit de l'exactitude matérielle des faits.

Il arrive aussi que rien ne se présente que l'on puisse vraiment appeler un souvenir, mais on éprouve le sentiment que quelque chose a été vu ou s'est passé; on s'éveille le matin avec un sentiment de satisfaction et l'idée d'avoir réussi, sans néanmoins se souvenir en quoi on a si bien réussi. Ceci signifie généralement que l'on a fait quelque bon travail, dont il est bien souvent impossible de se remémorer les détails.

D'autres fois on s'éveillera avec un sentiment de respect, de haute vénération. On peut en déduire que l'on s'est trouvé en présence d'une personne très élevée, ou que l'on a reçu quelque témoignage direct d'une puissance supérieure. Par contre, il arrive aussi que le réveil est accompagné d'un sentiment de crainte qui provient soit d'une frayeur que cause au corps physique une sensation inaccoutumée, soit d'une rencontre désagréable sur le plan astral. Ce sentiment peut aussi être simplement provoqué par le fait que l'on a éprouvé de la sympathie pour une entité de l'astral, laquelle est en proie à une grande terreur, car, en astral, il arrive souvent que l'on partage les sentiments de ceux qui vous sont sympathiques.

Nombreux sont ceux qui ne se préoccupent guère, pendant qu'ils fonctionnent dans leur corps astral, d'en conserver un souvenir dans leur cerveau physique et neuf personnes sur dix ne désirent nullement revenir dans leur corps. Voici néanmoins, pour requérir cette mémoire, le procédé que je recommande.

Afin d'établir le lien, tâchez tout d'abord de vous souvenir, quand vous êtes hors de votre corps, que vous voulez l'établir. Efforcez-vous ensuite de prendre la décision de rentrer lentement dans le corps au lieu d'y rentrer brusquement et avec une légère secousse, ce qui est généralement le cas; c'est cette secousse qui empêche de se souvenir. Arrêtez-vous et dites-vous, au moment de vous éveiller : « Mon corps est là, et je vais y rentrer et, dès que j'y serai, je le forcerai à s'asseoir et à écrire tout ce qu'il se rappellera. » Puis rentrez-y doucement, asseyez-vous aussitôt, et écrivez tout ce qui vous reviendra en mémoire.

Si vous attendez, ne fût-ce que quelques minutes, tout sera perdu, mais chaque détail que vous pourrez vous remémorer sera un lien pour retrouver les autres. Les notes ainsi réunies paraîtront à la lecture un peu incohérentes, mais peu importe; cette incohérence vient de ce que vous essayez de narrer en termes physiques des expériences faites sur un autre plan. Par cette méthode, vous recouvrerez peu à peu la mémoire; cela demandera peut-être un temps assez long et il faut vous armer de beaucoup de patience.

Il est bon aussi de tâcher, lorsque vous êtes hors de votre corps, de vous rendre compte que vous êtes sur le plan astral et qu'il serait encourageant pour la conscience physique d'en rapporter quelque souvenir. Soyez méthodique dans vos efforts. Chaque souvenir rapporté facilitera le souvenir prochain et rapprochera le jour où la mémoire sera complète et automatique; jusque-là, un moment d'inconscience séparera le sommeil et le réveil parce que les vibrations doivent traverser la trame finement tissée de matière atomique qui agit comme un voile.

Lorsque l'on réintègre le corps physique, on ressent une grande contrainte; il semble que l'on est enveloppé d'un épais manteau. Sur le plan astral, la joie de vivre est si grande que, par comparaison, la vie physique n'apparaît pas comme la vie. Pour la plupart de ceux qui peuvent fonctionner dans leur corps astral pendant le sommeil, le retour quotidien dans le monde physique est aussi fastidieux que le fait, pour la plupart des gens, d'aller chaque jour à leur bureau; ils n'en sont pas positivement mécontents, mais ils ne s'y rendraient pas s'ils n'y étaient pas obligés.

Quant à ceux qui fonctionnent librement dans le monde mental, la vie astrale leur semble un état d'esclavage et de même jusqu'au monde bouddhique qui est la béatitude parfaite. Celui qui atteint ce niveau, bien que gêné physiquement et incapable d'exprimer ici-bas la béatitude qui l'inonde, en jouit néanmoins sans cesse et il sait que tous ceux qui sont encore incapables de la ressentir, s'élèveront un jour jusqu'à elle et la connaîtront.

Ne connaîtriez-vous la réalité des mondes supérieurs que pendant un seul instant, tout le reste de votre vie en serait transformé.

Les plaisirs du monde astral sont beaucoup plus vifs que ceux du monde physique; aussi présentent-ils le danger de détourner de la voie du progrès ceux qui vivent sur ce plan. Il est impossible, dans la limitation du corps physique, de concevoir leur attrait. Mais même les plus forts ne sauraient retenir ceux qui ont goûté des joies plus élevées. On devrait, après la mort, s'efforcer de traverser aussi rapidement que possible les divers stades de la vie astrale, même sans y rendre aucun service et n'être pas plus tenté par ses plaisirs raffinés que par les attractions physiques. Il faut savoir résister aux désirs physiques lorsqu'on connaît les choses des mondes astral et mental; il faut s'élever au-dessus d'eux non pas seulement pour jouir de la vie spirituelle, mais afin de remplacer ce qui est transitoire par ce qui est éternel.

.

LES DIMENSIONS SUPÉRIEURES

Si tant est qu'il y a sept dimensions, ces sept dimensions existent toujours et partout. Que la conscience soit centrée dans le corps physique, dans le corps astral ou dans le véhicule nirvanique, rien n'est changé à cette base fondamentale de la nature. Dans le corps nirvanique, la conscience voit le tout; dans les autres corps, ses capacités sont limitées. Il n'existe donc pas, en réalité, de choses ou d'êtres à trois ou quatre dimensions. L'espace ayant sept dimensions, toutes choses existent au sein de cet espace; nos facultés de perception seules sont limitées. Nous n'avons conscience physiquement que de trois dimensions; nous ne percevons donc les choses et les êtres que très partiellement. Celui qui a la faculté de voir quatre dimensions voit, lui aussi, toutes choses partiellement, mais moins, toutefois, que celui qui est limité aux sens physiques. Nous sommes au sein d'un vaste univers composé de matières ayant divers degrés de densité et que nous supposons construit sur sept dimensions. Il se trouve que notre conscience ne perçoit que trois de ces dimensions et qu'un certain degré de densité de cette matière; toute matière plus subtile, toute dimension au delà des trois que nous connaissons sont pour nous inexistantes, mais l'imperfection de notre pouvoir de perception n'affecte en rien les objets eux-mêmes.

Supposons qu'un individu ramasse un caillou; il n'en voit que les constituants physiques, mais ce caillou n'en contient pas moins des molécules de matière astrale, mentale et au-dessus; de même il existe dans les sept dimensions bien que la conscience humaine ne perçoive que la partie de lui-même incluse dans trois dimensions.

Pour examiner ce caillou, l'homme se sert d'un organe physique, l'œil, qui n'est sensible qu'à certain mode de vibrations émises par certains types de matière. Lorsqu'il développe ce qu'on appelle la conscience astrale, il fait usage d'un organe qui ne répond qu'aux vibrations émises par une autre partie moins dense du caillou. Si en développant sa conscience astrale, il perd sa conscience physique, ce qui arrive lorsqu'il quitte son corps physique, il voit la matière astrale seule et non plus la matière physique. Là encore le monde physique ne cesse pas d'exister parce qu'un homme perd la faculté de le voir. Il aurait pu, en développant la conscience astrale, s'exercer à utiliser en même temps la conscience physique; il serait alors capable de voir en même temps les constituants astraux et physiques des choses, mais il est probable qu'il ne pourrait pas exercer en même temps avec la même netteté ces deux pouvoirs de vision.

De même qu'en chaque chose existent, bien qu'invisibles pour nous, tous les états de matière, de même y sont également présentes toutes les dimensions de l'espace et le nombre de ces dimensions que nous pouvons percevoir dépend du développement de notre conscience. Dans la vie physique, nous n'en percevons normalement que trois, bien que, par un entraînement spécial, le cerveau puisse arriver à saisir les formes les plus simples, à quatre dimensions. La conscience astrale perçoit quatre dimensions, mais l'éveil à la conscience astrale ne permet pas de voir immédiatement l'extension des objets dans quatre dimensions ; au contraire, l'homme de niveau moyen qui arrive dans le monde astral ne perçoit d'abord qu'une sorte de déformation, d'altération incompréhensible des objets qu'il était accoutumé à voir ; et la plupart des hommes traversent ainsi la vie astrale sans rien comprendre des propriétés de la matière qui les entoure.

La possession de la vision astrale n'implique donc pas nécessairement la perception immédiate de la quatrième dimension ; elle permet seulement de développer cette faculté par un entraînement long, minutieux et patient. Quelques entités du monde astral, qui probablement ignorent les autres entités de ce monde, les esprits de la nature par exemple, ont, de par leur nature même, la faculté de voir toutes choses à quatre dimensions ; mais cette vision n'est pas une vision parfaite puisqu'elle ne laisse voir en chaque objet que sa matière astrale et rien de sa matière physique ; de même nous, avec nos limitations différentes, voyons la matière physique et non la matière astrale.

On n'a jamais enseigné, que je sache, que les entités astrales ont conscience des habitants du plan physique ; on peut même affirmer qu'elles ne sont conscientes d'aucun des degrés de la matière physique, mais elles sont conscientes de la contre-partie astrale de cette matière physique ce qui, en pratique, revient à peu près au même.

Je ne crois pas que les dimensions supérieures puissent se manifester comme qualités de la matière à notre conscience physique, sauf peut-être dans certains cas spéciaux ; la densité d'un gaz, par exemple, pourrait dépendre de son extension dans la quatrième dimension. Mais si un objet passe à travers un mur, la quatrième dimension n'est pas en jeu, non plus que ses propriétés ; il suffit que cet objet ou une partie du mur de même grandeur soit désintégré, réduit à l'état atomique ou à l'un des états éthériques de manière à permettre le passage. Ceci ne concerne que nos trois dimensions. Un autre procédé entièrement différent consisterait à apporter l'objet intact, sans toucher le mur, par une autre dimension, mais ce moyen échappe à notre conscience physique.

On peut faire pénétrer de l'eau dans un vase de terre en vaporisant cette eau qui, ainsi transformée, traverse la terre poreuse ; ceci équivaut au procédé de désintégration et de réintégration. Mais on peut aussi remplir ce vase beaucoup plus simplement en y versant de l'eau par le haut, ce qui rend inutile la transformation en vapeur. L'eau est ainsi introduite dans le vase par une autre dimension où les parois du vase n'existent plus. Ces deux moyens ne s'excluent pas et conduisent au même résultat.

TROISIÈME SECTION

LE CORPS MENTAL

LE CORPS MENTAL

On nous a parfois fait observer, après avoir lu *L'Homme Visible et Invisible,* que la liste des qualités indiquées dans ce livre est incomplète, car certaines, au moins aussi importantes, sont omises, telles que le courage, la dignité, la gaieté, la sincérité, la loyauté. Ces qualités n'ont pas été mentionnées parce qu'elles n'ont pas, comme les autres, de couleur nettement distincte, mais il ne faut pas en conclure qu'elles ne puissent être distinguées par la clairvoyance. Elles sont indiquées par des différences dans la structure du corps mental ou par des modifications de sa surface. On peut dire que, en général, elles se manifestent par la forme plutôt que par la couleur.

Dans les figures de ce livre qui représentent le corps mental, il faut remarquer non seulement les couleurs des qualités principales, mais aussi leur disposition. En général, les couleurs dénotant les bonnes tendances sont dans la moitié supérieure du corps mental et celles des tendances fâcheuses, dans la moitié inférieure. Le violet des hautes aspirations, le bleu de la dévotion, le rose de l'affection, le jaune de l'intellect, et même la couleur orangée de l'orgueil ou de l'ambition sont localisées dans la partie supérieure de l'ovoïde, tandis que les pensées inspirées par la colère, l'égoïsme ou la jalousie gravitent dans la partie inférieure. Ces illustrations indiquent assez bien quel serait l'aspect du corps mental s'il était réellement en repos, mais l'activité, l'intensité, l'énergie de la pensée y produisent un changement considérable.

L'unité mentale peut être considérée comme le cœur, le centre du corps mental, et de l'activité relative des différentes parties de cette unité dépend beaucoup l'aspect du corps mental dans son ensemble. Les diverses activités mentales se classent naturellement en certains groupes qui sont représentés dans les différentes parties de l'unité mentale.

Les unités mentales sont loin d'être identiques; elles diffèrent selon le type et le degré de développement de leurs propriétaires.

Si l'unité mentale pouvait demeurer en repos, la force qui s'en dégage formerait dans le corps mental un certain nombre de canaux, de même que la lumière d'une lanterne magique forme dans l'air un grand cône lumineux entre la lentille et l'écran, et pour celui qui regarde le corps mental de l'extérieur et qui, par conséquent, n'en voit que la surface, cette surface jouerait le rôle de l'écran; il y apercevrait une quantité d'images et de couleurs représentant les divers types des pensées habituelles de la personne, et ces images seraient probablement séparées par des parties obscures. Mais l'unité mentale, comme toutes les autres combinaisons chimiques, tourne rapidement autour de son axe, et cette rotation produit dans le corps mental une série de bandes qui ne sont pas toujours très nettes ni de la même largeur, mais qui sont pourtant faciles à distinguer et généralement disposées à peu près dans le même ordre.

Les pensées de haute aspiration se manifestent invariablement à l'extrémité supérieure de l'ovoïde mental par un beau petit cercle violet. A mesure que l'aspirant se rapproche de l'entrée du Sentier, ce cercle devient de plus en plus grand et radieux; chez l'Initié, c'est une splendide auréole rayonnant une merveilleuse couleur. Au-dessous se montre souvent le cercle bleu des pensées de dévotion, cercle assez petit le plus souvent, sauf quand les sentiments religieux sont vraiment profonds et sincères ; puis, tout près, est la zone beaucoup plus grande des pensées d'affection, de teinte cramoisie ou rose suivant le genre d'affection. Ensuite, et souvent reliée avec elle, s'étend la bande de couleur orangée représentant les pensées d'orgueil et d'ambition ; puis, touchant de près l'orgueil, se trouve le cercle jaune de l'intellect, généralement divisé en deux bandes correspondant aux deux types de pensées philosophique et scientifique. L'étendue de cette couleur jaune varie beaucoup selon les hommes ; elle couvre quelquefois toute la partie supérieure de l'ovoïde, s'élevant même au-dessus de l'affection et de la dévotion ; dans ce cas l'orgueil est généralement excessif.

Au-dessous de ces zones se trouve le large cercle qui représente les pensées concrètes ; il occupe dans l'ovoïde la zone centrale qui est la partie du corps mental d'où émanent toutes les formes-pensées ordinaires. Ici, la couleur dominante est le vert, teinté souvent de brun ou de jaune selon les tendances.

Aucune portion du corps mental ne présente autant de différences que celle-ci. Chez certaines personnes, elle est encombrée d'images concrètes ; chez d'autres elle en contient très peu. Tantôt ces images sont nettes et bien dessinées ; tantôt elles sont vagues et embrouillées ; chez les uns, elles sont classées, disposées avec ordre, tandis que chez les autres elles sont dans le désordre et la confusion.

A la partie inférieure de l'ovoïde sont les zones des pensées peu désirables. Une sorte de précipité boueux d'égoïsme occupe trop souvent le tiers inférieur ou même la moitié du corps mental, et au-dessus se voit quelquefois un cercle qui correspond à la haine, à la fausseté ou à la peur.

A mesure que les hommes se développent, ces couleurs tendent à disparaître, tandis que celles de la partie supérieure s'étendent peu à peu sur l'ovoïde jusqu'à ce qu'elles le remplissent entièrement ainsi que l'indiquent les figures de *L'Homme Visible et Invisible*.

Les couleurs sont d'autant plus éclatantes que les sentiments sont plus vifs. La dévotion, par exemple, présente trois degrés : respect, vénération et adoration; l'affection, trois degrés aussi : bienveillance, amitié et amour. Plus la pensée est forte, plus *intense* est la vibration; plus la pensée est spirituelle et désintéressée, plus la vibration est *rapide*. L'intensité produit l'éclat des couleurs; de la rapidité dépend leur délicatesse.

A l'intérieur de ces zones apparaissent généralement des stries plus ou moins nettes qui permettent d'apprécier beaucoup de qualités. Par exemple, un homme doué d'une volonté forte engage son mental entier sur des lignes nettes et soutenues; les stries et radiations de ce corps mental sont rigides, fermes et nettement distinctes. Une personne de caractère faible et indécis n'a pas cette rigidité et cette fermeté dans ses lignes; celles qui distinguent les différentes qualités sont mal déterminées, et les stries et les radiations sont minces, faibles et sinueuses.

Le courage est représenté par des stries fermes et fortement marquées, surtout dans la bande orangée de l'orgueil. La dignité s'exprime aussi principalement dans cette partie du corps mental, mais sa fermeté calme et son assurance s'expriment par des stries toutes différentes de celles du courage.

La véracité et l'exactitude sont très clairement indiquées par la régularité des stries dans la partie du corps mental où sont les formes concrètes et par la netteté des images qui y apparaissent. La fidélité se manifeste par une intensification des couleurs de l'affection et de la dévotion, et par la production constante, dans la même partie de l'ovoïde, d'images représentant la personne objet de cette fidélité. Souvent, lorsque des sentiments de fidélité, d'affection ou de dévotion sont ressentis envers un être quelconque, son image est très nettement formée et fixée dans le mental de celui qui éprouve ces sentiments et toute pensée dirigée par lui vers l'objet de sa fidélité ou de son culte, au lieu de créer une image nouvelle, ainsi qu'il arriverait dans tout autre cas, renforce la première image.

La joie se manifeste par l'éclat et le rayonnement général des deux corps mental et astral; en même temps une sorte de bouillonnement bizarre se produit à leur surface. Un caractère généralement enjoué se manifeste par un bouillonnement différent et par une constante sérénité très agréable à voir.

La surprise est indiquée par une forte contraction du corps mental; si elle est agréable, il y a, en même temps, augmentation d'éclat dans les bandes qui représentent l'affection; si elle est désagréable, la partie inférieure de l'ovoïde se teinte de gris et de brun. Cette contraction du corps mental se fait généralement sentir jusqu'aux corps astral et physique, qui provoquent parfois des sensations désagréables affectant tantôt le plexus solaire, d'où sentiment de mal de cœur, évanouissement; tantôt le centre cardiaque, d'où palpitations et même peut-être la mort; ainsi une surprise brusque peut tuer une personne dont le cœur est faible. La terreur produit le même effet que la surprise, mais avec une profonde modification dans la partie dévotionnelle du corps mental; celui-ci se gonfle sous cette influence, et les stries deviennent plus marquées.

En général, quand la pensée s'engage avec force dans l'un ou l'autre de ces canaux, outre l'éclat plus brillant des couleurs, la partie du corps mental qui lui correspond fait saillie, ce qui dérange momentanément la symétrie de l'ovoïde. Chez beaucoup de gens, cette saillie est permanente; elle indique toujours que l'intensité, la force de pensées de ce genre va croissant régulièrement.

Quand, par exemple, une personne entreprend une étude scientifique et dirige ses pensées dans cette voie beaucoup plus expressément qu'auparavant, le premier effet produit sera cette protubérance. Si elle poursuit son effort avec la même intensité, cette saillie s'affaissera peu à peu et l'ovoïde reprendra sa forme primitive; seule la bande colorée correspondante se sera élargie. Mais si l'intérêt qu'elle porte à cette étude continue à croître, la saillie subsistera en même temps que la zone s'élargira.

De tout ce qui précède il résulte que, chez l'homme

non développé, la partie inférieure de l'ovoïde tend à être plus grande que la partie supérieure, si bien que les corps astral et mental ont l'apparence d'un œuf dont le petit bout est en haut, tandis que chez l'homme plus développé, les qualités se manifestent dans la partie supérieure du corps mental et, tendant toujours à augmenter, l'apparence est celle d'un œuf dont le petit bout est en bas. En général, la symétrie de l'ovoïde se rétablit peu à peu et les saillies sont temporaires.

La matière du corps astral et celle du corps mental sont, nous l'avons dit, toujours en mouvement. Quand une émotion vient brusquement troubler le corps astral, toute sa matière est agitée comme par un orage et les couleurs sont mélangées ; puis, en raison de la densité propre aux divers degrés de matière qui reflètent ou émanent ces couleurs, les zones se rétablissent dans leur ordre habituel ; mais même alors, la matière n'est nullement en repos et toutes les molécules tourbillonnent dans ces zones, généralement sans en sortir. Or, ce mouvement dans chaque zone est éminemment salutaire, car un corps mental où cette circulation n'a pas lieu est, pour ainsi dire, un crustacé mental incapable de se développer tant qu'il n'a pas brisé sa carapace. Dans toute zone l'activité de la matière croît en proportion de la somme de pensées consacrées au sujet qu'elle exprime.

Dès que l'on permet à sa pensée de rester inactive en la laissant orientée dans une même direction, cet état de stagnation se reproduit fidèlement dans la matière mentale correspondante.

Dès qu'un homme laisse s'établir dans son esprit sur un sujet quelconque un préjugé, son activité intellectuelle s'arrête sur ce point ; il se produit un petit tourbillon dans la matière mentale qui peu à peu se coagule, formant une sorte de verrue. Aussi longtemps que cette verrue n'est pas résorbée ou arrachée, l'homme ne peut faire usage de cette partie de son corps mental ; il est incapable d'avoir une pensée raisonnable sur ce sujet spécial. Cette excroissance de matière impure entrave toute activité mentale passant par elle aussi bien vers l'extérieur que vers l'intérieur; d'une part, elle empêche de percevoir avec exactitude, de concevoir aucune notion nouvelle et d'émettre aucune idée indépendante sur cette question précise.

Ces points malades du corps mental sont des foyers d'infection; l'inaptitude à penser nettement augmente et gagne d'autres régions. Quand une partie du corps mental est ainsi stagnante, tout le reste est exposé à la contagion; quiconque laisse s'établir en lui un préjugé sur un point quelconque en aura bientôt sur d'autres points, car le courant de matière mentale saine est gêné dans sa marche et l'on s'accoutume à l'erreur.

Les préjugés en matière de religion sont les plus communs et aussi les plus graves car ils rendent impossible la conception d'aucune idée juste et rationnelle; chez la plupart des gens, malheureusement, toute la partie du corps mental qui devrait être ouverte aux pensées religieuses, est inactive, comme ossifiée, couverte de verrues, si bien que les conceptions même les plus rudimentaires sur ce qu'est réellement la religion, restent pour eux lettre morte jusqu'à ce qu'ils aient subi un remaniement profond.

Dans *L'Homme Visible et Invisible,* se trouvent des figures qui représentent des corps astraux du type dévotionnel et du type scientifique; nous les rencontrons fréquemment; ceux des types intuitif et positif sont autres. L'homme positif a généralement beaucoup de jaune dans son corps mental dont les bandes de couleur sont nettes et disposées d'une façon régulière; il est beaucoup moins doué d'imagination que l'intuitif et, par conséquent, à certains égards, il a moins de force et d'enthousiasme, mais il est moins exposé à tomber dans l'erreur et tout ce qu'il fait est bien et consciencieusement fait. Le bleu domine dans le véhicule mental de l'homme intuitif, mais les couleurs sont généralement vagues, et le corps tout entier est un désordre. Les gens de ce tempérament ressentent plus vivement les souffrances que les autres; mais cette souffrance même leur donne la possibilité de faire des progrès plus rapides. Il est évident que l'ardeur et l'enthousiasme, la fermeté et la régularité, sont réunis dans l'homme parfait; il s'agit seulement de savoir laquelle de ces qualités doit être acquise la première.

La pensée mystique et les facultés psychiques sont indiquées par des couleurs qui n'ont pas leurs équivalents dans la matière physique. Quand l'homme commence à se développer dans la ligne occulte, il faut qu'il purifie rapidement son corps mental entier et qu'il le mette en état de fournir un grand travail; il aura besoin de chaque partie de ce corps mental; il faut donc qu'elles soient toutes dans la meilleure condition possible s'il veut faire de réels progrès. Il doit arriver à générer des formes-pensées intenses et nettes; s'il peut en outre les visualiser clairement, il en retirera beaucoup d'avantages et d'encouragements. Gardons-nous de confondre ces deux actes : on peut être capable de créer des formes-pensées fortes et nettes sans, néanmoins, pouvoir les visualiser clairement. La forme d'une pensée est un acte direct de la volonté se manifestant à travers le corps mental; la visualisation n'est que la faculté de voir, au moyen de la clairvoyance, la forme-pensée ainsi générée. Lorsqu'on pense fortement à un objet, l'image de cet objet se forme dans le corps mental, que l'on soit capable ou non de la visualiser.

N'oublions pas que tout travail mental que l'on veut effectuer sur le plan physique doit passer par le cerveau physique; aussi, pour réussir, est-il nécessaire non seulement de développer le corps mental, mais encore de maintenir le cerveau physique en bon état, afin qu'il soit un bon outil pour le corps mental. Il est bien connu que certaines parties du cerveau ont une relation avec certaines qualités et avec l'aptitude à penser selon certaines lignes; il est donc indispensable que tous ces éléments soient ordonnés avec soin et reliés aux zones correspondantes du corps mental.

Un autre point, le plus important, est la relation qui doit être établie et maintenue active entre l'Ego et son corps mental, ce dernier étant la force cachée qui fait usage de toutes les qualités et de tous les pouvoirs de l'Ego.

La première condition pour être en état de penser à une chose quelconque, est de s'en souvenir, ce qui implique la nécessité d'avoir, auparavant, porté sur elle notre attention ; cette attention est la descente de l'Ego dans ses véhicules pour s'en servir. Bien des personnes ont un bon corps mental et un cerveau sain et néanmoins se servent peu de ces véhicules parce qu'elles ne portent qu'une faible attention à leur vie ; leur Ego a mis peu de lui-même dans ces plans inférieurs et les véhicules, abandonnés à leurs activités propres, agissent à leur guise. J'ai indiqué ailleurs le moyen de remédier à ce fâcheux état de choses ; voici brièvement en quoi il consiste :

Donnez à votre Ego les conditions qu'il réclame, et bientôt il descendra plus complètement pour en profiter. S'il désire développer l'affection, donnez-lui en l'occasion en cultivant cette qualité sur les plans inférieurs, et il répondra aussitôt ; s'il aspire à la sagesse, efforcez-vous, par l'étude, de devenir sage ici-bas. Toujours l'Ego appréciera vos efforts et sera heureux d'y participer. Cherchez à découvrir ce dont il a besoin ; donnez-le lui, et vous n'aurez pas lieu de vous plaindre de la réponse qu'il fera.

UN POUVOIR NÉGLIGÉ

Ceux qui n'en ont pas fait une étude spéciale, ne peuvent comprendre combien est grand le pouvoir de la pensée. La puissance de la vapeur, celle de l'eau sont pour eux réelles parce qu'ils les voient à l'œuvre ; mais celle de la pensée est vague, illusoire, intangible ; et pourtant ceux qui se sont donné la peine de l'étudier savent bien qu'elle est aussi réelle que les autres.

Ceci est vrai dans deux sens : directement et indirectement. A l'occasion, tout le monde reconnaît l'action indirecte de la pensée ; il est évident que chacun doit penser avant d'agir et que la pensée est la force motrice de l'action comme l'eau est celle du moulin, mais, en général, on ignore que la pensée a aussi une action directe sur la matière et que la pensée, traduite ou non en acte, produit toujours un effet.

Nos lecteurs savent déjà qu'il existe divers degrés dans la matière subtile qui échappe à notre vue physique, et que la pensée agit directement sur certains de ces degrés et les met en mouvement. La pensée se manifeste sous forme de vibration dans le corps mental ; cette vibration se communique à la matière extérieure où elle produit un effet. La pensée est donc en soi un pouvoir réel et certain et, chose utile à savoir, chacun de nous possède ce pouvoir.

La puissance de la vapeur, l'énergie électrique du monde, sont entre les mains d'une minorité de gens favorisés par la fortune ; pour faire usage de ces forces, il faut de l'argent, d'où il résulte que nombre de personnes ne peuvent s'en servir. Mais voici un pouvoir qui est l'apanage de tous, pauvres et riches, jeunes et vieux ; il suffit d'apprendre à s'en servir. En fait, nous en faisons tous usage dans une certaine mesure, mais, n'en saisissant pas toute la portée, nous l'employons souvent insciemment, faisant le mal au lieu du bien, envers autrui comme envers nous-mêmes.

Ceux qui ont lu l'ouvrage intitulé : *Les Formes-Pensées* se rappellent sans doute qu'une pensée produit deux effets extérieurs principaux : une vibration et une forme. Examinons l'action de deux résultats sur le penseur lui-même et sur les autres personnes.

Le premier point à noter c'est la force de l'habitude. Le corps mental accoutumé à un certain mode vibratoire tend à le reproduire facilement. Si nous nous laissons aller aujourd'hui à une certaine pensée, cette même pensée reviendra plus facilement demain. Qu'un homme se permette de penser du mal des autres, il lui sera bientôt facile d'en penser plus de mal encore, mais, par contre, il lui sera difficile d'en penser du bien. Ainsi naissent les préventions qui rendent aveugle sur les bons côtés des autres et qui grossissent sans mesure leurs défauts.

Ensuite, les pensées donnent naissance à des sentiments et ainsi celui qui ne voit que le mal chez les autres commence à les haïr. Les vibrations de la matière mentale éveillent celles de la matière plus dense qu'on appelle matière astrale, comme le vent agite la surface de la mer. Chacun sait que l'homme s'irrite facilement lorsqu'il songe à ses griefs, mais nous oublions trop souvent que la pensée calme et raisonnable prévient ou apaise la colère.

Un autre effet est l'action sur le penseur de la forme-pensée qu'il génère. Si la pensée est dirigée sur une personne, la forme s'élance vers elle comme une flèche; si, ainsi qu'il arrive souvent, elle vise surtout le penseur lui-même, la forme reste flottante autour de lui, toujours prête à réagir sur lui et à se reproduire, c'est-à-dire à éveiller la même pensée dans son esprit. Il s'imagine que cette pensée lui est suggérée de l'extérieur et, si elle est mauvaise, il croit que le diable le tente, tandis que c'est seulement la conséquence naturelle de ses propres pensées antérieures.

Examinons maintenant comment nous pouvons utiliser ces éléments de connaissance.

Chaque pensée, chaque émotion produisent un effet permanent, car elles fortifient ou affaiblissent une tendance; de plus, elles réagissent constamment sur le penseur. Il faut donc évidemment exercer le contrôle le plus sévère sur les pensées et les émotions qui naissent en nous. Beaucoup de gens disent que les sentiments peu souhaitables sont naturels dans certaines circonstances; ceci ne peut être pour nous une excuse et il nous faut maintenir notre autorité dans le domaine de notre intelligence et de nos émotions. Puisque nous pouvons prendre l'habitude de générer de mauvaises pensées, il est possible également de nous habituer à n'en générer que de bonnes. On s'accoutume à voir en autrui les qualités plutôt que les défauts, et l'on constate alors avec surprise que ses qualités sont nombreuses et sérieuses, en sorte qu'on en arrive à aimer les autres ou à les estimer et à les juger avec plus d'équité.

Il est bon de s'exercer, délibérément, à n'entretenir que bonnes et aimables pensées; le bon effet ne tarde pas à se faire sentir. L'esprit s'oriente peu à peu vers la bienveillance et l'estime et se détourne de la suspicion et de la médisance; lorsqu'il est inoccupé, de bonnes pensées surgissent en lui, réaction des forces aimables dont nous nous sommes efforcés de l'entourer. « Ce que l'homme pense dans son cœur, il le devient. » Et il est très certain qu'en pensant ainsi méthodiquement, nous nous rendons la vie plus douce et plus agréable.

Passons maintenant à l'action de nos pensées sur autrui.

Les vibrations mentales, comme les autres vibrations dans la nature, tendent à se reproduire. Placez un objet devant le feu, cet objet s'échauffe. Pourquoi? Parce que les vibrations rapides qui émanent du foyer de chaleur ont accéléré le mode vibratoire de ses molécules. De la même manière, de bonnes pensées, envoyées avec persistance vers une autre personne, doivent, à un moment donné, éveiller en elle des vibrations de même nature qui lui suggéreront des pensées analogues. Ces pensées dirigées vers elle flottent autour d'elle et l'influencent pour le bien quand l'occasion s'en présente. Tout comme une mauvaise pensée peut devenir un démon tentateur pour le penseur lui-même ou pour les autres, une bonne pensée tend à être un véritable ange gardien qui pousse au bien et détourne du mal.

La mauvaise habitude de récriminer et de chercher toujours le côté faible des gens est malheureusement très répandue de nos jours; et ceux qui ont cette attitude ne semblent pas se douter du mal qu'ils font. Etant données leurs conséquences inévitables, ces bavardages malveillants ne sont rien moins que de la méchanceté. Peu importe que la médisance soit fondée ou non; elle ne peut faire que du mal, car aussitôt nombre de gens pensent au défaut qu'ils ont entendu prêter à quelqu'un et appellent sur lui l'attention de beaucoup d'autres personnes auxquelles pareille idée ne serait jamais venue.

Supposons qu'on accuse quelqu'un d'être jaloux; immédiatement des centaines de gens commencent à diriger vers le malheureux des courants incitant à la jalousie. N'est-il pas évident que si le pauvre homme y a quelque tendance, sa jalousie deviendra plus vive sous l'action de ce flux de pensées? Et si, comme il arrive généralement, cette rumeur malveillante ne repose sur rien, ceux qui l'ont répandue avec tant d'empressement auront en tout cas fait de leur mieux pour susciter dans leur victime le vice même dont la présence supposée excite leur passion.

Certes, pensez à vos amis, mais pensez à leurs bons côtés, non seulement parce que cette occupation sera plus saine pour vous, mais encore parce qu'elle intensifiera ces bons côtés. Lorsque vous ne pouvez faire autrement que de constater un défaut chez un de vos amis, veillez tout spécialement à ne pas penser à ce défaut; pensez à la qualité opposée que vous souhaiteriez voir en lui. S'il est parcimonieux ou ingrat, éviter soigneusement de parler de ces défauts et même d'y fixer votre pensée car, ce faisant, vous lui enverriez des vibrations qui les aggraveraient. Pensez, au contraire, et de toutes vos forces, à la qualité qui lui manque, inondez-le de courants de générosité et d'amour. De cette manière seulement, vous rendrez réellement service.

Employez ainsi ce pouvoir de la pensée qui est vôtre et vous deviendrez une source de bénédictions pour ce petit coin du monde où vous vivez, mais rappelez-vous que cette force vous ne l'avez qu'en quantité limitée et qu'il ne faut pas la gaspiller si vous voulez vous rendre utile.

L'homme ordinaire n'est qu'un centre de vibrations agitées; il est constamment troublé, inquiet; il fait sans cesse de vains efforts pour s'emparer de ce qu'il désire; pour une raison ou pour une autre, il ne cesse de s'agiter inutilement, en général, pour les motifs les plus futiles, oubliant que, pendant tout ce temps, il gaspille sa force en la dépensant sans profit pour personne, alors que s'il faisait son devoir strict, il serait plus fort et plus heureux.

La discusion inutile est un autre genre de gaspillage d'énergies. On veut toujours convaincre les autres et les ranger à ses opinions. On oublie qu'il y a plusieurs manières d'envisager une question quelconque, religieuse, politique ou de convenances, que chacun a raison du point de vue où il se place; et, après tout, qu'importe puisque l'opinion des gens ne change en rien les faits eux-mêmes. La plupart des sujets de discussion ne valent vraiment pas la peine d'être discutés, et ceux qui parlent le plus haut et avec le plus d'assurance sont généralement les plus ignorants.

Celui qui veut se servir utilement de la puissance de sa pensée, soit pour lui-même, soit pour ses semblables, doit conserver toutes ses énergies, être calme et philosophe, réfléchir avant de parler ou d'agir. Personne ne devrait mettre en doute la grande force de la pensée; quiconque s'en donnera la peine, deviendra capable de s'en servir; par elle, il fera de rapides progrès et répandra le bien autour de lui.

Il importe de comprendre la puissance de la pensée, car c'est notre devoir de réprimer les pensées mauvaises ou égoïstes. Que nous le désirions ou non, les pensées produisent leur résultat, chaque victoire sur elles est un pas vers leur maîtrise.

Envoyer de bonnes pensées à autrui est un bienfait aussi réel que donner de l'argent, et cette forme de charité est à la portée du plus pauvre. L'homme sage produit ces bons résultats avec intention.

Le découragement est une mauvaise chose qui nous ferme aux pensées élevées; il est une cause de souffrance pour les personnes sensitives et contribue beaucoup à rendre les enfants peureux la nuit. Il n'est pas bien d'assombrir la vie de la jeunesse, comme le font tant de gens, par leurs tristes et fâcheuses pensées.

Oubliez vos préoccupations et cherchez au contraire à envoyer des pensées fortifiantes aux malades.

Les pensées n'agissent pas seulement, comme on le croit, sur leur auteur, puisque leurs vibrations affectent tous ceux qui l'entourent. Une mauvaise pensée porte beaucoup plus loin qu'une mauvaise parole, mais elle est sans action sur celui qui s'est complètement libéré du défaut qu'elle propage. Ainsi la pensée du désir de boire ne peut entrer dans le corps pur d'un homme sobre; elle vient frapper son corps astral, mais elle ne peut y pénétrer et revient vers son auteur.

La volonté peut être exercée à agir directement sur la matière physique. Certains d'entre vous ont peut-être fait cette expérience qu'un portrait, devant lequel on a beaucoup médité, semble à un moment donné changer d'expression; les molécules physiques sont en effet affectées par une pensée forte et persévérante.

Pour exercer ses élèves, Mme Blavatsky leur disait de suspendre une aiguille au bout d'un fil de soie et de chercher à la faire mouvoir par l'action de leur volonté. Le sculpteur emploie aussi cette force, mais très différemment. En présence de son bloc de marbre, il génère une forme-pensée de la statue qu'il conçoit et enlève ensuite le marbre qui recouvre cette forme-pensée.

Prenez l'habitude de consacrer chaque jour un peu de temps à formuler de bonnes pensées pour les autres et à les leur envoyer; ceci sera pour vous d'une importance capitale et pour les autres d'une indiscutable efficacité.

INTUITION ET IMPULSION

Comment distinguer l'impulsion de l'intuition, me demande-t-on? Je comprends très bien que l'on pose cette question car la distinction est difficile à établir, mais cette difficulté n'est que temporaire; en progressant, un moment arrive où l'on discerne l'intuition avec certitude et où intuition et impulsion apparaissent si différentes que l'on ne peut plus s'y tromper.

Ces deux manifestations, surgissant de l'intérieur avant d'arriver au cerveau, semblent tout d'abord semblables; une attention rigoureuse est nécessaire pour arriver à les discerner.

J'ai entendu dire à Mme Besant que, lorsque les circonstances le permettent, il est toujours bon d'attendre un moment avant de prendre une décision, car une impulsion s'affaiblit généralement peu à peu tandis qu'une intuition ne s'affaiblit pas. De plus, l'impulsion est toujours accompagnée d'une certaine surexcitation; un peu de la personnalité s'y rattachant toujours, il arrive que si l'on n'obéit pas immédiatement, si quelque empêchement se produit, on éprouve du dépit; la véritable intuition, au contraire, si forte qu'elle soit, est accompagnée d'une impression de force et de calme. L'impulsion vient du corps astral; l'intuition est une parcelle de connaissance émanée de l'Ego qui l'imprime sur la personnalité.

Il arrive parfois qu'une impression soudaine ne provient pas de l'intérieur, mais bien de l'extérieur; ce peut être une suggestion émanant d'un être vivant sur un plan supérieur, ou plus souvent, d'une personne sur le point de mourir, ou encore d'un parent mort depuis quelque temps. Il est bon d'accueillir ce conseil de la même manière que s'il était donné sur le plan physique, c'est-à-dire de l'accepter s'il satisfait votre raison, et dans le cas contraire de l'ignorer; car le fait d'être mort ne rend pas les gens plus sages. Là, comme en toute circonstance, le bon sens et l'indépendance doivent guider nos actes et il ne convient pas de se laisser entraîner par des rêveries et une folle imagination. Le mieux est de suivre toujours la raison quand on est certain des prémisses sur lesquelles on raisonne. C'est par l'expérience et avec le temps que l'on arrive à savoir si l'on peut se fier aux intuitions.

L'impulsion ordinaire a sa source dans le corps astral; la véritable intuition vient directement du plan

mental supérieur, voire même du plan bouddhique. Il
est évident que l'intuition, si elle apporte avec elle la
certitude, doit être suivie sans hésitation, mais au début
il faut courir le risque, ou de ne pas voir une lueur de
vérité supérieure parce que l'on s'attache trop fortement
à la raison, ou d'être induit en erreur en prenant une impulsion pour une intuition. Je crains tant de commettre
cette erreur que j'ai mainte et mainte fois suivi ma
raison malgré mon intuition, et ce n'est qu'après avoir
constaté, par des expériences répétées, la justesse constante d'un certain genre d'intuition que je me suis
décidé à la suivre en toute confiance. Vous aussi, sans
nul doute, passerez par ces stades successifs : n'en
soyez jamais affectés.

DES CENTRES DE PENSÉES

Sur les niveaux supérieurs du plan mental, nos pensées ont une force plus grande parce qu'elles sont dans
leur propre champ d'activité où, de plus, la lutte contre
les idées opposées est inconnue. Tous ceux qui pensent
à une même chose, tendent dans une certaine mesure
à se réunir. Vous pouvez attirer vers vous toute pensée
forte, produite n'importe où dans le monde, et être ainsi
influencés par son auteur. L'action d'une forte pensée
est constante, mais elle se fait plus vivement sentir, lorsqu'elle concerne des sujets un peu exceptionnels, sur
ceux qui s'intéressent à ces mêmes sujets parce que,
dans ce cas, ses vibrations sont moins contrariées, elle
s'exerce plus nettement. Une idée soudaine, une vision
rapide sont souvent la forme-pensée d'une personne qui
s'intéresse au même sujet que vous et cette personne
peut être au loin; néanmoins la proximité physique
facilite la transmission.

Il existe une sorte de psychométrie des formes-pensées. Les nombreuses pensées que provoque un sujet donné ont des formes définies et occupent une place déterminée dans l'espace ; toutes ces pensées sont de même nature et tendent à se grouper. Il y a dans l'atmosphère comme des foyers de pensées, des lieux déterminés où se groupent les pensées relatives à chacun des sujets qui occupent les hommes, et toutes les pensées relatives à une question donnée tendent vers leur foyer particulier où elles se réunissent, quelle que soit leur nature, raisonnables ou incohérentes, justes ou fausses. Là, il est possible de les psychométrer, de remonter jusqu'à leurs auteurs et d'en connaître davantage.

Lorsque nous travaillons une question difficile, nous attirons les pensées de ceux qui ont étudié le même sujet, voire même ces personnes elles-mêmes, si elles sont sur le plan astral ; dans ce cas, nous n'en sommes, en général, pas conscients. Beaucoup de gens décédés, ou simplement endormis, tâchent d'aider leurs semblables dans leurs études spéciales en leur suggérant leurs propres opinions, ce qui, évidemment, n'implique pas que ces opinions soient exactes. En y réfléchissant, vous verrez que ceci est très naturel. Dans notre monde physique, vous donnez votre aide par pure bonté d'âme ; il en est de même après la mort. Vous avez les mêmes sympathies quand vous n'avez plus de corps physique et vous exprimez les mêmes idées. Je ne connais pas de méthode à la portée de tous permettant de rechercher la source exacte d'une idée qui se présente à l'esprit ; il faut développer la clairvoyance astrale et la clairvoyance mentale afin de percevoir la forme-pensée et de remonter ensuite jusqu'à son auteur auquel ses vibrations la relient.

Une idée se présente parfois sous une forme symbolique ; ainsi le serpent et l'éléphant signifient, en général, la sagesse. Il y a beaucoup de systèmes de symbolisme, et chaque Ego a le sien ; néanmoins, dans les rêves, certaines images ont toujours le même sens. On dit que rêver d'eau est signe de malheurs, mais je ne vois pas la corrélation ; cependant, même sans aucune corrélation un Ego ou une entité se servira de ce symbole s'il sait que la personnalité à laquelle il s'adresse l'interprétera ainsi. L'eau n'a aucun rapport nécessaire avec des malheurs quelconques, mais un Ego qui ne pourrait transmettre autrement un avertissement précis à sa personnalité, sachant comment celle-ci l'interprétera, sera probablement amené à imprimer dans son cerveau un rêve de ce genre pour la prévenir de quelque danger imminent.

Quand une pensée fugitive traverse l'esprit, elle est généralement causée par une suggestion. La force de la pensée et la multiplicité des formes-pensées sont immenses, et pourtant on ne les comprend guère et l'on en tient bien peu compte.

Les causes les plus diverses peuvent suggérer une idée mais, à défaut de connaissances spéciales, des suppositions seules sont permises.

On peut être affecté par ses propres formes-pensées. Celles que nous générons sur un sujet donné planent autour de nous pendant une durée proportionnelle à la force que nous leur avons donnée, et elles réagissent sur nous comme celles qui viennent de l'extérieur. A Adyar, par exemple, flottent une masse de formes-pensées et ceux qui arrivent adoptent, en général, quelques-unes d'entre elles plutôt que s'en créer de nouvelles. Il ne faut accepter les formes-pensées créées par d'autres personnes qu'avec prudence ; j'ai vu une personne changer d'opinion sous l'influence de formes-pensées étrangères qui étaient erronées, alors que sa pensée à elle était juste. Néanmoins, dans certains cas, il est avantageux de chercher à se placer sous l'influence d'une forme-pensée au début d'une étude.

Il y a, sur le plan astral, un nombre incalculable de formes-pensées de nature relativement permanente, résultat du travail accumulé par de nombreuses générations : la plupart se rapportent à l'histoire religieuse. Les sensitifs qui les perçoivent en font des récits ingénus, mais très exacts ; par exemple Anne-Catherine Emmerich eut des visions très précises jusque dans leurs détails de la Passion de Jésus telle qu'elle est racontée dans les Evangiles, y compris même des événements que nous savons pertinemment n'avoir jamais eu lieu. Je suis convaincu, cependant, que cette voyante était absolument sincère ; elle n'était pas sous l'influence d'une hallucination, mais elle se trompait sur la nature de ses visions.

Pour lire clairement et correctement dans les annales akashiques, un entraînement spécial est indispensable ; ce n'est pas une question de foi ou de sainteté, mais de connaissance spéciale. Rien ne prouve que sainte Catherine Emmerich possédait cette connaissance spéciale ; il est probable, au contraire, qu'elle n'avait jamais entendu parler de clichés akashiques ; elle ne pouvait donc les lire et eût-elle même vu un de ces clichés, elle n'aurait certainement pas su le distinguer de tout autre genre de vision.

Ce qu'elle a vu n'est probablement qu'une série de ces formes-pensées collectives dont nous avons parlé. C'est un fait bien connu des investigateurs qu'à tout événement historique important, les générations successives rattachent peu à peu nombre d'autres événements et, à force d'y penser, elles en imaginent tous les détails. Tel est le cas, pour les Anglais, de la signature de la Grande-Charte par Jean-Sans-Terre et, pour les Américains, de celle de la Déclaration de l'Indépendance.

Ces fortes images, que se font les hommes, existent réellement, et quiconque a développé quelques pouvoirs psychiques peut les voir nettement. Elles sont des formes qui naissent d'abord sur le plan mental et, partout où elles déterminent une forte émotion, elles se manifestent dans la matière astrale. Elles sont constamment fortifiées par les nouvelles pensées que suscite leur sujet. Naturellement, chacun se le représente à sa manière, et le résultat final ressemble souvent à une photographie truquée, mais la forme sous laquelle l'image originelle fut créée influe grandement la pensée des sensitifs et les porte à se faire de l'événement une image semblable.

Ces images composites, agglomération de multiples

formes-pensées souvent erronées, sont beaucoup plus faciles à percevoir que les véritables annales car, nous l'avons dit, la perception de ces dernières exige un certain entraînement, tandis que pour voir celles-ci, une lueur de clairvoyance sur le plan mental suffit, ce qui est le cas de beaucoup d'extatiques dont l'esprit est pur et élevé. Souvent même, cet embryon de clairvoyance mentale est inutile, les formes-pensées existant aussi dans la matière astrale.

Il n'est pas le moins du monde nécessaire, pour l'existence d'une de ces formes-pensées, que les événements aient réellement eu lieu. Peu d'événements historiques ont été aussi vigoureusement dépeints par l'imagination populaire, en Angleterre, que certaines scènes des drames de Shakespeare, du *Pilgrim's Progress* de Bunyan, et de divers contes de fées, tels que *Cendrillon* ou la *Lampe d'Aladin*. Un clairvoyant, percevant l'une de ces formes-pensées collectives, supposerait volontiers avoir découvert le fond historique de la légende, mais sachant que ces récits sont des fictions, il sera tenté de croire qu'il les a rêvées.

Depuis que la religion chrétienne a matérialisé les magnifiques conceptions qui lui avaient été confiées, les représentant comme des événements successifs d'une vie humaine, les âmes pieuses de tous les pays, soumis à son autorité, se sont efforcées, à titre d'exercices pieux, de se représenter ces soi-disant événements sous une forme aussi vivante que possible; de là toute une série de formes-pensées d'une force et d'une importance exceptionnelles qui ne peuvent manquer d'attirer l'attention de tout extatique dont l'esprit est déjà enclin aux idées de cet ordre.

Sans aucun doute, ces formes-pensées furent vraiment perçues par Catherine Emmerich et nombre d'autres ; quand ces clairvoyants arriveront, au cours de leur évolution, à percevoir les réalités elles-mêmes, il leur sera enseigné, comme à ceux qui ont le privilège inestimable d'être guidés par les Maîtres de Sagesse, à distinguer entre le résultat de pensées pieuses, mais ignorantes, et l'enregistrement indestructible qui est la vraie mémoire de la nature; ils sauront alors que ces scènes, qui attiraient tant leur attention, n'étaient que les symboles de vérités beaucoup plus hautes et plus sublimes qu'ils ne l'ont jamais imaginé, même dans les envolées les plus hautes que leur ait permis de réaliser leur parfaite pureté et leur piété profonde.

LA PENSÉE ET L'ESSENCE ÉLÉMENTALE

L'essence élémentale, lorsqu'elle est façonnée par la pensée ou le sentiment, adopte une couleur qui exprime la nature de cette pensée ou de ce sentiment. Ceci revient à dire que l'essence qui constitue la forme-pensée est temporairement obligée, par la pensée qui l'anime, de vibrer d'une façon déterminée. Le but de l'évolution de l'essence élémentale est d'apprendre à répondre à tous les modes possibles de vibration; donc, quand une pensée a, pendant quelque temps, fait vibrer l'essence élémentale d'une certaine manière, l'évolution de cette essence a été aidée puisqu'elle a pris l'habitude de cette vibration particulière et que, à la première occasion, elle y répondra plus aisément qu'auparavant. Puis ces molécules d'essence élémentale rentrent dans la masse générale, d'où elles sont captées de nouveau par quelque autre pensée qui les fait vibrer différemment. Leur évolution a fait un nouveau pas en avant car elles sont capables de répondre à un autre mode vibratoire. Ainsi, peu à peu, les pensées, non seulement de l'homme, mais des esprits de la nature et des dévas, voire même des animaux, autant que ces derniers peuvent penser, contribuent à l'évolution de l'essence élémentale jusqu'au moment où toutes ses molécules seront à tout moment aptes à répondre à tous les modes possibles de vibration; ce sera le terme de leur évolution.

Voilà pourquoi l'occultiste évite, quand la chose est

possible, de détruire un élémental artificiel, même de mauvaise nature, préférant se défendre lui-même ou protéger les autres contre cet élémental au moyen d'une coque. On peut dissiper immédiatement un élémental artificiel par un effort de volonté, de même que, sur le plan physique, on peut tuer un serpent venimeux afin qu'il ne puisse plus faire de mal, mais un occultiste ne le fera pas, sauf dans des circonstances tout à fait exceptionnelles.

Peu importe que la pensée qui anime l'essence soit bonne ou mauvaise; la seule chose nécessaire à son développement est d'être animée par une pensée ou un sentiment. La différence entre le bien et le mal se manifeste par la qualité de la matière; les pensées et les désirs de mauvaise nature s'expriment dans la matière la plus grossière et la plus dense, tandis que les pensées élevées se revêtent d'une matière subtile et capable de vibrer au même rythme qu'elles.

Une foule de gens ont toujours dans l'esprit des pensées basses et grossières, mais leur ignorance et leur grossièreté mêmes sont utilisées par la Grande Loi comme des forces évolutives qui contribuent, à un certain stade, à l'accomplissement du travail de la Nature. C'est à nous, qui en savons un peu plus qu'eux, de nous efforcer d'avoir les hautes et saintes pensées par lesquelles évoluera une matière élémentale plus subtile; nous travaillerons ainsi dans un champ où les laboureurs sont trop rares.

QUATRIÈME SECTION

LES POUVOIRS PSYCHIQUES

LES POUVOIRS PSYCHIQUES

La possession de pouvoirs psychiques n'implique pas plus un caractère de haute moralité que la possession d'une grande force physique. Il est très vrai que l'homme qui entre sur le sentier de sainteté voit bientôt se développer en lui ces pouvoirs; mais beaucoup peuvent être acquis sans qu'il soit nécessaire d'être un saint. Quiconque veut s'en donner la peine peut les obtenir, et l'on apprend la clairvoyance et le mesmérisme comme on apprend à jouer du piano; il suffit de faire les efforts nécessaires, mais pour la grande majorité, il est bien préférable et plus sûr de travailler au développement du caractère, de se préparer à entrer sur le sentier et de laisser les pouvoirs se développer normalement quand le moment sera venu.

Quelques personnes, trop pressées d'acquérir ces pouvoirs, s'appliquent à en forcer le développement. Si, en agissant ainsi, elles sont certaines d'obéir au seul désir d'aider les autres et assez sages pour les utiliser judicieusement, il se peut qu'elles n'aient pas à en souffrir, mais il n'est pas facile d'avoir cette certitude parfaite, et la moindre déviation de la ligne droite a des conséquences désastreuses.

Deux voies s'ouvrent devant celui qui désire les pouvoirs ; non pas deux moyens — il y en a certes beaucoup plus — mais deux méthodes principales : la méthode temporaire et la méthode permanente.

La première consiste à anesthésier les sens physiques par un procédé quelconque, soit d'une façon active par des drogues, par l'auto-hypnotisme ou en provoquant une sorte d'évanouissement, soit d'une façon passive, en se faisant magnétiser de manière que les sens astraux soient amenés à la surface.

La méthode permanente consiste à se développer harmonieusement afin que l'Ego devienne maître de ses véhicules inférieurs et puisse s'en servir à son gré.

Ces méthodes sont comparables au dressage d'un cheval vicieux. Un homme qui ignore l'équitation, peut, en donnant des stupéfiants à un cheval, arriver à le monter, mais il sera tout aussi incapable de monter les autres. De même, celui qui veut faire usage de ses sens astraux en donnant des stupéfiants à son corps physique y réussit dans une certaine mesure, mais il n'en conservera rien dans le corps physique de sa prochaine réincarnation. Au contraire, le cavalier qui fait l'effort d'approfondir les principes de l'équitation, montera n'importe quel cheval ; de même celui qui se développe jusqu'à donner à son Ego plein pouvoir sur ses véhicules, se rendra apte à maîtriser tous ceux de ses incarnations futures.

Cette dernière méthode est celle de l'évolution réelle ; l'autre lui est étrangère. Il ne s'ensuit pas que tous ceux qui entrent sur le sentier soient doués de pouvoirs psychiques, lesquels ne sont nécessaires qu'au delà d'un certain point du sentier.

Les pouvoirs psychiques inférieurs s'obtiennent par diverses autres méthodes, par exemple en répétant certaines invocations, ou par des charmes et des cérémonies, selon la façon dont ces moyens sont employés. J'ai vu un homme qui répondait à des questions par un procédé assez curieux ; il se mettait d'abord en trance en répétant maintes et maintes fois des formules ; ses invocations finissaient par l'influencer lui-même et par attirer des esprits de la nature qui allaient chercher les informations demandées et les transmettaient au cerveau de l'opérateur.

Lord Tennyson, en répétant indéfiniment son propre nom et en se concentrant fortement, arriva à se mettre en contact avec son Ego ; depuis lors la vie entière lui apparut comme un jeu d'enfant et la mort comme l'entrée dans une vie plus haute.

La répétition indéfinie de formules produit souvent l'état de trance, mais n'est d'aucune utilité pour l'Ego. Les résultats obtenus ne durent au plus qu'une vie, tandis que les pouvoirs résultant du vrai développement spirituel réapparaissent dans les corps des vies suivantes.

L'homme qui se met en trance au moyen de charmes ou de formules répétées reviendra probablement dans la vie suivante comme médium ou tout au moins avec des dispositions à la médiumnité, et la médiumnité n'est pas un pouvoir, mais seulement une disposition passive.

Ces répétitions de formules conduisent facilement à une médiumnité physique plus grossière et néfaste pour la santé : celle des séances de matérialisation et des phénomènes sensationnels de toutes sortes. A mon avis, le fait de parler et de donner des communications en état de trance n'est pas aussi nuisible pour le corps physique, bien que, si l'on considère le peu de valeur de la plupart de ces communications, on soit tenté de croire qu'elles affaiblissent l'intelligence !

Considérons maintenant ce qu'on demande à un médium physique. Lorsqu'une entité du plan astral, un décédé ou un esprit de la nature, veut produire un résultat quelconque dans la matière physique — jouer du piano, faire entendre des coups frappés, ou tenir un crayon pour écrire — elle a besoin d'un corps éthérique par lequel elle exécute ces actes. La matière astrale est sans action sur la matière physique, et l'intermédiaire de matière éthérique est indispensable ; de même on ne peut allumer un feu de charbon avec du papier seulement ; il faut du bois comme intermédiaire, faute de quoi le papier brûlera inutilement. La caractéristique du médium est le manque de cohésion existant entre les molécules éthériques et les molécules denses du véhicule physique; elle permet à une entité astrale de s'approprier facilement une grande partie du corps éthérique du médium et d'en faire l'usage qui lui plaît. Cette matière éthérique est restituée au médium et, en fait, sa tendance constante est de lui revenir, ainsi que le prouve le cas d'une forme matérialisée, mais le fait de soustraire fréquemment au médium une partie de son corps éthérique ne peut qu'être très dangereux pour sa santé.

Le double-éthérique est le véhicule de la vitalité ou principe de vie qui circule sans cesse à travers nos corps; lorsqu'une portion quelconque de notre double-éthérique est retirée, la circulation de la vie est entravée et son cours interrompu, et il en résulte un grand épuisement de vitalité; c'est pourquoi le médium est si souvent, après les séances, dans un état de prostration; c'est pourquoi aussi tant de médiums deviennent à la longue des alcooliques parce qu'ils sont tentés de combattre l'épuisement de leurs forces en prenant des boissons stimulantes.

Quelles que soient les circonstances, il n'est jamais bon pour la santé de se soumettre à un pareil épuisement, bien que des « esprits » plus intelligents et plus prévoyants s'efforcent parfois de donner de la vitalité au médium afin de compenser sa perte et de le maintenir plus longtemps en bonne santé.

Pendant les matérialisations, la matière physique, principalement sous la forme de gaz ou de liquides, est empruntée au corps du médium qui diminue réellement de poids et de taille, autre cause de troubles graves dans tout l'organisme.

Des médiums avec lesquels j'ai eu des séances il y a trente ans, l'un est aujourd'hui aveugle, un autre ivrogne invétéré et un troisième, menacé d'apoplexie et de paralysie, n'a préservé sa vie qu'en abandonnant complètement le spiritisme.

Un autre genre de matérialisation est obtenu par la

densification temporaire du corps astral. « L'esprit » de niveau commun, pour matérialiser, emprunte au médium sa matière éthérique parce que celle-ci, déjà spécialisée, prend plus facilement la forme humaine, se condense et se modèle plus vite que l'éther libre, mais aucun de ceux qui suivent une école de magie blanche n'aurait l'idée de porter atteinte au corps éthérique d'autrui pour obtenir une matérialisation; jamais non plus il ne risquerait de provoquer des désordres dans son propre corps éthérique afin de se rendre visible à distance. Par l'effort de sa volonté, il attirera et condensera dans son corps astral et autour de celui-ci une quantité suffisante de l'éther environnant pour le matérialiser et le maintiendra en cet état aussi longtemps qu'il le faudra.

Lorsqu'une portion du double-éthérique est soustraite au corps physique, comme dans les cas ordinaires de matérialisation, un lien subsiste entre cette matière éthérique et le corps physique, visible pour quiconque est capable de voir la matière à l'état éthérique; mais avec le corps astral, il n'y a pas, à proprement parler, de lien ni de canal; néanmoins il existe entre ces deux formes une étroite affinité dont il est difficile d'expliquer la nature exacte. La meilleure comparaison est celle de deux instruments accordés au même diapason, où toute note frappée sur l'un fait aussitôt résonner sur l'autre la note correspondante.

Il n'y a aucun mal à guérir les malades par la puissance de la volonté si l'on n'en fait pas une source de profits. Il existe plusieurs méthodes dont la plus simple consiste à infuser de la vitalité au malade. La nature peut guérir la plupart des maux si le malade est fortifié et soutenu pendant qu'elle accomplit son œuvre; ceci est surtout vrai pour les maladies nerveuses, malheureusement si communes aujourd'hui. La cure de repos si souvent prescrite dans bien des cas, est bien la meilleure chose qui puisse être indiquée, mais la guérison serait souvent hâtée si, indépendamment de cette cure, il était possible d'infuser de la vitalité au patient. Quiconque est doué d'une surabondance de vitalité, peut, par un effort de volonté, l'extérioriser et la diriger où il veut : cette vitalité irradie de toutes les parties de son corps, principalement des mains. Quand les forces d'une personne épuisée sont au point d'empêcher la rate de fonctionner convenablement, infuser de la vitalité spécialisée est souvent l'aide la plus efficace qu'on puisse lui donner pour la soutenir jusqu'à ce qu'elle soit capable de se refaire elle-même de la vitalité.

Beaucoup de petits maux sont guéris quand on active la circulation de la vitalité. Le mal de tête, par exemple, est généralement occasionné par une légère congestion du sang ou du fluide vital; dans les deux cas, un clairvoyant qui perçoit le siège de l'obstruction, enraye facilement le mal en envoyant dans la tête un fort courant, ce qui fait cesser la congestion locale. Un non-clairvoyant peut obtenir le même résultat, mais ne sachant pas exactement sur quel point diriger sa force, il en perd généralement une grande partie.

Certaines personnes obtiennent quelquefois des guérisons en faisant passer leur propre magnétisme dans les malades. Ce procédé est basé sur la théorie, très exacte d'ailleurs, que toute maladie est une désharmonie, et que si l'harmonie peut être rétablie la maladie disparaîtra bientôt. Aussi, dans ce cas, celui qui veut obtenir une guérison doit-il commencer par élever ses propres vibrations au plus haut degré possible, puis s'imprégner de pensées d'amour, de santé et d'harmonie; ensuite il enveloppe le malade de son aura avec la volonté que ses fortes vibrations dominent celles du patient et l'amènent graduellement jusqu'à son propre état d'harmonie et de santé. Cette méthode est souvent efficace, mais elle implique, pour le magnétiseur, l'imposition de toute sa personnalité au patient, ce qui n'est pas toujours désirable ni pour l'un ni pour l'autre.

Il faut prendre bien garde de ne se laisser entraîner ni égarer sur le plan astral; on y est exposé par ses vertus autant que par ses vices, quand on n'est pas extrêmement prudent. Ainsi il est très facile d'agir sur autrui par la pensée et d'en obtenir tout ce qu'on veut; la tentation excitée chez un homme de niveau ordinaire par ce pouvoir est irrésistible. Il est facile également d'obliger ceux que l'on aime à quitter une voie mauvaise pour une meilleure, mais on n'en a pas le droit; on doit seulement s'efforcer de les ramener par le raisonnement; c'est là encore une tentation.

Si vous contraignez un ami à ne plus faire le mal, l'effet de cette pression exercée sur son mental lui sera souvent plus funeste que le mal qu'il aura commis. L'ivrognerie peut être enrayée en hypnotisant l'homme atteint de ce vice, mais il vaut bien mieux chercher, par la persuasion, à lui faire comprendre qu'il doit, de lui-même, arracher son défaut puisque, dans une vie ou dans une autre, il faudra qu'il le fasse.

On dit que quand un homme a cédé depuis longtemps à ce vice, sa volonté est annihilée et il n'a plus la force de lutter; on en conclut que, dans ce cas, la méthode hypnotique est indispensable, car elle seule lui permettra de recouvrer sa dignité d'homme et de reconquérir un semblant de contrôle sur ses véhicules. Oui, cela peut être, et je comprends bien ce désir de sauver, par tout moyen licite, une âme entraînée dans une aussi terrible impasse, mais, même alors, je conseille d'user des plus grandes précautions dans le choix de l'opérateur et l'application du traitement.

Les facultés du corps astral peuvent être utilisées sans sortir du corps physique; ceci s'appelle la possession des pouvoirs astraux à l'état de veille et constitue un stade au cours du développement, mais l'usage le plus général est que le corps astral sort du corps physique pour observer ou agir à distance.

Le terme hindou « promeneur du ciel » ne désigne généralement que celui qui peut voyager dans son corps astral : il s'applique aussi quelquefois au phénomène de lévitation, quand le corps physique est élevé en l'air et y plane une certain temps. Dans l'Inde, ce phénomène s'est produit pour quelques ascètes et certains des saints les plus éminents du christianisme ont été élevés de la sorte au-dessus du sol pendant qu'ils étaient plongés dans une profonde méditation.

La lévitation implique toutefois une énorme dépense de force. Quand un disciple est chargé d'entreprendre quelque travail au profit de l'humanité, les adeptes peuvent, pour en assurer le succès, lui infuser une force extraordinaire; mais bien que toute liberté lui soit laissée d'user de cette force comme bon lui semble, il ne doit pas la gaspiller inutilement. C'est pourquoi ceux qui sont capables de produire à volonté ces phénomènes ne le font pas pour se distraire ou distraire les autres, mais seulement pour un travail réel. Il serait parfaitement possible à un disciple d'employer cette force pour se transporter en corps physique à travers les airs à une grande distance, mais en raison de la grande dépense de force, il ne le fera probablement pas sans ordre précis.

Parfois cependant les pouvoirs psychiques sont employés par exemple pour éviter à quelqu'un des souffrances imméritées. Je peux citer le cas d'un jeune homme accusé d'avoir fabriqué un document important. Dans une certaine mesure, il était coupable en apparence, quoique parfaitement innocent de toute mauvaise intention. Il avait sottement imité sur une feuille de papier blanc une signature; cette feuille fut enlevée par un camarade qui ne l'aimait pas et qui écrivit au-dessus de la signature certaines prescriptions d'ordre administratif; après quoi il coupa adroitement la feuille de façon à lui donner la forme d'une lettre officielle. L'accusé avoua qu'en effet la signature était bien de son écriture et il raconta les circonstances dans lesquelles il l'avait faite. On ne le crut pas, et il paraissait impossible de le sauver des sévères conséquences de son acte lorsqu'un de nos Maîtres fut appelé comme témoin et chargé de vérifier si l'écriture était bien celle du jeune homme. La feuille de papier lui fut présentée avec ces mots :

« Reconnaissez-vous cette écriture comme celle du prisonnier? »

Le Maître jeta un coup d'œil sur la feuille, et la rendit immédiatement en répliquant :

« Est-ce bien là la feuille de papier que vous vouliez me faire voir ? »

Au même instant la feuille était devenue absolument blanche.

Le magistrat chargé d'instruire le procès supposa, sans pouvoir s'expliquer comment, qu'il avait égaré la feuille accusatrice; faute de preuves, les poursuites furent abandonnées et le jeune homme fut sauvé.

DE LA CLAIRVOYANCE

La possession du pouvoir de clairvoyance est un très grand privilège et un très grand avantage pour celui qui en est doué, la clairvoyance devient une source de bénédiction et d'aide s'il en fait un usage judicieux et raisonnable; mal employée, par contre, elle devient la cause de grands malheurs et une vraie malédiction. Les principaux dangers à craindre sont l'orgueil, l'ignorance et l'impureté; ceux-ci écartés, ce qui est possible, la clairvoyance ne peut produire que du bien.

L'orgueil est le premier de ces grands dangers. La possession d'une faculté, apanage futur de la race humaine entière mais rare encore aujourd'hui, pousse souvent le clairvoyant ignorant, ou plus fréquemment la clairvoyante ignorante à se croire très au-dessus de ses congénères, élus par le Tout-Puissant pour apporter au monde une mission de la plus haute importance; tous deux s'attribuent un discernement infaillible, se déclarent volontiers choisis par les anges pour poser les bases d'une loi nouvelle, et ainsi de suite. Ils devraient savoir qu'il ne manque pas, de l'autre côté du voile, d'entités malignes et moqueuses toujours prêtes à nourrir de telles illusions, avides de refléter et de personnifier les pensées de ce genre et de remplir un rôle quelconque d'archange ou d'esprit-guide imaginaire; il est malheureusement trop facile de persuader un homme ordinaire qu'il est tout à fait exceptionnel, digne d'être le héraut d'une révélation spéciale, et que, jusqu'ici ses amis, par aveuglement ou préjugé sans doute, n'ont pas su l'apprécier à sa juste valeur.

Un autre danger, le plus grand de tous peut-être parce qu'il engendre tous les autres, est l'ignorance. Si le clairvoyant connaît tant soit peu l'histoire de ceux qui ont avant lui possédé ce pouvoir de la clairvoyance ainsi que les conditions spéciales de ces autres mondes où s'exerce sa vision, il ne sera pas tenté de se croire le seul qui ait jamais pu jouir d'une si haute faveur ni d'avoir la certitude complaisante de ne pouvoir se tromper ; mais, lorsque, comme tant d'autres, il est dans la plus profonde ignorance de l'histoire, des conditions, en un mot, de tout ce qui concerne ces mondes, ses perceptions sont une source constante d'erreurs et il s'expose à devenir la proie facile de toutes sortes d'entités souvent décevantes et trompeuses du plan astral. Rien ne peut l'aider pour juger ce qu'il voit ou croit voir, pas de pierre de touche pour l'interprétation correcte de ses visions et de ses communications ; aussi, n'ayant aucun sens des proportions, incapable de juger de la conformité des choses, il prend aussi bien la moindre maxime extraite d'un exercice d'écriture pour un fragment de la Sagesse divine, que la platitude la plus ordinaire pour un message angélique ; manquant des connaissances scientifiques les plus élémentaires, il se méprendra totalement sur ce que ses facultés lui permettent de voir et commettra gravement de vulgaires absurdités.

Le troisième danger est l'impureté. Celui qui est pur dans ses pensées et dans sa vie, pur d'intentions et exempt de la moindre teinte d'égoïsme, est, par cela même, protégé contre l'influence des entités malfaisantes des autres mondes. Il n'a rien en lui dont elles puissent se jouer, il ne peut être leur intermédiaire. Par contre, toutes les bonnes influences l'entourent naturellement et hâtent le moment où il pourra être leur canal, d'où une nouvelle protection contre tout ce qui est vil, erreur et bassesse. Celui dont la vie et les mobiles sont impurs attire, au contraire, à lui les mauvais éléments de ce monde invisible qui est si près de nous; il répond facilement à leurs détestables influences et il est presque impossible aux forces du bien d'agir sur lui.

Un clairvoyant qui a tous ces dangers présents à l'esprit et qui s'efforce de les éviter, qui prend la peine d'étudier l'histoire et la théorie de la clairvoyance, qui veille à ce que son cœur soit humble et ses mobiles purs, celui-là assurément apprendra beaucoup par ses pouvoirs et se rendra utile dans l'accomplissement de sa tâche.

Ayant d'abord pris grand soin de construire son caractère, qu'il observe toutes les visions qui lui apparaissent et en prenne scrupuleusement note, qu'il s'attache patiemment à dégager des exagérations diverses et de l'amplification qui forcément les accompagnent tout d'abord, le fond de vérité, souvent caché profondément; que, par tous les moyens possibles, il les vérifie, les contrôle, qu'il s'efforce de discerner celles qui méritent confiance et en quoi elles diffèrent des autres, ainsi bientôt il constatera qu'il a établi l'ordre là où il n'était que désordre et qu'il ne sait maintenant distinguer ce qu'il comprend de ce qu'il ne comprend pas encore.

Plus tard, il constatera sans doute qu'il perçoit par vision directe ou seulement par de vagues impressions, les influences des gens avec lesquels il entre en contact. Là encore, il est utile de noter aussitôt chacune de ces impressions, de les vérifier et de les examiner avec impartialité autant que le permettent les circonstances afin de se rendre compte dans quelle mesure il doit s'y fier. Le jour où, avec certitude, il connaît leur degré d'exactitude et sait dans quelle mesure elles sont dignes de foi, il a fait un grand progrès, car il possède désormais un pouvoir grâce auquel il sera, pour ceux au milieu desquels il doit travailler, d'un secours beaucoup plus efficace que lorsqu'il les connaissait seulement par la vue ordinaire.

Si, par exemple, sa clairvoyance lui permet de distinguer les auras des personnes, il juge, d'après leur aspect, comment il convient d'agir avec elles, pour faire éclore leurs qualités latentes, fortifier leurs côtés faibles et combattre leurs défauts. Sa clairvoyance le met aussi en état d'observer, dans une certaine mesure, les lois naturelles, de connaître quelques détails des évolutions non-humaines qui nous entourent, en un mot d'acquérir des connaissances précieuses sur toutes sortes de sujets occultes. S'il a la bonne fortune d'entrer personnellement en rapports avec quelque clairvoyant ayant suivi un entraînement régulier, il aura le grand avantage de soumettre ses visions au contrôle d'une personne expérimentée.

La meilleure attitude, pour le clairvoyant non entraîné, est donc de s'armer d'abord d'une patience et d'une prudence extrêmes et de n'oublier jamais que les facultés qui lui ont été confiées attireront certainement l'attention bienveillante de Ceux qui cherchent partout des instruments aptes à l'œuvre si importante de l'évolution. Lorsque le temps sera venu, l'instruction qu'il désire si ardemment lui sera donnée et il comptera désormais au nombre de ceux qui aident le monde.

Une éducation toute spéciale devrait être donnée, dès leur premier âge, aux enfants clairvoyants. Les méthodes modernes d'éducation tendent à supprimer toutes les facultés psychiques, et la plupart des jeunes gens sont surmenés par leurs études. Chez les Grecs et les Romains, ces enfants psychiques étaient immédiatement isolés et spécialement instruits pour devenir vestales ou prêtres; aujourd'hui, la tendance naturelle, en dehors de l'éducation, est d'entraver le développement de ces facultés. Pour que ces enfants puissent être employés au bien de l'humanité, il faudrait les réunir dans une sorte de monastère sous la direction de gens instruits dans les choses de la vie supérieure et s'efforçant de la vivre. car la vie de famille n'est pas favorable à ce développement si particulier. Partout où cette clairvoyance apparaît, nous devons l'encourager, car le travail de notre Société réclame un grand nombre d'investigateurs clairvoyants, et ceux qui commencent jeunes ont plus de facilité que les autres à s'adapter à cette vie spéciale.

Les psychiques de naissance font généralement un usage très fréquent de leur double éthérique. Ceux qui possèdent ce que l'on appelle quelquefois « la vue éthérique », la vue qui permet de voir la matière physique dans ses états les plus subtils, ne sont pas capables, au début, de percevoir la matière plus subtile encore du plan astral. Quand ils fixent attentivement leur regard sur le corps humain, par exemple sur le visage ou sur la main, ils voient souvent des multitudes de petites formes ressemblant à des cubes, à des étoiles, à des pyramides doubles; ces formes n'appartiennent ni au monde mental, ni au monde astral; elles sont purement physiques malgré leur extrême ténuité. Elles sont simplement les émanations physiques du corps, qui se produisent sans cesse, sortes de déchets de la matière du corps, qui ont la forme de cristaux infiniment petits. La nature de ces parcelles infinitésimales varie selon la cause qui les provoque; la maladie les modifie souvent d'une façon complète, une simple vague d'émotion peut même les affecter et elles sont sensibles à l'influence d'un courant de pensées bien net.

Le professeur Gates a, dit-on, enseigné à ce sujet : a) que les émanations matérielles du corps vivant varient suivant l'état moral et l'état physique ; b) que ces émanations peuvent être constatées par les réactions chimiques de certains sels de selenium ; c) que ces réactions sont caractérisées par des teintes qui varient selon la nature des impressions mentales; d) que quarante « produits émotionnels » différents — il les nomme ainsi — ont déjà été obtenus de cette manière.

On voit quelquefois dans l'air des particules qui tourbillonnent avec rapidité et se heurtent les unes contre les autres; c'est simplement l'indice d'un grand développement de force physique et nullement de clairvoyance mentale. Malheureusement trop souvent les personnes qui, pour la première fois, ont un éclair de vision astrale ou seulement éthérique, en concluent immédiatement qu'elles atteignent pour le moins le plan mental sinon le plan nirvanique, et qu'elles tiennent entre leurs mains la clef des mystères du système solaire entier. Certes, ces choses viendront en leur temps, mais l'homme hâtera la réalisation de ce but suprême en assurant chacun de ses pas en avant et en s'efforçant de comprendre entièrement la vision qu'il possède et d'en tirer le meilleur parti avant d'en souhaiter une autre. Ceux qui commencent leurs expériences par la vision nirvanique sont bien rares et ne surgissent qu'à de longs intervalles; les progrès, en général, sont lents et constants; *festina lente* est la plus sûre devise que nous puissions adopter.

Je ne conseillerai à personne de se faire endormir par le magnétisme dans le but d'obtenir des expériences de clairvoyance. Le pouvoir qui s'empare ainsi de la volonté d'une autre personne produit des effets que peu de gens arrivent à comprendre; la volonté de la victime s'en trouve affaiblie et plus sensible à l'action de la volonté d'autrui. L'ordre naturel des choses ne nous impose jamais rien; nous sommes constamment instruits par les résultats de nos actes, et il vaut mieux attendre que les facultés de clairvoyance se manifestent graduellement au cours naturel de l'évolution sans chercher aucunement à en hâter l'éclosion.

Parce que l'on a perçu certaines choses des mondes supérieurs, il ne faut pas nécessairement en conclure que l'on est clairvoyant. La clairvoyance nous donne la possibilité évidente de voir une apparition, mais beaucoup d'autres raisons peuvent nous amener à voir ou à nous imaginer voir des choses qui nous sembleront être une apparition.

L'apparition d'un décédé peut avoir plusieurs causes; *a)* l'imagination de la personne qui voit; *b)* une forme pensée produite par une autre personne; *c)* une forme pensée produite par le décédé; *d)* une entité ayant pris l'apparence du décédé; *e)* le double éthérique du décédé; *f)* le décédé en personne. Dans ce dernier cas, où l'apparition est le corps astral d'une personne morte ou endormie, celui qui voit étant lui-même éveillé physiquement, trois situations sont possibles : *a*) le décédé s'est matérialisé; il est alors, pendant ce temps, un corps physique que tout le monde peut voir avec la vue ordinaire; *b*) il est dans son corps astral et il ne peut être vu que par ceux qui sont doués de la vue astrale; peut-être a-t-il réussi, par quelque effort spécial, à rendre temporairement clairvoyante la personne à qui il désire se montrer, mais il n'est, dans ces conditions, visible que pour elle seule et invisible pour toute autre; *c*) le décédé a suggestionné le vivant de façon à lui faire croire qu'il voit une forme, laquelle n'est pas visible pour lui, bien que réellement présente.

Si l'apparition est un double éthérique, elle ne s'éloigne guère du corps dense auquel ce double appartient ou a appartenu.

Les gens récemment décédés conservent souvent, sur le plan astral, quelques habitudes de la vie terrestre; ils se couvrent en partie des vêtements qu'ils portaient sur terre; entrent et sortent par les portes ou les fenêtres, n'ayant pas encore découvert qu'ils peuvent passer aussi facilement à travers les murs. J'ai même vu une personne passer à travers la fente d'une porte fermée à clef; elle aurait aussi bien pu passer par le trou de la serrure! On se meut ainsi que l'on a été accoutumé parce qu'on se figure qu'il faut faire ainsi; c'est pourquoi les apparitions marchent souvent sur le sol alors qu'elles pourraient flotter dans l'air.

Si vous avez une vision, ne croyez pas qu'elle doive nécessairement avoir une signification pour vous ou qu'elle vous ait été spécialement envoyée, car si vous êtes momentanément sensitif, vous voyez ce qui se passe dans l'invisible à ce moment-là.

Supposez que je sois assis dans une chambre, un rideau tiré sur la fenêtre empêchant de voir au dehors, et que ce rideau soit soulevé un instant par le vent de façon que je puisse jeter un coup d'œil dans la rue; j'y verrai tout ce qui se passe à cet instant. Imaginons que j'aperçoive une petite fille en manteau rouge et portant un panier; cette enfant fait probablement une course pour elle-même ou pour sa mère. Ne serait-il pas absurde de ma part de croire qu'elle a été *envoyée* là exprès pour que je la voie et vais-je me martyriser l'esprit pour savoir ce que peuvent signifier le manteau rouge et le panier? Un éclair de clairvoyance n'est, en général, que le soulèvement accidentel d'un rideau, et le spectacle aperçu n'a généralement aucun rapport spécial avec celui qui voit. Il peut se faire que le rideau soit soulevé avec intention par un ami parce qu'il se passe un fait intéressant pour vous, mais c'est rarement le cas.

Cependant, parmi les véritables pouvoirs psychiques obtenus par un entraînement lent et prudent et par un effort soutenu, certains présentent un grand intérêt. Par exemple, celui qui s'est rendu capable de fonctionner librement dans son corps mental prend connaissance d'un livre par des méthodes totalement différentes de la lecture ordinaire. La plus simple consiste à lire dans le mental d'une personne qui a étudié ce livre, mais il obtient seulement ainsi l'idée que cette personne s'est faite de l'ouvrage et non son sens réel.

Un deuxième moyen consiste à examiner l'aura du livre. Voici d'abord quelques explications de cette expression, pour ceux qui n'ont pas l'expérience du côté caché des choses.

Au point de vue de l'aura, un manuscrit ancien diffère d'un livre moderne. S'il n'est pas l'œuvre originale de l'auteur, il a été copié mot à mot par quelque personne instruite et d'une certaine éducation, connaissant le sujet et ayant sur lui sa propre opinion. La copie, faite généralement à la main, est un procédé aussi long et aussi expressif que la gravure, et le copiste imprime toujours la force de sa pensée sur son travail. Par conséquent tout manuscrit, fût-il même récemment copié, comporte dans son ambiance une sorte d'aura de pensée qui contient le sens général de son contenu, ou plutôt l'opinion que s'en est faite le copiste. Toutes les fois que ce manuscrit est lu, une pensée supplémentaire s'ajoute à son aura de pensée, et plus il aura servi pour l'étude, plus ces pensées supplémentaires seront nombreuses et utiles.

Ceci est également vrai pour un livre imprimé. Lorsqu'il a passé par beaucoup de mains, son aura est mieux équilibrée que celle d'un livre neuf, parce qu'elle est entourée et chargée des opinions diverses de tous ceux qui ont lu le livre. Sa psychométrisation donne généralement une compréhension assez complète de son contenu et en même temps une quantité d'idées, non exprimées dans le livre, qui proviennent de ceux qui l'ont lu.

Les livres des bibliothèques publiques sont souvent aussi désagréables au point de vue psychique qu'ils le sont, en général, au point de vue physique; ils sont chargés de toutes sortes de magnétismes mélangés et pour la plupart peu salutaires.

Les sensitifs feraient mieux de ne pas lire ces livres ou, s'ils y sont obligés, de les toucher le moins possible et de les poser sur une table plutôt que les tenir en mains.

Il faut aussi tenir compte de ce qu'un volume de bibliothèque publique, traitant d'un sujet spécial, est lu surtout par un genre particulier de lecteurs dont les impressions personnelles s'ajoutent à l'aura du livre. Ainsi, un ouvrage où l'auteur s'est fait le défenseur ardent et sectaire d'une opinion religieuse, n'étant lu que par ceux qui partagent l'étroitesse de ces vues, s'accompagne bientôt d'une aura franchement désagréable, de même qu'un livre immoral devient vite un objet de dégoût. Les vieux livres contenant des formules magiques sont souvent, pour cette raison, d'un voisinage peu agréable. La langue aussi dans laquelle un livre est écrit, affecte indirectement son aura en limitant ses lecteurs à des individus parlant cette langue qui donnent par suite à cette aura les caractéristiques dominantes de leur nationalité.

Dans le cas du livre imprimé, il n'y a pas de copiste original et, à sa première lecture, il n'est guère entouré que des pensées éparses provenant du brocheur et du libraire. Aujourd'hui peu de gens étudient aussi profondément et aussi attentivement qu'autrefois, et les formes-pensées qui accompagnent un livre moderne sont rarement aussi précises et aussi nettes que celles qui entouraient les manuscrits du passé.

La troisième méthode qui permet de prendre connaissance d'un livre ou d'un manuscrit relève de pouvoirs supérieurs et consiste à remonter jusqu'à l'esprit de son auteur. Si le livre est écrit dans une langue étrangère, si le sujet traité est inconnu et s'il ne comporte pas d'aura pouvant suggérer d'utiles hypothèses, le seul moyen de le connaître est de remonter dans son passé, de voir d'après quoi il a été copié ou quelle a été son inspiration originale, d'en retrouver ainsi la genèse, jusqu'à ce qu'on arrive à son auteur. Si le sujet de l'ouvrage est connu, il est plus commode de psychométrer ce sujet, de s'identifier avec le courant général de pensée qu'il a généré et d'atteindre ainsi l'auteur afin de voir ce qu'il pense. Toutes les idées ayant trait à un sujet donné peuvent, dans un certain sens, être localisées, c'est-à-dire rassemblées autour d'un certain point de l'espace, si bien qu'en examinant ce point mentalement on arrive à se mettre en contact avec tous les courants convergents de pensées analogues, bien que celles-ci soient elles-mêmes reliées magnétiquement à toutes sortes d'autres sujets.

Un autre pouvoir intéressant est celui du grossissement. Il y a deux méthodes de grossissement en clairvoyance. L'une est simplement une intensification de la vue ordinaire. Lorsque nous voyons un objet, l'image de cet objet impressionne les bâtonnets et les cônes de la rétine; leurs vibrations sont transmises, suivant un processus qui nous échappe, par le nerf optique à la matière grise du cerveau et, avant que l'homme réel intérieur puisse avoir conscience de ce qu'il voit, les impressions du cerveau physique doivent être transmises à la matière éthérique, puis à la matière astrale et enfin à la matière mentale, ces différents états de matière étant, pour ainsi dire, des relais sur une ligne télégraphique.

L'autre méthode de grossissement consiste à faire dériver le courant du fil transmetteur à un poste intermédiaire, en recevant l'impression de l'objet sur la matière éthérique de la rétine et non sur les bâtonnets et les cônes physiques, et en la transmettant directement à la partie éthérique du cerveau. Par un effort de volonté, l'attention est concentrée sur quelques molécules éthériques ou même sur une seule, et l'on arrive ainsi à examiner avec l'œil un objet infiniment petit.

Une méthode plus fréquemment employée, mais qui nécessite un observateur plus entraîné, consiste à employer une faculté spéciale dont le siège se trouve entre les deux sourcils. De la partie centrale de ce siège se dresse en avant une sorte de minuscule microscope dont la lentille est formée par un seul atome ; ainsi les objets minuscules sont observés au moyen d'un organe d'une dimension proportionnée. Cet atome peut être physique, astral ou mental, mais quel qu'il soit, il demande une préparation spéciale. Toutes ses spirilles doivent être ouvertes et mises en fonction, ce qui suppose un degré d'évolution qui ne sera normalement atteint que dans la septième ronde de notre chaîne.

Ce pouvoir appartient au corps causal, donc si un atome des plans inférieurs sert d'oculaire, il faudra intercaler une sorte d'appareil qui permette d'examiner la contre-partie de ce qui appartient aux plans inférieurs. L'atome peut être adapté à n'importe quel sous-plan, en sorte qu'on peut toujours obtenir le grossissement nécessaire pour l'examen.

Par une extension de ce pouvoir, l'opérateur centrera sa conscience dans la lentille même au travers de laquelle il observe, et ensuite la projettera sur l'objet observé. Le même pouvoir peut, par un emploi contraire, servir à rapetisser les objets lorsque l'on veut embrasser un ensemble trop grand pour être perçu en totalité au moyen de la vision ordinaire.

L'ACCORD MYSTIQUE

On a souvent demandé par quel moyen un clairvoyant exercé peut trouver immédiatement une personne très éloignée. Au premier abord, ceci ne laisse pas que d'être un mystère pour bien des gens; je vais donc essayer d'expliquer la méthode généralement adoptée, bien qu'il soit assez difficile de l'exposer nettement. Le langage physique est impropre à donner une explication claire et précise des faits hyper-physiques; il conduit toujours à une fausse interprétation, même quand il semble des plus clairs.

Les forces et les facultés diverses de l'homme se manifestant en vibrations dans ses corps, donnent à chacun de ses véhicules ce que l'on peut appeler une note dominante. Prenons par exemple un corps astral. Les différentes vibrations habituelles à ce corps astral donnent une sorte de note moyenne qui est la note dominante de l'homme sur le plan astral. Il est évident qu'un nombre considérable de gens ont la même note dominante astrale et celle-ci ne suffirait pas à les distinguer avec certitude, mais il y a de même une note moyenne pour le corps mental, pour le corps causal et aussi pour la partie éthérique du corps physique, et jamais jusqu'ici on n'a pu trouver deux personnes dont toutes les notes dominantes sur ces plans supérieurs soient identiques de manière à former exactement le même accord lorsqu'elles sont frappées simultanément. L'accord d'un homme est donc unique, et par lui cet homme se distingue du reste du monde.

Il se peut que, parmi la foule des sauvages arriérés dont le développement est encore si faible, les accords soient à peine perceptibles pour qu'on puisse noter leurs différences, mais ceci n'arrive jamais dans les races civilisées; là, il n'y a pas la moindre difficulté ni aucun risque de confusion.

Qu'un homme soit endormi ou à l'état de veille, mort ou vivant, sa note reste toujours la même, et elle permet toujours de le trouver.

Comment, demandera-t-on sans doute, en est-il ainsi dans le monde céleste où l'homme n'a plus ni corps astral ni corps éthérique pour compléter son accord? Tant que le corps causal demeure, les atomes permanents des corps inférieurs y restent attachés; en conséquence, partout où l'homme se rend dans son corps causal, il emporte son accord avec lui, car l'atome permanent suffit à donner la note du corps qu'il représente.

Le voyant qui a suivi un entraînement, capable par conséquent de percevoir l'accord, met pendant un moment ses propres véhicules à l'unisson des notes du corps causal; puis, par un effort de volonté, il en émet l'accord. Cet accord évoque à l'instant une réponse de la part de la personne cherchée quel que soit l'endroit où elle se trouve dans les trois mondes. Si elle vit physiquement il est bien possible que, dans ce véhicule inférieur, elle n'ait conscience que d'un léger choc et ne se doute pas de ce qui l'a causé, mais son corps causal s'illumine instantanément, il en jaillit comme une grande flamme, et cette réponse est aussitôt visible pour le voyant qui, par ce seul fait, a réussi dans sa recherche. Un lien magnétique s'établit alors entre eux; le voyant peut s'en servir comme d'une sorte de télescope ou, s'il le préfère, diriger sa conscience le long de cette ligne avec la rapidité de la lumière et voir, pour ainsi dire, à l'autre extrémité.

La combinaison des sons donnés par chaque corps de l'homme forme son véritable nom, son nom occulte; c'est dans ce sens qu'il a été dit que lorsqu'un homme est appelé par son vrai nom, il y répond instantanément, où qu'il soit. C'est probablement un vague souvenir de cette connaissance qui se cache derrière l'idée, si répandue chez les nations sauvages, que le nom réel d'un homme fait partie intégrante de sa personnalité et doit être soigneusement tenu secret; quiconque arrive à le connaître a, de ce fait, sur lui un certain pouvoir et peut le soumettre par sa magie. Pour cette raison aussi l'on dit que le véritable nom de l'homme change à chaque Initiation, puisque chacune de ces cérémonies est la reconnaissance officielle d'un progrès réalisé par lequel il a, pour ainsi dire, haussé d'un ton les cordes de sa lyre, modifié et embelli son accord.

Ce nom occulte de l'homme ne doit pas être confondu avec le nom caché de l'Augoeides, qui est l'accord formé par les trois principes de l'Ego, et résultant des vibrations des atomes atmique, bouddhique et mental et de la Monade à laquelle ils sont reliés.

Afin d'éviter toute confusion, comprenons bien la différence entre les manifestations de l'homme à des niveaux différents. La relation entre ces manifestations est si intime que nous pouvons presque considérer la manifestation inférieure comme la répétition de la supérieure. L'Ego est triple puisqu'il est constitué par atmâ-bouddhi-manas, et ces trois parties constituantes existent chacune sur leur propre plan : atmâ sur le plan nirvanique, bouddhi sur le plan bouddhique, et manas sur les niveaux supérieurs du plan mental. Cet Ego réside dans un corps causal, véhicule construit avec la matière la plus subtile du plan mental, le plus bas de ses trois plans ; il se manifeste ensuite dans les mondes au-dessous des siens, il descend ensuite plus profondément et se revêt de trois véhicules inférieurs : les corps mental, astral et physique. Dans cette manifestation inférieure, son accord est celui que nous avons expliqué ; il se compose de sa note propre et de celles des trois véhicules inférieurs.

Comme l'Ego, la Monade est triple et comporte trois parties constituantes chacune sur son plan propre ; ces trois plans sont les plus élevés de notre système solaire et si nous considérons ce système dans son entier, le plan nirvanique n'est pas le plus élevé, tandis qu'il est le premier dans la constitution de l'Ego ; mais c'est seulement sur le niveau nirvanique que la Monade entre en manifestation, et nous l'appelons la « Monade dans son véhicule atmique » ou quelquefois le « triple

Atmâ » ou le « Triple Esprit ». Ce véhicule atmique ou nirvanique est pour elle ce que le corps causal est pour l'Ego.

De même que l'Ego se revêt de trois corps inférieurs (les corps mental, astral et physique) dont le premier (le mental) est sur les degrés inférieurs de son propre plan, et les deux autres sur les deux plans en-dessous, de même la Monade se manifeste sous trois aspects inférieurs à elle, que l'on appelle communément atmâ-bouddhi-manas, dont le premier est sur la partie inférieure de son propre plan atmique, et les deux autres sur les deux plans inférieurs. Le corps causal est donc pour la Monade ce que le corps physique est pour l'Ego. Si nous considérons l'Ego comme l'âme du corps physique, la Monade nous apparaît à son tour comme l'âme de l'Ego. Ainsi, l'accord avec l'Augoeides (l'Ego glorifié dans le corps causal) se compose de la note de la Monade et de celles de ses trois manifestations, atmâ-bouddhi-manas. L'accord n'est pas sonore dans le sens que nous donnons ici-bas à ce mot; une comparaison qui, à certains égards, me semble meilleure est celle des raies spectrales. Tout élément dont le spectre nous est connu peut, par ce spectre, être immédiatement reconnu dans toute étoile, quelle que soit sa distance, si les raies sont suffisamment apparentes. Mais en réalité l'accord n'est ni visible ni audible; il est complexe et exige l'activité simultanée de la conscience dans le corps causal et dans tous les véhicules inférieurs.

En ce qui concerne même la perception astrale ordinaire, c'est induire en erreur, bien que ce soit inévitable, que de parler *d'entendre* ou de *voir*. Ces termes évoquent en nous l'idée d'organes des sens recevant des impressions déterminées; voir implique la possession d'un œil, et entendre celle d'une oreille. Sur le plan astral, il n'existe rien de semblable. Le corps astral est, il est vrai, la contre-partie exacte du corps physique; comme lui il possède des yeux et des oreilles, un nez et une bouche, des mains et des pieds, mais, en astral, nous ne marchons pas sur la contre-partie de nos pieds physiques ni ne voyons et n'entendons par la contre-partie de nos yeux et de nos oreilles.

Chaque molécule du corps astral vibre à l'unisson d'un certain genre de vibrations, celui du sous-plan auquel elle appartient, et de celui-là seulement. Si l'on divise toutes les vibrations astrales en sept séries analogues à sept octaves musicales, chaque octave correspondra à un sous-plan, et seule la molécule du corps astral formée de la matière d'un sous-plan donné pourra répondre aux vibrations de l'octave correspondante. Ainsi « être conscient sur un sous-plan de l'astral » c'est n'avoir développé dans son corps astral que la faculté de percevoir les vibrations de ce sous-plan dont seuls la matière et les habitants sont perceptibles.

Avoir la vision astrale parfaite, c'est avoir développé toutes les molécules du corps astral, de sorte que tous les sous-plans sont simultanément visibles.

La conscience développée sur un seul sous-plan donne sur la matière de ce sous-plan un pouvoir de perception équivalent à celui de tous nos sens physiques. La perception des choses est totale et non partielle comme celle que nous recevons par chacun des canaux que nous appelons les sens; on voit, entend et sent simultanément. La perception instantanée, qui relève des mondes supérieurs, s'éloigne bien plus encore de la transmission grossière et partielle des sens physiques.

L'accord aide le clairvoyant à trouver une personne parce que les vibrations qui provoquent cet accord sont communiquées à tout objet qui se trouve, pendant un certain temps, en contact intime avec elle et qui est, par conséquent, imprégné de son magnétisme. Une mèche de cheveux, un vêtement, une lettre suffisent pour donner l'accord à quiconque sait le percevoir.

L'accord peut aussi être obtenu par une photographie, ce qui semble étrange puisque la photographie n'a nécessairement pas eu de contact direct avec la personne qu'elle représente.

Tous les voyants, même non entraînés et sans aucune connaissance scientifique de la clairvoyance, reconnaissent instinctivement la nécessité de se mettre en rapport, au moyen de ces objets, avec ceux qu'ils cherchent.

Il n'est pas nécessaire que le voyant tienne la lettre dans sa main, ni même l'ait près de lui pendant son examen; il suffit qu'il ait eu la lettre une fois entre les mains et qu'il ait perçu l'accord, pour se le rappeler et le reproduire, tout comme celui qui a bonne mémoire se rappelle la figure d'une personne qu'il a vue une fois seulement.

Il faut toujours un objet intermédiaire, un lien, pour trouver une personne encore inconnue. Nous avons eu récemment à retrouver un homme mort quelque part au Congo, mais comme aucune photographie de lui ne nous avait été envoyée par l'ami qui nous écrivit à son sujet, il fallut d'abord chercher cet ami en Scandinavie, je crois, et, par cet ami, prendre indirectement contact avec l'homme décédé.

On peut toutefois trouver les gens à distance par d'autres méthodes; une des plus efficaces exige un développement supérieur à celui dont je viens de parler. Celui qui est capable d'élever sa conscience au niveau atomique du plan bouddhique s'y trouve en union absolue avec tous ses frères en humanité et, par suite, avec la personne qu'il cherche. Il élève sa conscience, le long de sa propre ligne, jusqu'à l'unité; de là, il descend la ligne de cette autre personne jusqu'à sa personnalité.

Il y a diverses manières de se servir de la clairvoyance, et chacun emploie celle qui lui est naturelle. Ceux qui n'ont pas étudié le sujet à fond s'imaginent souvent que leur méthode est la seule possible; leurs études ultérieures leur enlèveront ces illusions.

COMMENT ON VOIT LES VIES PASSÉES

Une série de documents très intéressants sur les vies passées de certains personnages vient d'être publiée dans le *Theosophist*, et l'on nous a demandé de nombreux renseignements sur la méthode employée par les investigateurs pour connaître ces vies. Il n'est pas facile d'expliquer cette méthode d'une manière satisfaisante à ceux qui ne seraient pas eux-mêmes en état de l'employer ; je vais tenter toutefois d'en donner une explication qui aidera au moins à la comprendre.

Je dois dire tout d'abord qu'il n'est nullement facile d'expliquer ce que sont ces annales du passé. Nous y arriverons peut-être en imaginant une chambre avec un grand miroir à l'une de ses extrémités, reflétant tout ce qui s'y passe. Si, en outre, nous supposons ce miroir enregistrant continuellement, comme un cinématographe, tout ce qui se passe devant lui, et capable de reproduire dans certaines circonstances ce qu'il a enregistré, nous aurons fait un grand pas pour comprendre comment se présente l'enregistrement du passé. A notre miroir, il faut ajouter des qualités qu'aucun miroir n'a jamais possédées, celle de reproduire tous les sons comme un phonographe et celle d'enregistrer et de reproduire les pensées et les sensations.

Essayons maintenant de comprendre en quoi consiste vraiment la réflexion dans un miroir. Quand deux personnes se tiennent près d'une glace de façon que chacune d'elles, sans se voir elle-même, voie l'autre, la même portion de glace reflète les deux images ; si nous supposons qu'elle conserve indéfiniment toutes les images qu'elle a réfléchies (il en est peut-être ainsi !) la partie qui reflète simultanément les deux images, les enregistre également. Marchez de côté et d'autre dans la chambre, et vous serez bientôt convaincu que toutes les parties de la glace enregistrent simultanément toutes les parties de tous les objets de la chambre et que tout ce qu'il vous arrive d'y voir dépend de la position de votre œil. Deux personnes ne peuvent donc jamais voir au même moment la même réflexion d'un objet dans un miroir, tout comme il leur est impossible de voir un arc-en-ciel exactement de la même manière, deux vues physiques ne pouvant occuper en même temps le même point de l'espace.

Ces propriétés, dont nous avons doté la matière de

notre miroir, sont en réalité celles des molécules de toutes les substances. Chaque pierre de la route contient en caractères occultes ineffaçables l'enregistrement de tout ce qui a passé sur cette route; cet enregistrement ne peut encore, autant que nous le sachions, être rendu perceptible aux sens physiques ordinaires, mais les sens les plus développés du psychomètre le perçoivent sans difficulté.

Comment se peut-il, demandera-t-on, que des molécules inanimées enregistrent et reproduisent des impressions? Nous répondrons que la molécule n'est pas inanimée, et que la vie qu'elle contient est une partie de la Vie Divine. On peut aussi expliquer cet enregistrement en disant que l'objet est une partie du Logos lui-même et que chaque molécule de matière impressionnée est en contact avec la partie de la mémoire du Logos contenant les événements qui se sont déroulés dans son ambiance. Il est probable que ce que nous appelons *notre mémoire* n'est qu'un pouvoir semblable de se mettre en contact, bien que d'une manière très imparfaite, avec cette partie de la *mémoire du Logos* qui renferme les événements que nous avons vus ou appris.

Nous pourrions donc dire que tout homme possède sur le plan physique deux mémoires de tout ce qu'il a vu : la mémoire du cerveau, imparfaite et inexacte, et la mémoire latente dans toutes les parcelles de son corps ou des vêtements qu'il porte; cette deuxième mémoire est toujours parfaite et fidèle, mais seuls en disposent ceux qui ont appris à la lire.

L'inexactitude de la mémoire du cerveau provient non seulement de son imperfection, mais aussi de ce que les observations originelles ont pu être défectueuses. La mémoire cérébrale est, souvent aussi, colorée par des préjugés; nous ne voyons, dans une large mesure, que ce que nous désirons voir, et nous ne pouvons nous rappeler un événement *que tel qu'il nous est apparu*, même ne l'ayant vu que partiellement ou mal. Quant à l'enregistrement, il n'est sujet à aucune de ces défectuosités.

Le corps physique ne possède évidemment ni la mémoire, ni l'enregistrement des incarnations antérieures, puisqu'il n'y a pas participé; il en est de même des corps astral et mental, qui sont nouveaux à chaque incarnation. Le niveau le moins élevé où nous puissions trouver des informations certaines sur les vies passées est donc celui du corps causal, car aucun des trois plans inférieurs ne peut nous en donner sur ce point.

Dans chaque vie, l'Ego est présent dans son corps causal, ou tout au moins une partie de lui-même; aussi est-il un véritable témoin des vies passées, tandis que les véhicules inférieurs n'en ont pas été témoins et ne peuvent rapporter que ce qu'ils ont vu de l'Ego, et la communication entre l'Ego et la personnalité est, chez l'homme ordinaire, si imparfaite, que ces renseignements de seconde, troisième ou quatrième main perdent pour ainsi dire toute valeur. On peut quelquefois obtenir, par les corps astral et mental, des images fragmentaires, isolées, représentant certains événements de la vie antérieure, mais ces corps ne sont pas aptes à en donner une relation suivie et cohérente; ces images elles-mêmes ne sont que des réflexions du corps causal et sont en général vagues et déformées.

Donc, pour lire avec exactitude dans les vies passées, il faut d'abord développer les facultés du corps causal. L'examen du corps causal d'un homme s'effectue au moyen de ces facultés, comme celui de ses corps inférieurs dont nous avons parlé plus haut. On lit dans la mémoire de l'Ego tout ce qu'elle a enregistré, ou bien on psychométrise, pour ainsi dire, l'Ego, assistant ainsi soi-même à toutes ses expériences. Cette dernière méthode est la plus sûre, car l'Ego qui a vu lui-même ces faits, par l'entremise d'une personnalité antérieure, peut n'en conserver que des souvenirs incomplets, sources d'erreurs pour l'observateur.

Tel est donc le mécanisme de la méthode ordinaire de recherches dans les vies passées : utiliser les facultés de son corps causal, en psychométrant le corps causal du sujet. Ce processus peut être répété sur des niveaux inférieurs par la psychométrie des atomes permanents, mais ce procédé présente beaucoup plus de difficultés que le développement des possibilités du corps causal et, par suite, peu de chances de succès.

Une autre méthode, qui exige un développement beaucoup plus haut, consiste à faire usage des facultés du corps bouddhique, c'est-à-dire à s'unifier complètement avec l'Ego soumis à l'investigation et à lire les expériences par lesquelles il a passé comme si elles étaient nôtres; en un mot, procéder de l'intérieur et non de l'extérieur. Ces deux méthodes ont été suivies par les auteurs des séries de vies publiées dans le *Theosophist*, et les investigateurs ont eu, en plus, l'avantage de la collaboration intelligente des Egos dont les incarnations sont décrites.

La présence physique du sujet dont les vies doivent être lues est un avantage mais non une nécessité; le sujet est utile s'il peut maintenir ses véhicules dans un état de calme parfait, sinon il est au contraire un empêchement.

L'ambiance n'a pas une importance capitale; ce qui importe le plus, c'est une quiétude parfaite, car le cerveau physique doit être calme pour recevoir nettement les impressions qui lui sont transmises. Tout ce qui descend du véhicule causal dans le corps physique *doit* nécessairement passer par les véhicules mental et astral : si l'un de ceux-ci est agité, les images réfléchies s'en ressentent de même que le moindre remous à la surface d'un lac déforme et brise l'image des arbres et des maisons qui bordent ses rives. Il est nécessaire aussi de s'affranchir de tout préjugé qui fausserait les images et les altérerait comme un miroir terni.

En étudiant les vies passées, nous avons toujours eu l'habitude de rester en même temps conscient dans notre corps physique afin d'être en état de noter chaque fait au cours même de l'observation. Nous avons constaté que cette méthode est bien plus sûre que celle qui consiste à quitter le corps physique pendant les observations et de se fier ensuite à sa mémoire pour les noter. Toutefois, cette dernière façon d'opérer est la seule possible dans le cas où l'étudiant ne peut faire usage du corps causal que lorsque son corps physique est endormi.

L'identification des divers personnages rencontrés au cours de ces recherches dans le passé présentait une légère difficulté car les Egos se transforment considérablement dans l'espace de quelque vingt mille années. Heureusement, avec un peu de pratique, il est possible de parcourir l'enregistrement aussi rapidement ou aussi lentement qu'on le désire; aussi, au moindre doute sur l'identité d'un personnage, n'hésitons-nous jamais à descendre rapidement la suite des vies de l'Ego observé jusqu'à ce que nous le retrouvions ici-bas.

Certains investigateurs, lorsqu'ils voient une des vies antérieures d'un Ego, ont immédiatement l'intuition de la personnalité qu'il revêt actuellement; cet éclair d'intuition est souvent exact, mais il peut aussi être erroné. La méthode la plus laborieuse est encore la plus sûre.

Quelquefois, même des milliers d'années auparavant, on reconnaît immédiatement les Egos de certaines personnes; ceci n'est pas en leur faveur, car c'est la preuve du peu de progrès réalisé par eux au cours de ce long intervalle de temps. Essayer de reconnaître, à vingt mille ans en arrière, une personne que l'on connaît actuellement est chose aussi problématique que de reconnaître à l'âge mûr une personne connue pendant son enfance. Parfois, la reconnaissance est possible, mais en général les changements sont trop grands.

Ceux qui sont aujourd'hui des Maîtres de sagesse sont souvent immédiatement reconnaissables même à mille ans en arrière, mais la cause en est tout à fait différente. Quand les véhicules inférieurs sont déjà en complète harmonie avec l'Ego, ils se modèlent eux-mêmes à la ressemblance de l'Augoeides et changent très peu d'une vie à une autre. De même, quand l'Ego devient la réflexion parfaite de la Monade, il change aussi très peu, mais il grandit lentement; il est donc facilement reconnaissable.

Pour examiner une vie antérieure, le moyen le plus

facile serait de laisser se dérouler devant soi le cours de l'enregistrement à sa vitesse naturelle, mais il faudrait alors une journée entière de travail pour examiner les événements de chaque jour de cette vie, et toute une vie pour étudier chaque incarnation. Ainsi que nous l'avons dit, il est possible d'accélérer ou de retarder le défilé des événements, de façon à parcourir rapidement une période de mille années ou de retenir un tableau particulier pendant toute le temps nécessaire à un examen minutieux. Cette accélération et ce ralentissement sont comparables aux variations de vitesse d'un panorama que l'on fait défiler à son gré plus ou moins vite et il suffit d'un peu de pratique pour opérer ainsi à volonté, mais comme dans le cas du panorama, l'enregistrement entier est là tout le temps.

Ce déroulement rapide ou lent des événements enregistrés n'implique nullement leur déplacement, mais un déplacement de la conscience de l'observateur; toutefois l'impression est celle que je viens de décrire. On peut dire que les enregistrements sont superposés par couches, le plus récent au-dessus, et les plus anciens au-dessous; cette comparaison cependant est inexacte en ce qu'elle suggère une idée d'épaisseur, car les enregistrements n'ont pas plus d'épaisseur qu'une réflexion sur la surface d'un miroir; quand la conscience les traverse, elle ne se meut pas réellement dans l'espace; elle s'entoure plutôt de l'une ou de l'autre de ces couches comme d'une sorte de manteau et là elle est au centre même de l'action.

La détermination exacte des dates est une des parties des plus fatigantes de ce genre d'études; certains investigateurs se refusent même à l'entreprendre sous prétexte que le résultat ne vaut pas l'effort et qu'un chiffre approximatif suffit dans la pratique; cela est vrai, mais on éprouve néanmoins un sentiment de satisfaction lorsque l'on a obtenu des détails aussi complets que possible, même au prix de laborieux calculs.

Notre méthode consiste à établir avec certitude quelques dates dont nous nous servons comme points de repère. Une de ces dates est celle de 9.564 avant Jésus-Christ, année de l'engloutissement de l'île de Poseïdonis; une autre date, 75.025 avant Jésus-Christ, marque le commencement de la grande catastrophe qui précéda celle-ci. Au cours des investigations sur les vies d'Alcyone, nous avons ainsi établi un certain nombre de points de repère jusqu'à l'an 22.662 avant Jésus-Christ. Ces vies ont été étudiées en remontant toujours en arrière et les intervalles calculés l'un après l'autre et non tous à la fois; grâce à cette méthode, la tâche ne fut pas trop fatigante comme c'eût été le cas si nous avions eu affaire à des intervalles de temps considérables.

Dans certains cas, l'on se sert de données astronomiques; ces différentes méthodes sont indiquées dans mon livre sur la *Clairvoyance*.

Il est un peu plus facile de lire les vies en descendant qu'en remontant, parce qu'on suit le cours normal du temps au lieu d'aller en sens contraire; la méthode ordinaire consiste donc à remonter rapidement jusqu'à un point déterminé du passé d'où l'on descend ensuite lentement.

Il est très difficile d'estimer à première vue la valeur relative des événements de moindre importance dans la vie d'un individu; aussi avons-nous pour habitude de les effleurer rapidement pour nous rendre compte tout d'abord de quelles actions ou de quelles circonstances proviennent les changements vraiment importants, quittes à y revenir ensuite pour les décrire plus en détails.

S'il arrive que l'un des investigateurs a joué un rôle dans la vie qu'il examine, il y trouve l'occasion intéressante de revivre cette ancienne personnalité et d'éprouver à nouveau les mêmes sentiments que dans ce lointain passé, mais, dans ce cas, il voit toutes choses comme il les voyait alors, et ses connaissances ne sont pas plus étendues qu'elles ne l'étaient à cette époque.

Peu, parmi ceux qui lisent cet ouvrage, où des vies antérieures sont décrites ou parfois simplement esquissées, se font une idée exacte de la somme de travail que les observateurs se sont imposée, des longues heures passées pour arriver à comprendre dans tous ses détails quelque événement futile en apparence, afin que le tableau finalement présenté soit aussi près que possible de la vérité.

Les observations se poursuivent au milieu de conditions de vie et de modes de penser si différents des nôtres qu'ils semblent appartenir à une autre planète. Que nos lecteurs soient néanmoins persuadés qu'aucune peine n'a été épargnée pour assurer leur exactitude.

Les langues employées sont presque toujours inintelligibles pour les investigateurs, mais les pensées qui se cachent derrière les paroles leur sont accessibles. En plusieurs circonstances ils ont pris note de certaines inscriptions qu'ils ne pouvaient comprendre et les ont fait, plus tard, traduire sur le plan physique par des personnes à qui les langues de l'antiquité sont familières.

Les séries de vies en question représentent une somme considérable de travail; puisse ce travail être fructueux et donner une idée moins vague des grandes civilisations du passé et une compréhension plus nette de l'action des lois du Karma et de la réincarnation. Puisque la première série des vies déjà parues a eu comme couronnement l'Initiation du héros dans sa présente incarnation, l'étude de ces vies peut assurément être précieuse pour ceux qui aspirent à devenir les disciples d'un Maître de Sagesse. Leur progrès seront plus rapides puisqu'ils savent comment un de leurs frères est arrivé au but auquel ils aspirent; ils seront plus faciles aussi, car ce frère a pris la peine de rassembler pour nous, dans cet admirable petit livre *Aux pieds du Maître*, les enseignements qui lui ont permis d'atteindre ce but.

Cent cinquante environ des membres actuels de la Société Théosophique se trouvent parmi les personnages principaux du drame qui se déroule au cours de ces vies. Il est profondément intéressant de remarquer comment ceux qui, dans le passé, ont été souvent unis par les liens du sang, se trouvent, bien que nés cette fois dans des pays éloignés, rapprochés de nouveau par l'intérêt commun qu'ils ressentent pour les études théosophiques et unis dans un même amour pour les Maîtres plus étroitement que par parenté terrestre.

L'examen des enregistrements au moyen de la clairvoyance présente deux sources d'erreur : d'abord les tendances personnelles, ensuite les limitations de nos perceptions.

Il y a, dans les tempéraments, des différences fondamentales, et celles-ci colorent forcément les perceptions dans les états de matière supérieurs. L'adepte a de la vie une perception parfaite; au-dessous de son niveau commencent les préjugés. L'homme du monde exagère des détails insignifiants et néglige les choses importantes parce qu'il a l'habitude de le faire dans la vie journalière; d'autre part, celui qui met le pied sur le sentier peut, dans son enthousiasme, perdre pendant un temps tout contact avec la vie ordinaire au-dessus de laquelle il s'est élevé; néanmoins il a réalisé un grand progrès car ceux qui voient le côté occulte des choses sont plus près de la vérité que ceux qui n'en voient que l'extérieur.

Les allégations des clairvoyants sont toujours colorées par des opinions préconçues; tel fut le cas de Swedenborg qui se servit d'une terminologie chrétienne très restreinte pour décrire le monde astral et qui incontestablement vit bien des choses à travers ses propres formes-pensées. Il avait certaines idées bien arrêtées auxquelles il adaptait tout ce qu'il voyait. Vous savez combien l'on est tenté, lorsque l'on nourrit quelque prévention contre une personne, de dénaturer ses paroles et ses actes les plus simples et de lui prêter des idées qu'elle n'a jamais eues. Il en est de même sur le plan astral si l'on n'y prend garde.

Les investigateurs théosophes évitent avec la plus grande vigilance le danger de ces préventions personnelles. Afin de diminuer les possibilités d'erreurs de ce genre, les Maîtres choisissent, pour travailler ensemble, des gens d'un type totalement différent.

La deuxième source d'erreurs vient de l'étroitesse de notre compréhension, de notre facilité à prendre la partie pour le tout. Par exemple, on a beaucoup parlé de la corruption de Poseidonis à la fin de son existence et de la magie noire à laquelle se livrait le peuple; mais à cette époque même se trouvait là une société secrète absolument pure et qui tendait aux buts les plus élevés. Si nous n'avions vu que cette société, nous aurions pu facilement nous représenter Poseidonis comme un pays éminemment spiritualiste. C'est ainsi que, par étroitesse de vue, on étend un état de choses local à toute une région ou à tout un peuple. Les généralisations doivent être soigneusement pesées.

Il existe une aura générale qui embrasse tout un pays ou une époque entière et qui permet d'éviter les erreurs graves de ce genre; le psychique qui n'a pas appris à la percevoir ignore souvent son existence et commet des erreurs fréquentes.

D'ailleurs une longue expérience nous a montré que tous les psychiques, dignes de foi ou non, sont toujours sujets à erreur.

Les clichés sont reflétés dans la matière, mais non imprimés en elle. Pour les retrouver, il n'est pas nécessaire de se mettre en contact direct avec un agrégat particulier de matière; ils peuvent être lus à toute distance lorsqu'un lien a été établi.

Chaque atome conserve le souvenir de tout ce qui l'entoure, à moins qu'il soit seulement l'intermédiaire par lequel le clairvoyant entre en rapport avec l'enregistrement de tous les événements qui ont eu lieu dans les limites de son ambiance. La perception de ces événements est la psychométrie, mais elle comporte une étrange limitation : le psychomètre normal ne perçoit, par l'exercice de cette faculté, que ce qu'il aurait perçu s'il s'était tenu lui-même à la place de l'objet qu'il psychométrise. Une personne psychométrant un caillou resté dans une vallée pendant des siècles, sera témoin de tous les événements qui se sont passés dans cette vallée, seulement elle ne les percevra qu'à travers ses propres limitations;

sa vision, par exemple, sera bornée aux montagnes environnantes comme si elle était restée elle-même à l'endroit du caillou.

Un pouvoir psychométrique plus étendu permet de percevoir les pensées et les sentiments des gens aussi bien que leurs corps et que les choses physiques; mais il existe un pouvoir psychométrique plus développé encore par lequel le psychomètre, ayant établi son centre de vision dans une vallée, par exemple, peut étendre sa vision à travers les montagnes environnantes, voir ce qui est au delà et aussi ce qui s'y est passé depuis que la pierre est là; il peut même voir ce qui a eu lieu avant l'arrivée de la pierre dans la vallée. Celui qui est capable d'une telle perception n'aura bientôt plus recours à la pierre.

Quand on se sert des sens du corps causal pour examiner les contre-parties des choses physiques, on constate que chaque objet projette ainsi des images du passé. A mesure que se développent la conscience et les facultés intérieures, la vie devient une vie continue; quand la conscience de l'Ego est atteinte, il est possible de remonter ainsi jusqu'à l'âme-groupe même au sein de laquelle nous avons vécu pendant le stade de notre vie animale et de considérer, par les yeux de l'animal, les êtres humains de cette période et le monde différent qui existait alors. Aucun terme ne peut exprimer ce que l'on voit de cette manière, tant ce mode de vision est différent des autres.

Il y a une immense difficulté à établir ce lien entre la vie actuelle et les vies précédentes et, dans cette vie, entre les corps supérieurs et le cerveau physique; c'est pourquoi la mémoire n'en est pas conservée. Par exemple une personne convaincue, au cours d'une de ses vies, de la réalité de la réincarnation, n'emporte pas nécessairement cette certitude dans sa vie suivante; moi-même, je l'avais perdue et Mme Besant aussi. Dans cette vie je n'en avais aucune idée avant d'en avoir entendu parler pour la première fois, mais alors je l'acceptai immédiatement et reconnus toute la vérité qu'elle comporte. Tout ce que nous avons connu et compris dans le passé surgit à l'esprit de cette manière et la certitude s'établit aussitôt que nous en entendons parler, dans une autre vie.

Pendant mon enfance, je rêvais sans cesse d'une maison qui, ainsi que je l'appris plus tard, était celle où j'avais vécu dans une vie antérieure. Cette maison était tout à fait différente de celles que je voyais autour de moi; elle était construite autour d'une cour centrale où se trouvaient fontaine, statues et arbustes et sur laquelle donnaient toutes les chambres. J'en rêvais environ trois fois par semaine, j'en connaissais toutes les pièces, tous les habitants et je la décrivais sans cesse à ma mère en lui dessinant le plan. On l'appelait ma maison de rêve. A mesure que je grandis, ce rêve devint de moins en moins fréquent, et bientôt il s'évanouit complètement de ma mémoire. Un jour, cependant, pour expliquer un certain fait dont il me parlait, mon Maître me montra une image de la maison où j'avais vécu lors de ma dernière incarnation, et je reconnus immédiatement ma maison de rêve.

Tout le monde peut, intellectuellement, admettre la nécessité de la réincarnation; mais pour en avoir une preuve positive, il faut devenir conscient dans le corps causal du passé et du futur. Le seul moyen de se débarrasser des entraves du doute est d'acquérir la connaissance et une compréhension intelligente. La foi aveugle est une barrière dressée devant le progrès; néanmoins c'est faire acte d'intelligence que d'accepter les affirmations de ceux qui en savent plus que nous. La théosophie ne contient aucun dogme auquel nous soyons obligés de croire; elle se borne à exposer les résultats des investigations auxquelles se sont livrés certains d'entre nous, dans l'espoir que ces résultats seront pour d'autres une aide aussi efficace qu'ils l'ont été pour les investigateurs eux-mêmes.

PRÉVISION DE L'AVENIR

Il est difficile d'expliquer comment on peut prévoir l'avenir; néanmoins le fait ne peut être mis en doute. Outre les éclairs d'intuition et les visions apparemment accidentelles mais souvent exactes, bien que difficilement contrôlables, de tableaux représentant des événements futurs, il existe deux méthodes de prévoir l'avenir à l'aide de la clairvoyance supérieure. L'une est facilement explicable, l'autre non.

Même par les moyens ordinaires, il est facile de prévoir certains événements. Si un homme mène une vie extravagante et débauchée, on peut, en toute sécurité, prédire que, à moins de changer de conduite, il aura tôt fait de perdre sa santé et sa fortune, mais ce qu'il est impossible de prévoir par les seuls sens physiques, c'est s'il est capable de se transformer ou non; seul celui qui possède la vue du corps causal peut le savoir, car les forces de réserve de l'individu sont visibles pour lui; il pourrait même connaître toutes les pensées de cet homme sur ce point et se rendre compte s'il possède l'énergie nécessaire pour opérer cette transformation.

Aucune prédiction obtenue par les moyens physiques seuls ne peut être certaine parce que les nombreuses causes qui influencent le cours de la vie ne sont pas perceptibles sur le plan physique; mais si nous élevons notre conscience sur les plans supérieurs, il nous est possible d'entrevoir ces causes et de calculer plus exactement leurs effets.

Il est évident que si *toutes* les causes pouvaient être perçues et appréciées, *tous* leurs effets pourraient être calculés. Seul, peut-être, le Logos connaît toutes les causes dans son système, mais un adepte est certainement capable de savoir tout ce qui peut affecter un homme ordinaire et, par conséquent, de prédire très exactement son avenir, car la force de volonté des gens de ce niveau est faible; le Karma les place dans un certain milieu dont ils sont esclaves et ils se laissent aller à leur destinée parce qu'ils ne savent pas que leur volonté pourrait la modifier. L'homme plus développé prend sa destinée en main et la forge à son gré; il crée son avenir selon ses désirs en neutralisant le Karma du passé par les nouvelles forces qu'il met en jeu; aussi cet avenir n'est-il pas facile à prédire. Toutefois un adepte, qui perçoit la volonté à l'état latent, saura d'avance comment cet homme utilisera ses connaissances.

Cette méthode de prédire l'avenir est facile à comprendre, et l'on conçoit aisément que les événements principaux d'une vie soient ainsi prophétisés. L'autre méthode, qu'il n'est pas aussi facile d'expliquer, consiste à centrer la conscience sur un plan assez élevé pour s'affranchir de la limitation du temps, où le présent et le futur se déploient comme un livre ouvert.

Je ne saurais dire dans quelle mesure ceci est conciliable avec notre liberté d'action; je ne puis qu'attester la réalité du fait: quand on se sert de cette vision, le futur est là avec ses plus petits détails.

Pour moi, je crois que nous sommes *libres* de choisir mais seulement dans certaines limites, et qu'une puissance très supérieure à la nôtre sait *comment* nous choisirons. Vous savez ce que votre chien fera dans certaines conditions déterminées, mais ce n'est pas l'idée que vous en avez qui l'*obligera* à le faire; de même, un être aussi supérieur à l'homme que celui-ci est supérieur au chien saura comment l'homme utilisera son fragment de libre-arbitre.

Ce n'est qu'*un fragment* de libre arbitre, car le Logos ne nous confie qu'une liberté partielle afin de voir quel usage nous en ferons. Si cet usage est bon et sage, un peu plus de liberté nous sera donnée et tant que nous en userons en accord avec les grands desseins du Logos, c'est-à-dire avec la marche de l'évolution notre liberté deviendra de plus en plus grande. Mais si nous sommes assez fous pour mésuser de cette liberté en développant un égoïsme qui ne peut que nous nuire et entraver le plan de l'évolution, nous serons entravés dans nos activités et ramenés dans le droit chemin. Il faut laisser à l'enfant la liberté de marcher, même au risque de le voir tomber, sinon il n'apprendra jamais, mais personne ne lui laissera faire ses premiers pas au bord d'un précipice. Une liberté suffisante nous est donnée pour qu'au besoin nous nous nuisions à nous-mêmes, mais elle n'est pas assez grande pour que nous puissions nous détruire complètement.

Nous atteindrons sûrement un jour la liberté entière, mais en attendant nous ne possédons qu'une liberté restreinte.

Une fois notre choix fait, soyons prêts à en subir toutes les conséquences. Considérée d'en haut, la destinée humaine ressemble assez à un réseau de chemins de fer. L'homme monte sur une locomotive et choisit sa ligne, et, son choix fait, il faut qu'il la suive jusqu'au bout sans pouvoir s'en écarter ni à droite ni à gauche jusqu'à ce qu'il arrive au premier aiguillage. Là, il peut descendre et s'aiguiller à son gré, mais, une fois la nouvelle direction choisie, il est obligé de se soumettre aux conséquences de sa décision et ne pourra changer sa route qu'à l'aiguille suivante.

Ne confondons pas le libre-arbitre avec la liberté d'action.

Etre capable de prédire l'avenir avec certitude par l'une de ces méthodes suppose un développement considérable; cependant, il arrive parfois que des images fragmentaires de l'avenir soient visibles à des niveaux très inférieurs; elles sont perçues par ce que l'on appelle en Ecosse la seconde vue, et ainsi un événement futur est souvent vu avec une grande richesse de détails.

Je me souviens d'un voyant qui affirmait à un sceptique qu'un certain individu de leur connaissance mourrait à telle date; il donnait une description détaillée des funérailles et mentionnait même par leurs noms ceux qui tiendraient les cordons du poêle. Le sceptique se moqua de la prédiction, mais, à la date fixée, l'homme mourut. Le sceptique, étonné mais plus vexé encore, déclara que le reste de la prédiction ne se réaliserait pas et qu'il s'arrangerait pour la faire mentir; et il se fit désigner pour tenir un des cordons du poêle. Le jour de l'enterrement, à l'instant où le cortège se mettait en marche, il fut obligé de s'éloigner un instant; quand il revint la place était prise et il dut constater que les gens qui tenaient les cordons étaient bien ceux qu'avait prédits son ami.

J'ai vu moi-même des tableaux de ce genre représentant des scènes futures et qui n'avaient pour moi aucun intérêt, à mon avis du moins, je les ai toujours vues se réaliser chaque fois que j'ai pu le vérifier.

Le Logos a créé par sa pensée une image de toute la vie de son univers, non seulement tel qu'il existe maintenant, mais encore tel qu'il a existé à chaque instant du passé et tel qu'il existera à chaque instant de l'avenir. Tout ce qui est émane de sa pensée. Ces formes-pensées, dit-on, existent sur le plan mental cosmique qui est deux séries complètes de sept plans au-dessus de nos sept propres plans.

La pensée du Logos assigne son rôle à chaque chaîne planétaire; elle prévoit les plus petits détails et fixe le type idéal que l'homme doit réaliser à la fin de chaque race-mère et de chaque sous-race depuis la première en passant par les Lémuriens, les Atlantes et les Aryens, jusqu'aux races futures. On peut donc dire que, sur ce plan mental cosmique, le système entier a été appelé à l'existence par la pensée du Logos. En vertu de cet acte créateur, l'ensemble de la création doit être présent à lui dans tous les temps; il est donc possible que sa conscience infinie se reflète, limitée, sur les niveaux inférieurs où il nous est ainsi donné d'en apercevoir quelques faibles rayons.

CINQUIÈME SECTION

L'AURA DU DÉVA

L'AURA DU DÉVA

Les dévas constituent une puissante évolution immédiatement supérieure à l'évolution humaine, de même que le règne humain est immédiatement supérieur au règne animal.

Vous pouvez vous figurer les dévas comme des anges lumineux; ils se divisent en de nombreuses catégories et sont à différents degrés de développement. Aucun d'entre eux n'est assez bas sur l'échelle des êtres pour revêtir, comme nous, des corps physiques. Ceux qui appartiennent à la classe inférieure sont appelés Kamadévas; ils ont un corps astral, tandis que ceux de la classe immédiatement supérieure ont des corps faits de matière mentale, et ainsi de suite. Ils ne deviendront jamais des hommes, la plupart ayant déjà dépassé ce stade; il en est cependant qui, dans le passé, ont été des être humains, car lorsque l'homme, arrivant au terme de son évolution, est sur le point de passer au stade *surhumain*, plusieurs voies sont ouvertes devant lui dont l'une donne accès à cette superbe évolution des dévas.

Les dévas et les hommes diffèrent dans leur apparence. Ils sont resplendissants, ce qui les distingue nettement de l'homme; de plus ils peuvent à leur gré étendre ou réduire leur aura.

Seul l'homme hautement développé, un *Arhat*, par

exemple, possesseur d'une vaste aura bien organisée, leur est comparable, mais encore ne pourrait-on les confondre.

D'une part, le corps des Dévas est plus fluidique, et doué de propriétés plus grandes d'expansion et de contraction. D'autre part il a une propriété lumineuse qui le distingue nettement de tout être humain.

L'aura de l'homme ordinaire est susceptible de certaines modifications temporaires; sa dimension est fonction de celle du corps causal et, comme lui, elle croît graduellement. Les planches de l'*Homme Visible et Invisible* montrent que le corps causal de l'homme ordinaire est loin d'être complètement développé; les couleurs en sont ternes et mal définies; au contraire, le corps causal d'un homme hautement évolué est teinté de vives couleurs. Les premiers stades de progrès pour l'homme de niveau moyen consistent donc à organiser son corps causal, et cette organisation, manifestée par les couleurs de plus en plus vives de l'ovoïde, précède la croissance de ce corps.

Si une émotion soudaine vient frapper cet homme, elle se manifeste, ainsi que l'ouvrage le dépeint, par le jaillissement, dans l'aura et en dehors d'elle, d'une couleur correspondante — rose pour l'affection, bleue pour la dévotion, verte pour la sympathie, etc.; — elle se manifeste aussi par des bandes vibrantes de cette couleur et par l'intensification générale de tout ce qui est en connexion avec cette émotion; elle ne provoque rien de plus chez l'homme de niveau moyen. Un sentiment très vif d'affection, par exemple, remplit l'aura d'une couleur rose et projette des formes-pensées de cette couleur vers celui qui en est l'objet; en général les modifications de l'aura se bornent à ses colorations diverses, elle n'augmente pas d'une façon appréciable, même momentanée.

Les mêmes sentiments chez l'homme développé possédant une aura déjà bien colorée, provoquent, non seulement une intensification des couleurs et un flot de formes-pensées, mais encore une expansion considérable et temporaire de l'aura, qui revient ensuite à sa dimension normale.

Par suite de ces expansions réitérées, l'aura grandit peu à peu, et plus elle grandit, plus la faculté de sentir augmente.

Le développement intellectuel contribue à la croissance de l'aura; c'est alors la couleur jaune qui prédomine.

Les mouvements d'affection ou de dévotion parfaitement désintéressés qui relèvent non du plan astral, mais du plan bouddhique, accroissent aussi temporairement l'aura dans de grandes proportions, mais quelle qu'en soit la dimension, elle ne saurait être comparée à celle que peut atteindre l'aura d'un déva.

Les fluctuations de l'aura d'un déva sont si grandes qu'elles peuvent être un objet de frayeur pour ceux qui n'y sont pas habitués. L'un d'eux, qui nous fit tout récemment l'honneur d'une visite à Adyar pour nous donner quelques informations au sujet de la fondation de la sixième race-mère, avait normalement une aura d'environ cent cinquante yards de diamètre et, à mesure qu'il développait ses enseignements, cette aura s'étendit graduellement jusqu'à la mer qui se trouve à un mille de là.

Nul être humain, si avancé soit-il, ne pourrait ressentir une émotion suffisamment forte pour produire un accroissement de l'aura comparable à celui-ci. L'aura même d'un Maître ne pourrait atteindre de telles proportions, car elle est plus stable, plus constante, et, par suite, son expansion temporaire est moindre. La contexture de l'aura du déva est pour ainsi dire plus lâche; l'aura d'un être humain, sous une même étendue, contient plus de matière; elle est plus condensée.

Le déva dont je parle n'était pas plus avancé qu'un *Arhat* dont l'aura aurait probablement été trois fois plus petite. Néanmoins un clairvoyant ignorant de ces différences ne saurait les discerner et s'apercevrait seulement qu'il est enveloppé d'un nuage de splendeur lumineuse.

Les corps astral et mental s'étendent et grandissent aussi bien que le corps causal. Ces trois corps ont la même étendue bien que, rappelez-le vous bien, nous n'ayons affaire qu'avec les sections et même avec les sections des sections (1). On admettait jusqu'à présent que le corps causal d'un homme ordinaire avait environ la dimension d'un pois et qu'il croissait graduellement, mais ceci n'est pas exact. Le corps causal non développé a la même taille que les autres jusqu'au jour où son expansion commence.

Ainsi que je l'ai dit, l'aura d'un déva est caractérisée par une vive luminosité qu'il n'est pas aisé de décrire, mais qui peut être facilement reconnue. Toutes ses couleurs ne sont fluidiques que chez l'homme moyen et ont l'aspect d'une flamme plutôt que d'un nuage. L'aura de l'homme a l'apparence d'un nuage de gaz incandescent extrêmement brillant et délicat, tandis que celle du déva est semblable à une masse de feu.

La forme d'apparence humaine visible au centre de l'aura d'un déva est beaucoup moins nette que celle de l'homme. Le déva vit plus que l'homme dans tout l'espace occupé par l'aura. Les quatre-vingt-dix-neuf centièmes de la matière dont est constituée l'aura de l'homme sont renfermés dans la périphérie du corps physique; la proportion est beaucoup moindre pour le déva. En général, les dévas apparaissent comme des êtres humains d'une stature gigantesque.

On a dit que certains d'entre eux semblent avoir l'air d'être revêtus de plumes. Cette idée est en quelque sorte justifiée et je sais parfaitement ce qu'elle veut représenter, mais il n'est pas facile de l'expliquer. Les grands dévas verts, que j'ai vus en Irlande, ont un aspect remarquable; ils ont une stature énorme et un air majestueux. Il est impossible d'en donner une description exacte dans notre langage. Les peintres repré-

---

(1) Nous supposons que *section* doit être interprété dans le sens de représentation, figure, perspective d'objets appartenant à des plans comprenant de plus en plus de dimensions. (*Note du Comité*).

sentent les anges avec des ailes couvertes de plumes; ils sont ainsi décrits dans les Ecritures Chrétiennes, mais ceci est symbolique car, en réalité, dans les cas d'apparitions véritables, ces anges sont souvent pris pour des êtres humains (comme le fit Abraham par exemple), il est donc évident qu'ils ne sont pas munis d'ailes.

Souvent un déva se reconnaît à la forme qu'il prend au centre de son ovoïde; c'est presque toujours une forme humaine. Les esprits de la nature revêtent aussi presque invariablement la forme humaine, mais elle présente certaines particularités qui leur donnent toujours un aspect bizarre. Il en est à peu près de même pour les dévas, mais ils ne sont difformes en aucune façon, car leur attitude est toujours d'une dignité et d'une majesté incomparables.

Comme nous, les dévas créent des formes-pensées, mais elles ne deviennent aussi concrètes que les nôtres que lorsqu'ils ont atteint un niveau supérieur. Leur esprit est large, toujours prêt à généraliser, et ils sont constamment occupés à élaborer des plans magnifiques. Ils ont un langage de couleurs qui n'est peut-être pas aussi net que le nôtre, mais qui, à certains égards, est plus expressif.

En ce qui concerne les dimensions de l'aura, celle de l'homme ordinaire s'étend environ à dix-huit pouces (45 centimètres) autour du corps; en allongeant seulement l'avant-bras, les coudes au corps, les extrémités des doigts atteignent la surface de l'aura. L'aura d'un théosophe peut être un tant soit peu plus grande que celle d'une personne qui ne s'intéresse nullement aux travaux intellectuels; néanmoins il y a en dehors de la société des gens possédant de belles et grandes auras. C'est surtout la pensée forte et suivie qui la détermine.

L'aura peut subir certaines déformations; la pointe de l'œuf aurique est en général à la partie supérieure, et chez nous qui sommes des étudiants c'est cette partie de l'ovoïde qui tend à grandir, car les caractéristiques que nous développons s'expriment dans la matière qui flotte naturellement dans la partie supérieure de l'aura par suite de son poids spécifique. L'accroissement de l'aura est chose exigée pour recevoir l'Initiation, et les qualités requises doivent s'y montrer. Il est dit dans certains ouvrages que l'aura d'un Bouddha a un rayonnement de trois milles; au stade inférieur à celui d'un Bouddha, j'en ai vu une qui s'étendait à deux milles. L'aura augmente naturellement de dimensions à chaque Initiation.

Les dévas ne suivent pas la même ligne d'évolution que la nôtre et ne passent pas par les mêmes initiations, car les deux règnes convergent à un point plus élevé que celui où se tient l'Adepte. Certaines méthodes permettent à l'homme arrivé au stade où nous sommes ou même à un stade inférieur d'entrer dans l'évolution des dévas.

Les dévas se mettent souvent à notre portée et sont disposés à nous instruire. A tout homme suffisamment évolué pour les apprécier et les développer par des exemples, ils exposent volontiers les sujets se rapportant à leur ligne d'activité. De nombreuses instructions nous sont ainsi données, mais la plupart des hommes ne sont pas encore préparés à les recevoir et ne peuvent en profiter. Nous ne savons rien des lois ni de l'étendue de leur travail, et généralement leurs lignes d'activité dépassent les bornes de notre conception.

Ils sont généralement assez nombreux ici, à Adyar; et cela s'ajoute à l'avantage que nous donne la présence si fréquente des Maîtres qui viennent si souvent nous visiter. Pour être en mesure de voir ces dévas, il ne faut qu'un peu de clairvoyance au moment voulu. Une force stimulante ressentie différemment par les uns et par les autres, émane de ces êtres.

Dans l'une des incarnations du seigneur Gautama, comme premier des Zoroastres, le feu, qui est l'une des caractéristiques de sa nature, est peut-être la cause pour laquelle il fut pris pour un déva. On raconte que, pendant ses méditations, des flammes jaillissaient de l'aura du Seigneur Bouddha, mais n'oublions pas qu'une forme-pensée ordinaire peut aussi apparaître comme une flamme à une personne non avertie. La gloire du Christ au moment de la Transfiguration est un fait du même genre.

Nombreuses sont les influences bienfaisantes qui nous entourent ici, mais les effets qu'elles produisent sur chacun de nous sont proportionnés à la réceptivité de chacun ; nous n'en prenons que ce que nous sommes préparés à prendre. Une personne qui ne pense jamais qu'à elle-même peut baigner dans ce puissant magnétisme pendant toute une année sans sentir qu'elle devienne meilleure ; elle peut même devenir pire, car si ces vibrations formidables tendent à intensifier les qualités de l'homme, elles tendent aussi à intensifier les défauts et, par suite, à provoquer, chez ceux qui y donnent prise, le déséquilibre et l'hystérie. Pour qui sait en profiter, un séjour à Adyar est une bonne fortune que peu de personnes ont l'occasion de rencontrer, mais le bénéfice que nous pouvons en retirer dépend uniquement de nous.

L'ESPRIT D'UN ARBRE

I

L'esprit d'un grand arbre, tel qu'un banian, s'extériorise assez fréquemment, et lorsque le cas se présente, c'est généralement sous l'apparence d'une gigantesque forme humaine. J'en ai vu un tout près d'ici dont la forme avait environ douze pieds de haut : il avait l'apparence d'une femme ; la dernière fois que je le vis, ses traits étaient bien distincts mais sa forme assez vague.

Certains esprits de la nature vivent aussi près d'un arbre et n'aiment pas qu'on les dérange. J'ai entendu dire qu'ils n'élisent pas domicile dans les arbres marqués pour être abattus ; toutefois, d'après les observations que j'ai pu faire moi-même, cela n'est pas exact et a dû être inventé par des gens qui voulaient abattre des arbres sans remords.

Bien qu'il prenne une forme aussi agréable, l'esprit d'un arbre n'est pas individualisé, ni même prêt à l'être ; néanmoins, il est déjà beaucoup plus élevé que les êtres inférieurs de l'animalité et, quand il passera dans le règne animal, il entrera directement dans la **famille des mammifères**. Il a ses sympathies et ses antipathies qui sont visibles dans son aura, bien que les couleurs et les contours en soient naturellement beaucoup plus vagues et plus sombres que chez l'animal. En fait, les couleurs de l'aura des animaux qui rayonnent l'affection sont souvent d'une intensité remarquable, plus intenses même chez certains que chez bien des êtres humains, leurs sentiments sont beaucoup plus profonds et exclusifs.

La forte attirance que certaines personnes ressentent pour des espèces spéciales d'arbres ou d'animaux résulte souvent de la ligne d'évolution animale ou végétale qu'elles ont suivie avant d'entrer dans le règne humain.

SIXIÈME SECTION

LA CONSTRUCTION D'UN ~~MYSTÈRE~~ SYSTÈME.

LA CONSTRUCTION D'UN ~~MYSTÈRE~~ SYSTÈME

Les sept plans de notre système solaire constituent dans leur ensemble le plus bas des grands plans cosmiques. Au début ce plan cosmique ne se composait que de matière atomique, c'est-à-dire de bulles de *Koïlon*. Lorsque le Logos solaire se manifesta, quand il sortit de l'éternité pour entrer dans le temps et qu'il a voulu créer ce système, il détermina d'abord son champ d'activité, limité probablement par l'étendue de son aura.

Les bulles de *Koïlon*, façonnées déjà par quelque Logos d'un ordre supérieur, devinrent les atomes du plan le plus élevé et, par sept souffles, l'univers fut créé. La matière physique, par exemple, ne fut pas formée directement de matière astrale, mais le Logos, inspirant en lui-même une portion de matière astrale, l'expira sous forme de matière physique. Il y eut ainsi un *tanmatra* et un *tattva* spéciaux pour chaque plan (1).

La définition du tanmatra et du tattva la plus claire que je connaisse a été donnée par Subba-Rao :

« Le Tanmatra est une modification dans la conscience du Logos, et le Tattva est l'effet produit dans la matière par cette modification. Regardez, sur une plage, la petite vague qui tranquillement s'avance sur le sable

---

(1) Plan ou état de matières.

et se retire ensuite; elle laisse derrière elle un sillon minuscule qui marque sa limite. Si la mer monte, la vague suivante s'avance un peu plus loin et imprime sa marque à son tour, puis se retire. Représentez-vous le *tanmatra* comme cette vague, modification temporaire de l'océan, et représentez-vous la trace laissée sur le sable comme le *tattva*. »

Le sens du mot *tattva* paraît être « la capacité d'être cela » ou « la qualité inhérente ».

Bien que les atomes des divers plans, en suivant la ligne descendante, ne procèdent pas directement les uns des autres, les atomes des plans inférieurs ne sauraient être ce qu'ils sont si les bulles dont ils sont constitués n'avaient acquis les qualités voulues en passant par tous les autres plans supérieurs. L'atome du second plan comporte déjà quarante-neuf de ces bulles, et celui du troisième plan, ou plan nirvanique, en compte deux mille quatre cent une. Cette proportion se maintient constamment dans la descente, en sorte que la même énergie, qui construit quarante-neuf atomes astraux, ne produit qu'un atome physique, les bulles étant disposées différemment.

Si nous pouvions prendre un atome physique et le disséquer en remontant de plan en plan jusqu'au plan le plus élevé, nous constaterions qu'il renferme quatorze milliards de ces bulles. La construction des plans de l'univers s'effectue ainsi : le Logos prend, dans le plan supérieur à celui qu'il veut édifier, de la matière du degré le plus bas; il désintègre cette matière en ses bulles originelles, la faisant ainsi remonter vers le haut, puis la recombine de manière à produire la matière du plan immédiatement inférieur. Il est à présumer que la force avec laquelle les bulles de *Koïlon* ont été formées est celle que Mme Blavatsky appelle *Fohat*, et qu'elle représente « creusant des trous dans l'espace »; les trous sont peut-être ces bulles infinitésimales et non des systèmes solaires comme on l'avait tout d'abord supposé.

J'ignore si ces bulles se meuvent ou non sur leur

axe. Gardons-nous de les comparer à des bulles de savon, car celles-ci sont constituées par une pellicule liquide ayant une surface externe et une surface interne et remplies d'air; les bulles de Koïlon ressemblent plutôt aux bulles d'air dans l'eau qui n'ont qu'une surface, celle qui sépare l'air de l'eau. La vision la plus élevée que nous ayons utilisée jusqu'ici pour les observer nous montre que ces bulles sont absolument vides, et c'est pourquoi nous ne pouvons pas dire qu'il existe ou non en elles un mouvement quelconque. Elles ne semblent pas douées de mouvement propres, mais elles peuvent être mues de l'extérieur, soit isolément, soit en masse, par un effort de la volonté. En aucune circonstance, ces bulles n'arrivent à se toucher.

L'atome physique, tel qu'il est représenté dans la *Sagesse Antique*, n'est pas absolument exact; il est beaucoup trop plat et ressemble un peu à un médaillon; la figure donnée dans *La Chimie occulte* est beaucoup plus exacte. En réalité l'atome est globulaire, presque sphérique; il a un peu l'aspect d'une cage en fils de fer composée de dix fils sans fin, de sorte que si l'un d'eux était enlevé, déroulé, puis posé à plat, il prendrait la forme d'un cercle; ces fils sont complètement séparés les uns des autres et ne se touchent jamais. La disposition est plutôt compliquée et, pour l'expliquer, un diagramme serait nécessaire; un modèle serait encore mieux, mais personne n'a encore eu ni le temps, ni la patience de le faire.

L'image de *La Chimie occulte* montre que trois de ces dix fils sont plus gros que les autres; la raison en est que les sept séries de spirilles qui s'enroulent autour d'eux ne s'adaptent pas exactement les unes sur les autres comme dans les autres fils parce que, à tous les sept cents tours, il y a quatre atomes de plus. Ceci indique un accroissement de un atome pour chaque cent soixante-quinze bulles, et c'est la raison pour laquelle ces trois fils paraissent plus gros que les autres.

Un homme de science rendant compte de l'article sur le Koïlon a fait remarquer qu'en traitant de particules aussi petites, il est impossible d'arriver à une telle exactitude. Il n'a pas compris qu'il n'y a là qu'une simple question de calcul et de comparaison.

L'atome a trois mouvements qui lui sont propres :

1° Une rotation sur son axe ; 2° un mouvement orbital, car il tourne sans cesse sur une petite circonférence ; 3° un mouvement de pulsation semblable à celui du cœur, c'est-à-dire une expansion et une contraction alternatives. Ces trois mouvements s'effectuent sans discontinuer et ne peuvent être troublés par aucune force extrieure. Une force provenant de l'extérieur — une onde lumineuse par exemple — fera mouvoir l'atome violemment de haut en bas et de bas en haut, l'amplitude de ce mouvement étant proportionnelle à l'intensité de la lumière et à la longueur d'onde de la couleur, et, fait curieux à signaler, un des sept petits fils devient brillant, celui-là même qui correspond à la couleur de la lumière qui met à ce moment l'atome en mouvement.

L'atome doit son existence à la force que le *Logos* lui imprime, de même qu'une petite colonne de poussière et de feuilles sèches qui s'élève et tourbillonne doit son mouvement à la force du vent qui l'a soulevée. L'existence de la matière dépend donc uniquement de la persistance d'une idée dans le mental du *Logos* ; si celui-ci retirait sa force de l'état de matière physique, c'est-à-dire s'il cessait d'y penser, tous les atomes physiques se désintégreraient, et le plan physique entier disparaîtrait instantanément comme la flamme d'une bougie que l'on soufflerait.

En dehors de cette force qui maintient l'atome dans sa forme spiroïde, d'autres forces générées par le Logos agissent sur les spirilles de cet atome, ou plutôt la Force unique du *Logos* se manifeste par des actions différentes.

Cette Force éveille sept activités qui éventuellement devront, à la fin de la septième ronde, s'exercer pleinement dans les sept séries de spirilles ; trois d'entre elles sommeillent encore puisque nous ne sommes que dans la quatrième ronde.

Il est probable que ce que les savants nomment électrons est ce que nous appelons, nous, atomes astraux. Ils trouvent, dans un atome chimique d'hydrogène, de sept cents à mille de ces électrons. Or, dans un atome chimique d'hydrogène, il y a exactement huit cent quatre-vingt-deux atomes astraux; il est peu probable que ce soit une simple coïncidence. Si cette supposition est exacte, on peut en conclure que, dans quelques-unes de leurs expériences, nos savants ont désagrégé la matière physique pour la faire passer sur le plan astral; ils se trouveraient donc, dans ce cas, bientôt forcés d'admettre l'existence de la matière astrale, mais ils n'y voudront voir certainement qu'une nouvelle subdivision de la matière physique.

J'ignore si, dans des cas semblables, les atomes physiques dissociés peuvent se reconstituer, mais lorsque, par un effort de volonté, on brise l'atome physique en ses constituants astraux et mentaux, on oppose simplement pendant un instant sa volonté à la Force divine qui créa cet atome. Il faut un effort bien défini pour maintenir temporairement l'atome sous une forme différente, et dès que la volonté humaine s'efface, la Volonté divine reprend ses droits et l'atome physique réapparaît. Ceci cependant semble ne s'appliquer qu'à la dissociation des atomes ultimes du plan, car lorsque, dans un but expérimental, on divise un atome chimique en ses atomes ultimes physiques, la désagrégation est définitive et la reconstitution de l'atome chimique ne se fait pas automatiquement.

Nous avons tout lieu de croire que dans l'espace interstellaire (entre les systèmes solaires) les atomes sont très éloignés les uns des autres et équidistants et que, telle est leur condition normale quand ils sont au repos. C'est ce que l'on exprime en disant que les atomes sont libres dans l'espace. Au sein de l'atmosphère d'une planète, on ne les trouve jamais dans cet état car, alors même qu'ils ne seraient pas groupés en des formes, ils sont du moins soumis à la force d'attraction.

L'homme possède un corps causal sur le plan mental

atomique, mais les atomes mentaux qui le constituent sont agglomérés par la force d'attraction en une forme définie et relativement dense, bien qu'ils n'aient subi eux-mêmes aucune altération et ne soient pas groupés en molécules. Ce corps pourrait exister sans risque, sur son propre plan atomique, dans l'ambiance d'une planète où la matière atomique est condensée, mais il ne pourrait se mouvoir ou fonctionner dans cet espace interstellaire où les atomes restent absolument libres et exempts de compression.

Les conditions de l'espace interplanétaire ne sont probablement pas les mêmes que celles qui existent dans l'espace interstellaire, à cause des perturbations occasionnées par les comètes ou les météores et par la compression excessive due à l'attraction formidable du soleil dans les limites de son système; en effet, le tourbillon créé originairement par le *Logos* est toujours en activité et une partie de cette activité s'emploie à attirer la matière de l'espace environnant et à la condenser.

Je n'ai aucune information sur la question de savoir si les atomes, flottant dans les limites du système solaire, sont ou non tous vivifiés par l'essence élémentale; pourtant, il me semble probable que seuls les atomes qui constituent les corps mental, astral et physique du soleil, des planètes et des comètes doivent être aussi vivifiés, les corps physiques considérés comprenant, bien entendu, l'atmosphère et les variétés inférieures de l'éther.

Quoi qu'il en soit, ainsi que nous l'avons dit, la dimension du champ de manifestation du Logos est au-dessus de toute compréhension humaine. L'astronomie dit que la distance entre les systèmes solaires est tellement grande qu'elle est hors de toute proportion avec les systèmes eux-mêmes; il est néanmoins probable que les *Logoï* de ses systèmes sont en relations les uns avec les autres et que le système solaire, au milieu de ces sphères inconcevables, est le résultat de la condensation d'une matière originellement dispersée à travers cet espace prodigieux et réduite en parcelles d'une extrême ténuité, en bulles ultimes qui sont peut-être les atomes de notre plan le plus élevé.

A un certain stade de cette condensation, alors que sa sphère d'activité s'étend encore bien au delà des limites actuelles de notre système, le Logos suscite, dans la matière, un mouvement tourbillonnaire accompagné d'une action électrique intense. La condensation de cette masse en mouvement se continue durant des périodes inconcevables au cours desquelles le *Logos* projette les sept souffles dont nous avons déjà parlé; par ces souffles successifs, il assemble les bulles en atomes et forme la matière atomique des divers plans. Il provoque ensuite dans cette matière comme un choc électrique qui la précipite dans un état plus dense; elle cesse d'être un simple agrégat d'atomes et devient alors une réunion organisée et définie d'atomes.

A ce premier stade, l'univers est une masse d'hydrogène incandescent; c'est le stade nébulaire, auquel se trouvent maintenant divers systèmes de notre univers, ainsi qu'on peut s'en rendre compte à l'aide d'un puissant télescope.

Notre nébuleuse, tournant toujours autour de son axe, se refroidit peu à peu; elle se contracte et s'aplatit jusqu'à devenir un immense disque roulant plutôt qu'une sphère. Des fissures apparaissent bientôt dans ce disque qui se divise en anneaux offrant à peu près l'apparence actuelle de Saturne et de ses anneaux, mais dans de gigantesques proportions. En un point déterminé de chaque anneau, un tourbillon secondaire se produit et attire graduellement une grande partie de la matière de l'anneau. La chaleur engendrée par ces bouleversements réduit à l'état gazeux ces fragments d'anneaux qui deviennent d'immenses globes incandescents et constituent, en se refroidissant peu à peu, les planètes de notre système.

C'est de cette façon qu'il faut envisager la formation de la Lune qui, contrairement à ce qu'on pourrait supposer, a précédé celle de la Terre. La Lune est pour nous le satellite de la Terre parce que nous la comparons aux satellites de Mars, de Jupiter ou de Saturne, mais la comparaison est inexacte, car la lune est plutôt une planète sœur qu'un satellite. Aucun satellite, dans le système solaire actuel, n'a ni à son origine, ni par rapport à sa planète, les mêmes proportions que la lune comparativement à la Terre et pourtant, nous l'expliquerons plus loin, la lune est aujourd'hui plus petite qu'autrefois. Elle était la seule planète physique de la chaîne lunaire et notre humanité actuelle l'habita dans un passé très lointain; nous y représentions alors le règne animal.

La Terre vint à l'existence lorsque la vie avait déjà disparu de la lune. Un nouveau tourbillon fut soulevé non loin de la lune, et ce qui restait de la matière de l'anneau s'y agglomèra graduellement; les chocs qui en résultèrent produisirent une fois de plus un globe de gaz incandescent qui s'étendit jusqu'à la lune, l'enveloppa et la réduisit elle-même à l'état gazeux. Les deux tourbillons lunaire et terrestre se refroidissant peu à peu, une condensation se produisit et le nouveau tourbillon, attirant à lui la plus grande partie de la matière, en forma notre Terre, laissant la lune privée d'air et d'eau et beaucoup plus petite qu'antérieurement.

Par suite de la chaleur intense, la lune se trouvait encore dans une condition de plasticité semblable à une boue chaude, et la Terre, à ses stades primordiaux, subissait de formidables convulsions volcaniques. Au cours de ces convulsions, d'énormes masses de rochers furent projetés sans l'espace, à des distances considérables et dans toutes les directions. La majeure partie de ces rochers retomba sur la terre, mais quelques-uns, tombés sur la lune, formèrent, en raison de sa plasticité, les immenses dépressions que nous appelons aujourd'hui les cratères de la lune. Quiconque veut bien se donner la peine de jeter de petits cailloux dans une masse de boue ayant la consistance voulue, obtiendra un effet identique à celui que nous observons à la surface de la lune. Quelques-uns des cratères lunaires sont de véritables cratères, mais ils sont peu nombreux.

La lune ressemble aujourd'hui à un vaste amas de cendre durcie et poreuse, d'une consistance analogue à celle de la pierre ponce, mais plus ferme cependant. Actuellement, c'est à peine si une activité physique quelconque se produit à sa surface. Elle se désagrège lentement; on nous dit qu'au cours de la septième ronde, elle disparaîtra complètement et que la matière dont elle est constituée, avec un peu de matière terrestre sans doute, servira à construire un nouveau monde, qui sera le seul globe physique de la prochaine incarnation de notre chaîne. Ce qui subsistera de notre terre sera, à son tour, le satellite de cette nouvelle planète.

Dans la littérature théosophique, la lune a souvent été désignée comme la huitième sphère, parce qu'elle n'est pas l'une des sept planètes où se poursuit l'évolution de notre chaîne. Elle est, pour notre système, ce que l'on peut appeler un « corps mort », un lieu servant seulement à recueillir les rebuts, une corbeille où l'on jette les papiers inutiles, une sorte de fosse (1) astrale dans laquelle sont jetés les débris en décomposition de toutes sortes, tels que les personnalités perdues qui, ayant échappé au contrôle de l'Ego, se sont séparées de lui. J'ai expliqué ceci dans le premier volume de cet ouvrage sous le titre : *Ames perdues*.

LES CHAINES PLANÉTAIRES

Actuellement, notre système solaire se compose de dix chaînes, chacune d'elles étant constituée par sept globes, qui évoluent simultanément, bien qu'à différents stades. Sept de ces chaînes sont représentées, au niveau physique, par un ou plusieurs globes, mais les trois autres n'existent que sur les niveaux supérieurs. Le nombre de globes physiques que peut comporter une

---

(1) En anglais : *cesspool*.

chaîne à un moment donné dépend du degré de son évolution.

Les globes de chaque chaîne représentent pour nous un cycle mineur d'évolution; ils descendent d'abord dans la matière grossière puis s'élèvent à un degré de matière plus dense; d'une manière analogue, les incarnations successives d'une chaîne passent par une période de descente dans la matière grossière suivie d'une ascension vers une condition plus subtile. Notre propre chaîne est en ce moment au niveau le plus bas de la matérialité, de sorte que, sur les sept planètes qu'elle comporte, trois sont sur le plan physique, deux sur le plan astral, et les deux dernières sur le plan mental inférieur.

Nous employons habituellement les lettres de l'alphabet pour désigner ces globes suivant leur ordre; nous représentons donc l'état actuel des choses en disant que les globes A et G sont sur le plan mental inférieur, les globes B et F sur le plan astral, les globes C, D et E sur le plan physique, C et E étant plus petits que D. Il convient de remarquer, qu'en circulant autour de la chaîne, la vague de vie, au cours de sa descente de A à D, suit une involution continue dans le sein de la matière, mais qu'elle s'élève ensuite en rejetant successivement ces voiles de matière à mesure qu'elle passe de D à G.

Tel est l'état de choses au cours de la quatrième incarnation de chaque chaîne, cette incarnation étant la plus matérielle; mais dans les troisième et cinquième incarnations, chaque chaîne a la première et la septième de ses sept planètes sur le plan mental supérieur, la seconde et la sixième sur le plan mental inférieur, la troisième et la cinquième sur le plan astral et une seule, la quatrième, sur le plan physique. Les deuxième et sixième incarnations de chaque chaîne sont à un stade supérieur; leur quatrième planète est sur le plan astral, tandis que la troisième et la cinquième sont sur le plan mental inférieur, la seconde et la sixième sur le plan mental supérieur, la première et la septième sur le plan bouddhique. Les première et septième incarnations d'une chaîne sont à un stade supérieur encore, en ce sens que leur planète inférieure est sur le plan mental inférieur, tandis que la première et la septième sont sur le plan nirvanique.

Il est difficile pour nous de concevoir l'existence d'une planète à des niveaux aussi élevés que les plans nirvanique et bouddhique; peut-être même ne devrions-nous pas employer ces termes. Nous voulons seulement dire qu'il existe des points de l'espace où certains groupes de monades poursuivent leur évolution par l'intermédiaire d'agents en œuvre à ces niveaux transcendants.

Chacune de ces soixante-dix planètes a une situation définie dans l'espace, et en relation avec notre soleil et tourne autour de lui. Sur ces soixante-dix planètes, douze seulement sont physiques et, parmi ces dernières, une n'est pas encore connue de la science et deux autres viennent seulement d'être découvertes.

L'existence de Vulcain fut reconnue, il y a un siècle, par quelques astronomes, mais cette planète étant devenue invisible, les savants d'aujourd'ui en ont conclu que les premières observations étaient inexactes. A l'époque où les deux planètes situées au delà de l'orbite de Neptune furent mentionnées dans les livres théosophiques, aucun astronome n'avait soupçonné leur existence, et pourtant leur existence est actuellement reconnue par suite des perturbations qu'elles ont occasionnées dans les orbites d'autres planètes.

Mme Blavatsky dit que Neptune ne fait pas partie de notre système solaire; il est cependant incontestable qu'il tourne autour du soleil. En émettant cette opinion, elle s'est probablement placée à un point de vue symbolique ou occulte. A ce dernier point de vue, la chaîne de Neptune fait certainement partie de notre système, puisqu'elle est une des dix chaînes dont il est constitué; nous ne sommes donc pas en mesure pour le moment de donner une explication de l'affirmation de Mme Blavatsky, mais ceci ne signifie nullement qu'elle soit inexacte.

Nous avons souvent trouvé dans ses écrits certains passages que nous avions dû laisser longtemps de côté parce qu'ils étaient pour nous incompréhensibles et en contradiction apparente avec des faits établis; ces passages avaient pourtant un sens très net et comportaient une certaine part de vérité; nous en découvrîmes plus tard l'explication lorsque, pénétrant sur les plans supérieurs, de nouveaux aspects de la question furent pour nous mis en lumière. Aussi ne faut-il point douter que, le moment venu, il en sera de même de la théorie énigmatique au sujet de Neptune.

Il existe d'autres évolutions que celles qui se poursuivent sur les soixante-dix planètes dont nous avons parlé, car chaque pouce de l'espace est utilisé. Dans le *Koïlon* même, il se peut très bien qu'il y ait une évolution dont nous ne savons rien et dont nous ne pouvons nous faire aucune idée. Nous savons si peu de chose, quant à présent, de ce merveilleux système auquel nous appartenons! L'enseignement théosophique, qui a apporté un si grand changement dans notre vie, n'a soulevé qu'un tout petit coin du voile.

L'espace entier est plein de vie, et il existe même des ordres d'évolution d'une nature inférieure à celle du plan physique. Il arrive parfois qu'un être humain prend contact avec cette évolution inférieure, mais ce n'est jamais souhaitable. Toutefois il ne serait pas juste de laisser croire que les êtres de ce monde inférieur sont mauvais; s'ils nous sont préjudiciables quand nous entrons en contact avec eux, c'est en raison seulement de ce qu'ils ne sont pas destinés à avoir normalement des rapports avec nous.

Sept de nos dix chaînes comportent des planètes physiques; les voici, en commençant par la plus proche du soleil :

La chaîne de Vulcain, qui n'a qu'une planète physique, petite et probablement très chaude. Cette chaîne est à sa troisième incarnation; mais nous sommes portés à croire que son rôle dans l'évolution ne comporte pas, pour les entités qui évoluent avec elle, d'atteindre à un niveau aussi élevé que celui qui sera finalement atteint par les habitants de notre planète.

Mercure est la planète qui vient immédiatement après Vulcain ; elle appartient à la chaîne terrestre.

Vénus est la seule planète physique de la chaîne dont elle fait partie. Elle est dans la septième ronde de sa cinquième incarnation ; elle représente le degré d'évolution le plus avancé qui ait été atteint jusqu'ici par l'humanité dans ce système solaire. A ce degré de développement, elle a pu prêter assistance à l'autres évolutions moins avancées ; c'est d'elle, comme nous le savons, que descendent les seigneurs de la Flamme qui donnèrent une impulsion si grande au progrès de l'humanité vers le milieu de notre troisième race-mère.

Fait remarquable, les astronomes d'il y a cent cinquante ans enregistrèrent plusieurs observations d'un satellite de Vénus ; or, il est absolument certain aujourd'hui que Vénus n'a pas de satellite. On en conclut généralement à une erreur de ces astronomes, mais cette erreur est difficile à admettre si l'on considère le nombre et le caractère de ceux qui firent les observations. Cet astre fut signalé en 1761 par des astronomes célèbres tels que Cassini et Short, qui en firent non pas une, mais un grand nombre d'observations et avec des télescopes différents ; il fut examiné la même année par Scheuten pendant toute la durée de son passage sur Vénus ; il fut aperçu quatre fois par Montaigne, et, en 1764, par Rördkier, Horrebow et Montbaron. On estima son diamètre à deux mille milles environ. Il est plus que probable que les observations de ces astronomes ont été exactes puisqu'on nous dit que, dans la septième ronde, la lune se désagrégera et que nous n'aurons plus de satellite. Le fait que Vénus en est à sa septième ronde peut bien n'être qu'une simple coïncidence, mais cette coïncidence est curieuse.

Les deux planètes suivantes, notre Terre et Mars, sont, avec Mercure, les trois planètes physiques d'une chaîne qui en est à sa quatrième incarnation. La terre est la plus dense et la plus matérielle des trois ; elle est représentée par la lettre D, Mars est la planète C et Mercure la planète E. Une grande partie des membres les plus avancés de notre humanité actuelle n'étaient pas sur la planète Mars quand la vague de vie passa sur elle la dernière fois comme nous l'expliquerons plus tard; mais la grande masse de la race humaine y a certainement vécu toute une série d'incarnations, et nous y avons laissé de nombreuses traces de notre occupation, dont les habitants actuels font leur plus grand profit. Lorsque prendra fin la période d'occupation de la terre, nous passerons tous sur la planète Mercure dans des conditions de vie moins matérielle; le niveau moyen de la conscience sera élargi, car la moyenne des humains possèderont la vision éthérique.

Autant que je sache, l'affirmation, par un écrivain récent, que les noms de Mercure et de Vénus ont été intervertis, ne repose sur aucun fondement. Du reste, nous savons assez concernant ces planètes pour juger de la valeur de cette conception.

Viennent ensuite les astéroïdes; ce sont des matériaux qui, plus tard, serviront à former une planète; nous n'en tiendrons pas compte en ce moment.

La planète géante du système solaire, Jupiter, a une chaîne qui lui est propre. Elle est à un stade peu avancé de son évolution et encore trop chaude pour que la vie, telle que nous la connaissons, puisse se manifester à sa surface; ses satellites, toutefois, sont habités. Sa surface comporte des mers de métaux en fusion, comme d'ailleurs toutes les planètes géantes. La densité est à peu près celle de l'eau, si nous considérons sa masse entière, mais ce que nous voyons n'est que l'extérieur d'une couche de nuages profonde de plusieurs milles; aussi ne pouvons-nous avoir de ses dimensions vraies qu'une idée approximative.

Le système de Jupiter est, en ce moment, dans la seconde ronde de la troisième incarnation. On nous dit que ce système élèvera son humanité à un niveau extrêmement haut.

Nous arrivons ensuite à Saturne, la seule planète

physique de sa chaîne, avec son système extraordinaire d'anneaux et de satellites. La chaîne de Saturne est aussi à un stade peu avancé de sa troisième incarnation, et nous sommes portés à croire que le développement est, sur elle, plus lent que sur les autres, mais qu'elle atteindra finalement les plus hauts niveaux.

Nous n'avons que peu d'informations sur les systèmes auxquels appartiennent les planètes Uranus et Neptune; nous savons cependant que la dernière est dans sa quatrième incarnation et que les deux planètes transneptuniennes en font partie.

Les conditions qui régissent ces gigantesques mondes du système solaire sont si différentes de celles des planètes plus petites qu'il est réellement impossible de se former une idée de leurs habitants et de leur genre de vie, ni même d'imaginer ce qu'ils seront quand ces globes seront refroidis.

LES VAGUES DE VIE SUCCESSIVES

La conception des vagues de vie successives émanant du Logos ne nous semble pas difficile à comprendre; elle peut néanmoins prêter à certaines confusions parce que le terme de « vague de vie » a été employé, dans notre littérature, sous trois sens distincts. Il désigne : 1° les trois grandes effusions de la Vie divine qui ont appelé notre univers à l'existence et qui maintiennent son activité; 2° les impulsions successives qui constituent la seconde effusion; c'est surtout dans ce sens que je vais maintenant l'employer; 3° le transfert de la vie, au cours de l'évolution de notre chaîne, d'une planète sur une autre.

Les vagues de vie de ce troisième type ne correspondent nullement à celles du second. Celles-ci sont au nombre de sept, et leur ensemble constitue la deuxième grande effusion du premier type, dont elles sont les subdivisions. Chacune d'elles forme un règne de la nature, et sept règnes sont maintenant en manifestation : les règnes humain, animal, végétal, minéral et les trois règnes élémentals qui précèdent le règne minéral.

Il importe de bien comprendre que ces sept vagues sont la manifestation de la même vie, la vie une du *Logos* émanée dans la deuxième grande effusion, issue de son deuxième aspect (1). Elle succède à la première effusion de vie, issue du troisième aspect (2) du Logos, qui a préparé la matière primordiale. (Voir le *Credo Chrétien*, p. 40).

La seconde effusion jaillit en vagues successives se déroulant les unes après les autres comme les vagues de l'océan.

Elles passent l'une après l'autre par tous les stades successifs et restent dans chacun d'eux la durée de la vie d'une chaîne de sept globes appelée en sanscrit *manvantara*.

Ce terme sanscrit *manvantara* désigne la période de temps qui s'écoule entre deux Manous et s'applique par suite à divers niveaux. D'après la *Doctrine Secrète*, chaque race-mère a son Manou, c'est-à-dire un grand Adepte qui se charge de la diriger et qui surveille sa formation et sa croissance, mais il y a aussi un Manou pour une période mondiale qui comprend les sept races-mères; au-dessus de ce grand Etre, un Manou plus élevé surveille les progrès de la vague de vie (prise sous son troisième sens) sur les sept planètes de la chaîne; le parcours complet à travers ces sept globes étant désigné sous le nom de ronde, on l'appelle Manou-Ronde.

Sept rondes constituent la période de vie d'une chaîne planétaire, une incarnation de la chaîne, sur cette immense période préside un grand Etre auquel on donne aussi le titre de Manou. Plus élevé encore est celui qui domine les sept chaînes successives que l'on peut considérer comme les sept incarnations de notre chaîne et qui constituent un système complet d'évolution. Ce grand

---

(1) Deuxième Personne de la Trinité. N. d. T.
(2) Troisième Personne de la Trinité. N. d. T.

Etre ne porte plus le nom de Manou, mais celui de *Logos* des sept chaînes ou *Logos Planétaire*.

Telle est la hiérarchie des puissants Adeptes qui s'élève jusqu'à la Divinité elle-même. Le terme manvantara peut donc désigner diverses périodes de temps selon le niveau considéré; dans notre littérature théosophique, il est généralement employé pour la durée d'une chaîne, c'est-à-dire le temps pendant lequel une vague de vie effectue le parcours des sept rondes. Le nom de *mahâ-manvantara*, ou grand manvantara, est quelquefois donné à l'ensemble des sept incarnations successives de la chaîne.

Le tableau suivant résume ces diverses périodes d'évolution :

7 branches de sous-races font	....	une sous-race;
7 sous-races	font	une race-mère;
7 races-mères.	—	une période mondiale;
7 périodes mondiales.	—	une ronde;
7 rondes	—	une chaîne (1);
7 chaînes	—	un système planétaire (2);
10 systèmes planétaires	—	notre système solaire.

Il n'est guère possible pour nous, quant à présent, d'évaluer ces énormes espaces de temps. Des chiffres sont donnés dans les livres hindous. Mais Mme Blavatsky dit qu'il est impossible de les accepter sans quelques restrictions, car certaines considérations ésotériques entrent en cause, dont les traducteurs ne tiennent pas compte. Nous ne possédons aucune information directe sur ces points; toutefois, nous avons des raisons de supposer que la durée des rondes n'est pas invariable et que les unes sont plus courtes que les autres. Nous sommes amenés à croire que celles qui nous restent à parcourir ne seront pas aussi longues que celles par lesquelles nous avons déjà passé; mais,

---

(1) En anglais, *Chain-Period;* littéralement une durée de chaîne.
(2) Appelé parfois, *entreprise d'évolution*.

sur ce point encore, nous n'avons aucun renseignement, et toute discussion serait oiseuse.

A tous les stades de l'évolution, sept vagues de vie sont toujours en activité. Chaque chaîne comporte un règne humain, un règne animal, un règne végétal et un règne minéral qui évoluent d'une façon constante, de sorte que la vague de vie qui anime le règne animal actuel arrivera, dans la chaîne prochaine, au niveau humain et fournira les corps causaux de l'humanité de cette chaîne. De la même façon, la vague de vie qui anime notre règne végétal animera le règne animal de la chaîne suivante, et ainsi de suite.

Il résulte de ceci que nous étions les représentants du règne animal dans la chaîne lunaire et du règne végétal dans la chaîne qui l'a précédée. Cette manière d'exprimer les faits n'est pas précisément exacte, car nous n'existions pas alors en tant qu'Egos séparés, mais la vague de vie, qui, dans la première chaîne, animait le règne minéral, dans la seconde le règne végétal et dans la troisième le règne animal, a été utilisée, dans cette quatrième chaîne, dont nous faisons partie aujourd'hui, pour former les corps causaux que nous occupons actuellement.

Quels seront les progrès futurs de cette vague et comment se manifestera-t-elle dans la cinquième chaîne ? Elle ne s'y manifestera pas du tout, car, au terme de l'évolution humaine, l'homme trouve devant lui sept voies qui le conduisent à un développement plus haut encore. J'ai donné sur ce sujet les quelques éclaircissements qu'il nous est actuellement possible d'avoir, dans le dernier chapitre des *Aides Invisibles*. Il me semble donc inutile de répéter ici ce que j'ai déjà dit ailleurs. Je me bornerai à ajouter quelques détails que j'ai appris depuis. Une de ces voies, dont nous ignorions la nature, conduit à des activités que nous pourrions comparer, de très loin, à celles d'un état-major. En dehors des officiers investis de divers commandements, chaque général a, près de lui, un groupe d'officiers qui constituent son état-major; leur devoir est de se tenir auprès de lui et de transmettre ses ordres ou de remplir les vacances éventuelles. Le *Logos*, lui aussi, a son état-major, c'est-à-dire un certain nombre de grands Etres qui ne sont pas affectés à une chaîne particulière, mais qui sont toujours prêts à porter leur effort où le besoin s'en fait sentir. Se joindre à ce corps est une des sept possibilités qui se présentent à celui qui « *a atteint le rivage plus éloigné.* »

Lorsque notre chaîne commencera à se désagréger, quand la vie qui l'anime se préparera à passer dans la cinquième chaîne, nous aurons déjà atteint le stade supra-humain et nous marcherons dans l'une de ces sept voies.

Par conséquent, l'humanité qui débutera dans la cinquième chaîne ne sera pas celle à laquelle nous appartenons; elle sera constituée par la vague de vie qui nous suit, et qui anime le règne animal actuel.

De la même manière, la monade végétale actuelle, évoluée à un stade supérieur, animera le règne animal de cette nouvelle chaîne, et celle qui anime actuellement le règne minéral s'élèvera au règne végétal. Des sept vagues de vie que nous connaissons, six seront donc présentes dans la cinquième chaîne, chacune d'elles ayant atteint un degré supérieur dans la voie de son développement.

Notre vague de vie humaine actuelle aura, à ce moment, atteint le but auquel devait l'amener son immersion dans la matière; elle sera complètement sortie de cette série de chaînes. Toutefois, quelques-uns de ceux qui en faisaient partie pourront rester volontairement en contact avec elle dans le but d'aider à son évolution.

Chaque vague de vie s'élevant d'un degré, par quoi la dernière sera-t-elle remplacée? Faut-il supposer que le premier des règnes élémentals ne sera plus représenté dans la nouvelle chaîne? Nullement, car aussitôt un nouvel influx émane du *Logos*, une nouvelle vague de vie apparaît à la suite des autres et complète le septénaire.

La même opération s'effectue dans chaque chaîne.

A la fin de leur activité, une vague de vie a atteint son but et s'élève par l'une des sept voies, vers une forme de manifestation supérieure; celles qui la suivent montent d'un degré, et la place occupée par la dernière est chaque fois remplie par un nouvel influx de vie émanant du *Logos*.

La vague de vie entre, au début de la chaîne, au niveau le plus bas du règne qu'elle anime; elle en sort quand elle est arrivée au point le plus élevé, et un nouvel influx de vie émanant du *Logos* pourvoit le premier règne élémental de chaque chaîne. Ce sont donc sept afflux nouveaux, les six autres poursuivant de degré en degré leur évolution. Ainsi, au total, treize vagues de vies successives sont en activité dans notre système de sept chaînes, mais jamais plus de sept ne fonctionnent simultanément. Elles poursuivent lentement et méthodiquement leur course en avant, et gardent toujours entre elles la même distance, de sorte que si nous considérons une vague à un point quelconque de son évolution, nous connaissons parfaitement son passé et son avenir.

Prenons, par exemple, la septième vague. Elle est entrée dans la première incarnation de notre chaîne comme premier règne élémental, dans la deuxième elle a atteint le niveau du deuxième règne élémental; et dans la chaîne lunaire le troisième de ces règnes. Dans notre chaîne actuelle elle anime le règne minéral, et dans les cinquième et sixième chaînes elle animera les règnes végétal et animal. Dans la septième elle arrivera au niveau de l'humanité et, à la fin, poursuivra par les sept voies où ont déjà passé les humanités précédentes. Voilà l'histoire complète de cette vague de vie depuis le moment où elle entra dans la manifestation comme premier règne élémental jusqu'au point où elle retourne aux plans divins, terme de son évolution.

C'est la seule vague de vie qui ait, sur notre système, son évolution complète. Notre propre vague de vie, par exemple, anima le règne animal de la chaîne lunaire, le règne végétal dans la seconde chaîne et le règne minéral dans la première. Où a-t-elle accompli l'évolution des trois règnes élémentals? Il faut évidemment qu'elle ait franchi ses étapes avant de pouvoir se manifester comme minéral. Elle les a franchies dans un système de chaînes antérieur, mais nous ignorons où et quand. Le seul influx entièrement nouveau envoyé dans la première chaîne de notre système, fut la septième vague de vie, car tous les autres influx de cette chaîne avaient déjà accompli une partie de leur évolution dans des systèmes de mondes antérieurs. Son humanité a évidemment traversé dans ce passé inconnu les six stades précédents, et elle ne vint sur cette première chaîne que pour atteindre le point final de son éducation avant de s'engager dans les sept voies qui s'ouvrent au delà.

Nous pouvons suivre aussi nos vagues de vie dans le futur. La huitième, influx nouveau de la seconde chaîne, n'aura pas le temps, dans notre système d'évolution, d'atteindre le niveau humain. Dans la chaîne actuelle, la quatrième, elle anime le troisième des règnes élémentals et, sous la forme des élémentals du désir, elle provoque en nous de grands troubles; dans la septième, elle animera le règne animal et n'atteindra par conséquent l'humanité que dans la première chaîne de quelque système inconnu de globes cachés dans le sein de l'avenir.

Les vagues suivantes, de la neuvième à la treizième, sont en cours de développement, de sorte que, de toutes celles qui passent par notre système comme champ d'évolution, une seule parcourt tous les stades qu'elle doit traverser.

Ce tableau d'ensemble de l'évolution, si nous pouvons en comprendre la grandeur, est profondément impressionnant et donne une idée de la vaste étendue des ressources de la nature, un aperçu des éternités sans nombre à travers lesquelles, sans jamais se hâter mais sans jamais cependant s'arrêter, s'effectue son développement avec une remarquable précision.

Au cours de cette progression méthodique des vagues de vie, intervient un autre facteur qui la modifie en partie : chaque fois que s'effectue la transmission d'un règne à un autre, une partie de la vague de vie ne réussit pas à passer et, par conséquent, reste en arrière.

Pour mieux comprendre, envisageons l'avenir de notre humanité.

Notre but est le degré d'Initiation désigné sous le nom d'Adeptat, c'est-à-dire l'état d'*Asekha,* « celui qui n'a plus rien à apprendre » de ce qui concerne notre chaîne planétaire, mais nous savons que cet idéal si haut ne sera pas atteint par l'humanité entière ; une partie seulement le réalisera. Il est dit que, dans le milieu de la prochaine ronde, une séparation sera faite entre les âmes que leurs efforts assez énergiques auront rendu capables de poursuivre leur ascension à travers les stades les plus élevés et celles qui ne le pourront pas.

Cette séparation est le « *jugement dernier* » dont parlent de nombreuses légendes, jugement qui décidera pour cet æon de la destinée future des âmes. L'imagination maladive des moines du Moyen Age les poussa à introduire dans leur foi des rigueurs exagérées afin d'inspirer la crainte aux paysans, dont l'ignorance était profonde, et de les inciter, ainsi, à faire des dons plus généreux pour le soutien de Notre Mère l'Eglise, et ils défigurèrent en « *damnation éternelle* » l'idée pourtant si simple d'une attente æonienne.

Ceux qui à ce moment resteront en arrière, sont parfois appelés les « laissés-pour-compte, les insuccès de la cinquième ronde », bien que cette désignation soit un peu exagérée. Certains, avec quelques efforts, auraient pu se rendre aptes à passer en avant, et ceux-là peuvent être, à juste titre, considérés comme ayant échoué, mais la majorité de ceux qui seront laissés en arrière sont réellement trop jeunes pour aller plus loin et trop faibles pour une tâche plus lourde.

Voici comment l'on peut expliquer ce fait :

Les classes inférieures de monades ont passé graduellement du règne animal dans le règne humain au cours de la première moitié de notre chaîne actuelle. Quelques-unes d'entre elles sont donc, par conséquent, à un stade peu avancé de l'évolution humaine et dans l'impossibilité de rattraper celles qui les devancent. Nous avons même lieu de croire que les sauvages les plus bas sur l'échelle évolutive pourront tout juste atteindre, avant le milieu de la cinquième ronde, l'échelon qui leur permettra de poursuivre leur évolution, s'ils ne manquent aucune des occasions qui leur seront offertes, et le nombre de ceux qui agiront ainsi sera bien petit. On a calculé que la proportion de ceux qui seront prêts à passer sera environ les trois cinquièmes de la population terrestre entière, et il ne s'agit pas ici seulement de la population physique, mais du nombre total d'Egos qui constituent la vague de vie humaine évoluant au cours de la chaîne actuelle; le reste, c'est-à-dire les deux cinquièmes, sera laissé en arrière.

Les conditions ambiantes du monde seront alors spécialement adaptées pour favoriser les progrès rapides des Egos plus avancés et ne sauraient plus convenir aux entités restées à un stade inférieur de l'évolution. Les vibrations grossières des passions violentes et des sentiments bas et mauvais, nécessaires au développement du corps astral inerte et peu organisé du sauvage, n'y pourront plus être utilisées. Dans un monde où prévaudra un développement hautement intellectuel ou spirituel, où la guerre et les massacres d'animaux auront été, depuis longtemps supprimés, l'existence de races sauvages, aux passions non réfrénées et n'ayant que le désir de combattre, serait évidemment une source de multiples difficultés et de complications sérieuses; des mesures de répression pourraient, sans aucun doute, être prises, mais cette répression même les priverait des conditions requises pour les premières étapes de leur évolution. Le meilleur parti à prendre, et le plus profitable pour eux, est simplement de les laisser sortir de cette évolution et attendre la chaîne planétaire suivante.

Ces entités n'en souffriront nullement; elles subiront seulement une période de repos plus longue dans une vie céleste appropriée à leur niveau; il est probable que, bien que leur conscience n'y soit éveillée qu'en partie, leur progrès intérieur se poursuivra néanmoins. Puis, elles descendront dans les premiers stades de l'évolution de la prochaine chaîne où elles prendront place parmi les guides de son humanité primitive. Il ne faut donc pas les considérer comme des entités reléguées au dernier rang; elles sont placées au rang qui leur appartient et où leurs progrès seront plus faciles et plus certains. C'est à cette classe d'êtres que faisait allusion Mme Blavatsky quand elle parlait d'un grand nombre « d'âmes perdues »; ce terme « âmes perdues », employé dans ce cas, peut en effet induire en erreur les étudiants qui n'ont pas encore saisi la grandeur et la justice du plan de l'évolution.

Ainsi chaque vague de vie se brise en petites vagues secondaires au cours de son passage à travers la chaîne. Envisageons à ce point de vue notre vague de vie. Dans son ensemble, elle représente le règne animal de la chaîne lunaire auquel se sont joints les « insuccès » de son humanité qui figurent parmi les guides de la nôtre.

La vague qui anima le règne animal lunaire aurait dû théoriquement entrer tout entière dans l'humanité pendant la première partie de cette chaîne et devrait, à la fin de la septième ronde, atteindre le but qui lui est assigné. Nous-mêmes qui, dans cette chaîne, sommes des êtres humains, devrions tous atteindre l'Adeptat et sortir complètement du plan actuel d'évolution par l'une des sept voies ouvertes à l'Adepte en même temps que notre règne animal atteindrait, à la fin de cette chaîne, l'individualisation qui l'amènerait sur la chaîne suivante, la cinquième du système, au règne humain. Mais, les deux cinquièmes de notre humanité seront éliminés au milieu de la cinquième ronde, trop en retard pour atteindre même avec les plus grands efforts, le but au cours de cette chaîne. Ces deux cinquièmes entreront dans la chaîne suivante avec les membres de notre règne animal actuel et constitueront par conséquent une partie de cette future humanité.

Une des raisons les plus importantes de cette séparation, au milieu de la cinquième ronde, entre les Egos avancés et ceux qui le sont moins, est que les races seront en relations beaucoup plus étroites que nous ne le sommes aujourd'hui avec les Adeptes et les grands Dévas; les hommes devront se tenir constamment en état de réceptivité afin de répondre immédiatement aux impressions et aux influences qui ne cesseront de leur être envoyées. Cette condition nécessite une vie paisible et contemplative qui deviendrait une impossibilité s'il restait sur terre des races encore sauvages toujours prêtes à l'attaque et au massacre.

Les vibrations les plus intenses de cette époque lointaine seraient même impuissantes à éveiller la nature supérieure du sauvage; elles stimuleraient au contraire et fortifieraient ses mauvaises passions, de sorte que non seulement sa présence serait une entrave au progrès des êtres plus développés, mais il ne gagnerait rien lui-même à leur société.

Quant aux trois cinquièmes de notre humanité actuelle, ceux que l'on peut considérer comme des élus, en ce sens qu'ils n'ont pas été écartés au jour du jugement de la cinquième ronde, ils ne réussiront pas tous à atteindre le niveau *asekha*. Un tiers seulement d'entre eux, c'est-à-dire environ un cinquième du nombre total, arriveront au but; les deux autres tiers, bien qu'ils fassent partie de ceux qui « ont réussi », seront obligés, à la fin de notre chaîne de mondes, d'accomplir une tâche supplémentaire avant d'atteindre le niveau qui leur a été assigné. Eux aussi entreront dans la chaîne suivante mais, ayant dépassé depuis longtemps les premiers stades de l'évolution de cette chaîne, ils apparaîtront probablement au milieu de son cours, de même que les classes supérieures de monades qui vinrent de la lune n'entrèrent dans notre évolution actuelle qu'à son point médian. Leur tâche, toutefois, sera plus difficile par le fait que le niveau assigné pour but dans la cinquième chaîne sera plus élevé que le nôtre, de même que le nôtre est plus élevé que celui de la chaîne lunaire.

La répartition qui sera faite à la fin de notre chaîne

planétaire comportera probablement plusieurs classes bien distinctes, ayant elles-mêmes des subdivisions, établies à peu près ainsi :

1. Ceux qui ont étudié intelligemment l'évolution et qui, ayant fait l'effort de prendre la voie la plus courte mais la plus escarpée pour arriver au but, ont déjà atteint l'Adeptat au cours de rondes antérieures.

2. Ceux qui auront atteint le niveau *asekha* dans la septième ronde. Ils représentent la classe la plus élevée des hommes qui ont suivi le courant ordinaire de l'évolution, l'avant-garde de ceux qui ont parcouru la voie normale; on peut les considérer comme correspondant à la première classe des hommes lunaires de notre chaîne.

3. Ceux qui, n'ayant pu atteindre le but suprême, se sont néanmoins élevés dans la septième ronde au niveau de l'Arhat. Ils correspondent, pour notre chaîne, à la seconde classe des hommes lunaires et n'auront besoin que de très peu de naissances dans la prochaine incarnation de la chaîne pour atteindre, eux aussi, le niveau de la libération.

4. Ceux, qui, ayant dépassé le jugement du milieu de la cinquième ronde, n'ont pas encore réussi à s'élever au-dessus des trois stades inférieurs du *Sentier*. On peut considérer qu'ils correspondent pour notre chaîne aux hommes-animaux lunaires qui avaient tout juste réussi à sortir du règne animal et qui, par conséquent, avaient un grand travail préparatoire à accomplir dans la nouvelle chaîne.

5. Ceux qui, ayant réussi à entrer dans le règne humain, au cours de notre chaîne terrestre, n'ont pu s'élever suffisamment pour justifier leur maintien dans cette chaîne après la moitié de la cinquième ronde. Ils comprendront certainement plusieurs subdivisions ou classes. Il conviendrait d'établir pour ceux-ci plusieurs subdivisions.

6. Ceux qui n'ont pu atteindre le niveau humain. Ils font partie des monades les moins avancées qui avaient tout juste réussi à entrer dans le règne animal à la fin

de la chaîne lunaire; ils se sont élevés lentement au cours de la chaîne terrestre, mais pas assez pour atteindre l'individualisation.

Ce n'est pas seulement dans l'humanité que nous constatons ces échecs partiels, mais dans tous les règnes et à tous les moments de cette évolution. La majorité de chaque vague de monades accomplit sa destinée, une minorité reste en arrière et une autre minorité, beaucoup plus faible, prend une forte avance sur le but assigné. De même que quelques hommes s'élèvent maintenant bien au-dessus de leurs compagnons et arrivent à l'Adeptat, de même aussi quelques animaux se séparent dès maintenant de leurs âmes-groupes pour s'individualiser, bien que la partie principale de la vague de vie animale n'atteindra l'individualisation que vers la fin de la septième ronde pour constituer l'humanité de la cinquième chaîne. Les hommes qui approchent de l'Adeptat sont ceux qui, par leur qualité de disciples, sont en rapports étroits avec les Adeptes existants; les animaux qui approchent de l'état humain sont généralement ceux qui sont en relations intimes avec l'humanité existante, animaux domestiques favoris de leurs maîtres, et qui sont spécialement développés comme affection et comme intelligence.

Autrefois, aux débuts de l'enseignement théosophique, nous croyions que lorsqu'un animal, grâce à un développement particulièrement rapide, arrivait à l'individualisation, il devrait attendre jusqu'à la prochaine chaîne avant de revêtir un corps humain. Des investigations ultérieures nous ont démontré que, même à ce stade, cette règle comporte des exceptions et que les animaux assez heureux pour atteindre l'individualisation au cours de la présente période mondiale pourront être pourvus de corps humains primitifs au début de l'époque où notre vague de vie occupera la prochaine planète de notre chaîne actuelle. Cette occasion paraît être, autant que nous pouvons le savoir, la dernière qui leur sera offerte d'entrer dans la vie humaine de cette chaîne, et le nombre de ceux qui en pourront bénéficier sera relativement très faible; nous devons néanmoins tenir compte de cette possibilité pour bien comprendre le processus de l'évolution.

Je connais le cas d'un animal dont certaines caractéristiques spéciales rendaient même possible une incarnation plus proche; il avait manifesté sur terre, non seulement une grande intelligence, mais aussi un dévouement exceptionnel pour son maître, dévouement qui se continua sur le plan astral et y devint de plus en plus fort. Cet animal avait un pouvoir de pensée tel que, au cours de sa vie terrestre, il circulait fréquemment dans son corps astral pour rendre visite à son maître quand celui-ci était en voyage. Un progrès très net fut réalisé pendant la vie astrale après la mort; les conditions de la vie astrale permettant mieux que celles de la vie physique de saisir les limites exactes des lignes de pensée, nous remarquâmes que ce progrès, dû évidemment à nos efforts, dépassait de beaucoup ce que nous aurions pu espérer. Les activités de cet animal étaient peu nombreuses, étroites et limitées de façon étrange, mais elles s'étendaient, le long de leurs lignes, beaucoup plus que nous ne supposions.

Quelques nouvelles lignes de pensée s'étant ouvertes à l'animal pendant la vie astrale, leur développement fut pour nous un sujet d'étude des plus intéressants. Une incarnation presque immédiate dans ce monde nous paraissait clairement possible, mais certaines combinaisons curieuses la rendaient difficile : l'animal eût été normalement incarné dans la forme d'un sauvage très primitif, mais il ne pouvait l'être qu'avec la possibilité de se retrouver en contact avec son maître, son attachement pour lui étant trop fort pour qu'on pût l'en tenir éloigné. Ceci était une grosse difficulté qui toutefois aurait pu être surmontée s'il avait été possible de prévoir le sexe du sauvage!

Il est à présumer qu'à la fin de cette chaîne, pour les animaux qui auront réussi à sortir de leur règne, diverses classes seront établies, correspondant d'une façon générale dans cette évolution aux diverses classes de monades de l'évolution lunaire. La portion de l'essence animale, qui anime actuellement les formes de vie les plus basses, échouera certainement et correspondra, par conséquent, dans le règne animal, aux « insuccès de la cinquième ronde » dans le règne humain. Nous ignorons si ces formes disparaîtront aussi de la terre à l'époque correspondant au jugement de la cinquième ronde; cependant, par analogie nous pouvons présumer qu'il en sera ainsi. La même différenciation dans les classes, suivant le succès obtenu, a été observée dans tous les règnes inférieurs, de sorte que, en réalité, chaque vague de vie pourrait être représentée symboliquement par une grande vague se brisant, sans cesse, en vagues plus petites dont quelques-unes, au cours des âges, se joindront aux vagues précédentes ou aux suivantes, tandis que la majorité poursuivra méthodiquement sa course.

Les sept vagues de vie qui animent nos sept règnes ont toujours comme principal champ d'action, la planète sur laquelle l'attention du *Logos* est momentanément dirigée, mais une certaine partie de leur activité continue à se manifester sur les autres mondes de la chaîne; ainsi, bien que l'attention du Logos planétaire soit actuellement fixée sur notre terre, des représentants de tous les règnes existent simultanément sur les six autres globes de notre chaîne. Ces représentants sont, dit-on, les germes d'où sortiront les formes quand la vague de vie arrivera sur la planète, c'est-à-dire quand l'attention spéciale du Logos planétaire reviendra de nouveau sur elle.

Ces formes ont survécu sur leurs planètes respectives depuis le moment où elles furent d'abord habitées, dans la première ronde, par les hommes-animaux lunaires : de cette manière une création nouvelle au retour de la vie sur chaque globe est inutile. La vie qui les anime pendant l'obscuration relative de leur planète fait partie de la grande vague et la suit dans sa marche en avant.

Outre son rôle de conserver les semences pour la prochaine période d'activité, elle est utilisée pour hâter l'évolution de certaines classes de monades. Grâce à elle, au moyen d'un processus spécial, une monade appartenant à la seconde classe peut rattraper la première classe et devenir ainsi un de ses membres. Dans certaines conditions, quand la monade a un désir intense de croître et fait des efforts exceptionnels pour progresser, elle est séparée de la masse de ses compagnes, sur notre planète par exemple, pour entrer dans ce que l'on appelle la *Ronde intérieure* et prendre sa prochaine incarnation au sein de la population limitée de Mercure. Elle y restera un temps à peu près égal à celui qu'elle eût passé dans une race-mère et ira ensuite sur la planète astrale F pour un temps égal, elle sera ainsi successivement transférée sur les globes G, A et B, puis sur Mars et enfin sur la Terre.

Comme dans chacun de ces mondes elle aura fait un séjour équivalent à la période d'une race-mère, la vague de vie aura quitté la Terre avant qu'elle y soit revenue, mais elle la rejoindra sur la planète Mercure où elle entrera dans les rangs des monades de la première classe et suivra avec elles le chemin normal de l'évolution, bénéficiant des occasions qui leur sont offertes de se développer plus rapidement. Les entités engagées sur cette ligne spéciale d'évolution constituent la majorité de la faible population de Mercure et de Mars ; les autres habitants de cette dernière planète sont un reste des humanités primitives qui n'ont pas été prêtes à passer en avant quand la vague de vie l'a quittée pour venir sur la Terre ; ils représentent un stade d'humanité inférieur à tous ceux qui, à notre connaissance, existent maintenant et seront probablement éteints depuis longtemps quand, dans la cinquième ronde, nous arriverons sur Mars, puisque, à ce moment, aucun Ego ne nécessitera un aussi bas niveau de manifestation.

De même, tous les règnes sont représentés sur les globes astral et mental. Il n'est pas facile, avec notre conscience physique, de saisir les conditions de vie des règnes inférieurs sur ces plans supérieurs, et nous nous représentons mal l'évolution d'un minéral, par exemple, sur le plan mental ; nous pouvons toutefois nous en faire une idée en pensant aux contre-parties astrales et mentales du minéral qui sont aussi, sur leurs plans respectifs, des manifestations de la monade minérale; grâce à ces manifestations, cette monade poursuit son évolution sur ces niveaux supérieurs.

L'âme-groupe conserve latentes les possibilités de manifestations sur les plans supérieurs à travers lesquels elle a effectué sa descente dans la matière, et il est très possible que, dans ces stades d'involution, ces potentialités se développent par un processus absolument étranger à ceux que nous connaissons; faute d'avoir développé les facultés psychiques, nous ne pouvons espérer comprendre en détail la croissance occulte qui s'opère dans les hauts degrés de la matière subtile. Il importe seulement de savoir que, bien que la grande vague de vie ne séjourne à la fois que sur un seul globe de notre groupe, les autres planètes ne restent nullement à l'état passif et que le progrès se poursuit sans cesse sur tous les globes de notre chaîne.

Je me suis efforcé d'expliquer aussi clairement que possible les vagues de vie successives, et pour éviter toute difficulté, j'ai tracé un petit diagramme. Les colonnes verticales indiquent les incarnations successives de la chaîne; les divisions horizontales représentent les règnes de la nature; les flèches en diagonales sont les vagues successives d'évolution émanées du *Logos*. Les chiffres arabes, accolés aux flèches, se rapportent à ces flèches et non aux cases qu'elles traversent. On peut voir que ces flèches sont au nombre de treize, et leurs longueurs ne diffèrent que parce que nous les regardons au point de vue particulier de notre plan d'évolution.

Dans les limites de ce plan, la flèche n° 1 ne traverse qu'un règne, le règne humain; cela ne signifie nullement que la vague de vie qu'elle représente n'ait pas traversé les six stades précédents. Il en est de même au coin opposé du diagramme; la flèche n° 13 ne traverse qu'un règne, le premier des règnes élémentals; elle passera en temps voulu par tous les autres règnes, mais ne peut le faire au cours de ce plan d'évolution qui touche à sa fin.

Considérons une colonne quelconque, la quatrième, par exemple; elle représente la quatrième chaîne, qui est celle de notre stade d'évolution actuel. Sept flèches la traversent indiquant les sept règnes qui existent autour de nous. En suivant en avant ou en arrière une quelconque de ces flèches, nous parcourons le passé ou l'avenir d'un de nos règnes.

Remarquons que les vagues de 1 à 6 viennent à nous d'un autre plan d'évolution, tandis que celles de 7 à 13 sont de nouvelles émanations du *Logos*.

LES VAGUES DE VIE SUCCESSIVES

Vagues	1ʳᵉ Chaîne Règnes	2ᵉ Chaîne Règnes	3ᵉ Chaîne Règnes	4ᵉ Chaîne Règnes	5ᵉ Chaîne Règnes	6ᵉ Chaîne Règnes	7ᵉ Chaîne Règnes
1	Humain	Humain	Humain	Humain	Humain	Humain	Humain
2	Animal	Animal	Animal	Animal	Animal	Animal	Animal
3	Végétal	Végétal	Végétal	Végétal	Végétal	Végétal	Végétal
4	Minéral	Minéral	Minéral	Minéral	Minéral	Minéral	Minéral
5	III Élémental	III Élémental	III Élémental	III Élémental	III Élémental	III Élémental	III Élémental
6	II Élémental	II Élémental	II Élémental	II Élémental	II Élémental	II Élémental	II Élémental
7	I Élémental	I Élémental	I Élémental	I Élémental	I Élémental	I Élémental	I Élémental
		8	9	10	11	12	13

LES MONADES LUNAIRES

Les enseignements théosophiques divisent l'humanité en diverses classes selon l'âge de l'Ego et le degré de son évolution : La *Transaction*, n° 26 de la London Lodge (1) donne cette classification d'une façon très claire; elle se trouve aussi dans le Chapitre XII de la *Sagesse Antique*, mais l'auteur de cet ouvrage a changé le numérotage des classes afin d'être plus en concordance avec celui de la *Doctrine Secrète*.

Mᵐᵉ Besant sépare de ces entités celles que la *Transaction* de la *London Lodge* a rangées dans les première et seconde classes et leur donne le nom de monades solaires, en sorte qu'elle place au commencement de sa liste, dans la première classe des monades lunaires, celles que la *Transaction* avait rangées dans la troisième classe; par conséquent, la quatrième classe de la *Transaction* est la seconde classe de la *Sagesse Antique*, et la cinquième classe, la troisième. La quatrième classe de Mᵐᵉ Blavatsky embrasse la sixième et la septième de M. Sinnett, alors que les autres classes qu'elle indique comprennent des entités que ce dernier n'a pas prises en considération. Dans sa classification, M. Sinnett ne s'occupe que des membres du règne animal lunaire qui doivent arriver à l'humanité dans notre chaîne terrestre, tandis que, dans la sienne, Mᵐᵉ Blavatsky fait entrer tout ce qui a passé de la chaîne lunaire dans celle-ci. Sa cinquième classe représente le règne végétal lunaire, la sixième le règne minéral, et enfin la septième comporte les trois règnes élémentals.

Depuis l'époque où elle écrivit la *Sagesse Antique* et la *Généalogie de l'homme*, Mᵐᵉ Besant a cru devoir modifier sa nomenclature et adopter les termes anglais. A ceux qui ont entièrement réussi sur la chaîne lunaire

---

(1) *Les Pitris lunaires*, par A. P. Sinnett. N'a pas été traduit en français.

et atteint le niveau d'Arhat qui leur avait été assigné, elle donne le nom de *Seigneurs de la Lune*. Ceux à qui elle avait donné d'abord le nom de monades solaires et que M. Sinnett a appelés les Pitris de première et seconde classes doivent être maintenant désignés respectivement sous le nom *d'hommes lunaires du premier* et du *second ordre*. Le premier ordre des hommes lunaires comporte de nombreuses subdivisions que nous verrons tout à l'heure. Ceux que Mme Besant avait nommés les monades ou pitris de première classe (les pitris de 3e classe de M. Sinnett) sont maintenant les *hommes-animaux lunaires*. Les seconde, troisième et quatrième classes correspondant aux quatrième, cinquième et sixième classes de M. Sinnett sont actuellement les première, seconde et troisième divisions des *animaux lunaires*. Ainsi est complète la liste des entités constituant notre humanité présente, puisque les classes inférieures de Mme Blavatsky, dont M. Sinnett ne s'occupe pas, n'atteindront pas le niveau humain dans la chaîne actuelle.

Ces classes ont été groupées suivant le degré d'avancement, et elles diffèrent non seulement en fait, mais aussi par les méthodes suivant lesquelles elles ont évolué. Une des plus grandes différences consiste dans les intervalles qui séparent les incarnations successives et dans la façon dont ces intervalles sont employés; cette partie du sujet sera traitée dans le chapitre de la Réincarnation.

Afin de bien comprendre comment ces classes ont été groupées, il importe de nous rappeler que, pour chaque chaîne de mondes, le but est d'atteindre un niveau déterminé; arriver à ce but, c'est obtenir un succès complet. Dans notre chaîne de mondes actuelle, le niveau assigné est celui de l'Adepte *asekha;* dans la chaîne lunaire, c'est la quatrième étape du sentier, c'est-à-dire celle où se trouve l'Arhat. Ceux qui arrivèrent à ce degré dans la chaîne lunaire, ayant ainsi accompli les desseins du *Logos,* furent libres de prendre l'une ou l'autre des sept voies toujours ouvertes à l'humanité, devenue parfaite, de chaque chaîne. Au-dessous d'eux étaient des êtres

Tableau des Monades de la Lune

	Lune — Classification des monades	La Terre — Ce qu'elles deviennent sur la Terre	Caractéristiques des monades en quittant la lune	Classification d'après H. P. Blavatsky	Classification d'après A. P. Sinnett	Entrée sur la chaîne terrestre	Ce qu'elles sont devenues
1er Groupe Humain	Seigneurs de la Lune	Barishad Pitris	Arhats	Nivarnis ou Pitris solaires ou Dhyanis lunaires	Pitris, 1re classe	4e Ronde, 4e Race	4e et 5e Races
	Hommes, 1er ordre	Hommes	Corps causal formé				3e Ronde
	Hommes, 2e ordre	Hommes	Carcasse du corps causal formée		Pitris, 2e classe	3e Ronde	4e et 5e Races
							4e Ronde
2e Groupe	Hommes-animaux	Hommes	Corps causal embryonnaire	Pitris : 1re classe	Pitris : 3e classe	1re Ronde	Humains :
			Nature passionnelle. — Éclairs de raison	2e classe	4e classe	—	1re Ronde
	Animaux	Hommes	Nature passionnelle. — Intelligence instinctive	3e classe	5e classe	—	2e Ronde
			Nature passionnelle primitive	4e classe	6e et 7e classes		3e Ronde
							4e Ronde
	Végétaux	Animaux	Nature passionnelle en germe. Différenciation	Pitris, 5e classe		Porte fermée à la 4e Ronde	Animaux à la 4e Ronde
	Minéraux	Végétaux	Affinité chimique	Pitris, 6e classe		1re Ronde	Végétaux à la 4e Ronde
	3e Règne élémental	Minéraux				1re Ronde	Minéraux à la 4e Ronde
3e Groupe	2e Règne élémental	3e Règne élémental	Tendances à se densifier	Pitris, 7e classe	Non classifiés	1re Ronde	
	1er Règne élémental	2e Règne élémental				1re Ronde	
		1er Règne élémental venu du dehors				1re Ronde	

échelonnés le long de nombreux stades que nous allons essayer de classer.

En général, le règne animal d'une chaîne forme l'humanité de la chaîne suivante. Notre humanité actuelle comporte la portion du règne animal de la chaîne lunaire qui a réussi à atteindre le but, plus les membres de l'humanité lunaire qui échouèrent devant le niveau assigné.

Nous avons indiqué les classes diverses dans lesquelles les hommes doivent inévitablement se répartir sur notre chaîne terrestre à la fin de l'évolution ; une classification analogue se fit à la fin de la chaîne lunaire :

A. — Ceux qui avaient atteint le niveau de l'*Arhat*, ayant obtenu un succès complet, purent entrer dans l'une ou l'autre des sept voies. Nous ne savons pas si ces voies sont les mêmes que celles qui s'ouvrent devant nos Adeptes actuels, mais c'est tout au moins le cas de l'une d'elles car, de même que quelques-uns de nos Adeptes resteront en contact intime avec la prochaine chaîne et s'y incarneront pour aider ses habitants dans leur évolution, de même aussi une des sept classes des Seigneurs de la Lune resta pour aider ceux qui appartiennent à notre chaîne. Les membres de cette classe sont désignés dans la *Doctrine Secrète* sous le nom de *Barhishads Pitris*.

B. — *Hommes lunaires, 1ᵉʳ ordre.* — Immédiatement au-dessous vient une classe importante et composée de divers groupements ; nous lui donnons maintenant le titre d'*hommes lunaires du 1ᵉʳ ordre*, mais nous serons obligés, pour plus de commodité, de donner à chaque sous-classe un nom particulier. Ce groupe comprend ceux qui, n'ayant pu atteindre le niveau de l'*Arhat*, étaient cependant arrivés à franchir les étapes inférieures du sentier : d'autres qui n'ont pu entrer sur le sentier, mais qui s'en sont toutefois rapprochés ; les insuccès de l'humanité lunaire, correspondant aux deux cinquièmes de notre humanité qui resteront en arrière dans notre cinquième ronde, et enfin les représentants les plus avancés du règne animal lunaire dont le corps causal était complètement développé. Nous donnerons plus tard des noms à ces subdivisions; pour l'instant, nous nous bornons à les énumérer.

1. — Ceux qui, n'ayant pas atteint l'état d'*Arhat* étaient cependant arrivés à franchir les premières étapes du Sentier. Ils ont, comme les Seigneurs de la Lune, depuis longtemps atteint l'Adeptat et ont complètement disparu de notre vision.

2. — Ceux du règne animal de la chaîne lunaire qui arrivèrent à l'individuation dans la quatrième ronde de la chaîne lunaire. Tous ont aussi atteint l'Adeptat. Tels sont les Maîtres que nous connaissons et qui collaborent à l'œuvre théosophique, et aussi la majorité de ceux qui devinrent *Arhats* sous l'influence des enseignements du Seigneur Bouddha.

3. — Ceux qui atteignirent l'individuation dans la cinquième ronde de la chaîne lunaire. Ils sont aujourd'hui l'élite de notre société, non pas seulement ceux que le monde nomme ainsi, mais ceux qui, sur une ligne ou sur une autre, sont considérablement en avance sur les autres. En langage théosophique, nous disons qu'ils sont entrés sur le Sentier ou qu'ils s'en approchent; pour le monde extérieur, l'élite est formée par les grands saints ou les individus remarquables dans les arts ou les sciences.

4. — Ceux qui atteignirent l'individuation dans la sixième ronde de la chaîne lunaire. Cette classe assez nombreuse contient ceux que nous appelons couramment des *gentlemen*, dont les sentiments sont affinés, placent l'honneur au-dessus de tout et se tiennent, par leur bonté, leur intelligence ou leurs aspirations religieuses, au-dessus de la moyenne. Tels sont nos gentilshommes campagnards, ceux qui appartiennent aux professions libérales, les membres du clergé, les officiers de terre et de mer. Ils détiennent une part de la force publique, mais il est très possible encore qu'ils l'emploient injustement et qu'ils n'agissent pas toujours, comme on devrait s'y attendre de leur part, mais en tout cas ils ne feront jamais rien de bas ou de vil.

5. — Ceux qui atteignirent l'individuation dans la septième ronde de la chaîne lunaire. Les membres de cette classe ne diffèrent guère de la précédente, sauf qu'ils se rapprochent davantage du niveau commun sous le rapport de la bonté, du développement intellectuel et des sentiments religieux; ils orientent plutôt leur intelligence vers des buts matériels, comme les marchands, par exemple. Ils représentent la classe que l'on appelle communément la haute et moyenne bourgeoisie, *gentlemen* encore, mais menant une vie un peu moins noble que ce n'est habituel dans les professions libérales.

Toutes ces classes sont en réalité les subdivisions d'une seule classe, la première classe des hommes lunaires; peu à peu, par une gradation presque insensible elles se sont fondues les unes dans les autres, si bien que l'Ego le plus haut de l'une ne diffère plus guère de l'Ego le moins élevé de la classe supérieure; les séparations s'effacent et les classes s'interpénètrent. Les Egos appartenant de par leur naissance à la classe marchande prennent des professions libérales, tandis que d'autres, d'un niveau plus élevé, se trouvent, par la force des choses, obligés d'entrer dans les affaires. Ainsi que l'on dit aux Indes : de nos jours, les castes sont mélangées.

J'ai divisé les Egos suivant la ronde de la chaîne lunaire au cours de laquelle ils sont parvenus à l'humanité. Quand un Ego arrive au niveau humain au cours d'une ronde, il ne commence la série des incarnations humaines qu'au cours de la ronde suivante. Par exemple, ceux qui furent individualisés dans la quatrième ronde de la chaîne lunaire prirent une première incarnation humaine au milieu de la cinquième et continuèrent de s'incarner dans la seconde moitié, dans la sixième ronde entière et dans la moitié de la septième. De même, ceux qui s'individualisèrent dans la cinquième ronde, commencèrent leurs incarnations humaines vers la moitié de la sixième, et ceux qui s'individualisèrent dans la sixième prirent naissance au milieu de la septième. Ceux qui s'individualisèrent dans la septième ronde firent leurs premières expériences de vie humaine dans la chaîne terrestre et naturellement ces débuts furent encore très loin de toute civilisation.

C. — *Hommes lunaires, second ordre.* — Au-dessous de cette vaste classe, vient le second ordre des hommes lunaires dont les membres, individualisés à un stade un peu prématuré de leur vie animale, n'avaient pas encore suffisamment développé le corps causal, mais avaient formé comme une carcasse de ce corps, c'est-à-dire un certain nombre de courants de force entrelacés indiquant les couleurs de l'ovoïde futur. Ces Egos présentaient un aspect assez curieux et semblaient enfermés dans une sorte de corbeille ajourée faite de matière mentale supérieure.

De nos jours, ces Egos sont représentés par la grande masse de la petite *bourgeoisie* (1), qui forme la classe moyenne inférieure : petits marchands, employés de commerce, etc... Cette classe est pleine de courage et de bonne volonté, mais d'esprit étroit, conventionnel et lent. Ils se font souvent un fétiche de ce qu'ils appellent l'honorabilité; mais un homme *respectable* ne fait, en général, rien de saillant ni en bien ni en mal; et pendant une longue série de vies monotones il pourra n'avoir d'autre préoccupation que de se conformer aux opinions courantes.

Il arrive parfois que des âmes de *bourgeois* (2) se mêlent aux classes supérieures; quand elles arrivent au pouvoir, on peut en déduire que leur pays expie un mauvais Karma. Le règne d'un roi tel que Georges III, en Angleterre, fut le Karma engendré par le meurtre du roi Charles Ier, et les horreurs commises par le puritanisme; un autre effet de ce Karma fut les dissensions entre l'Angleterre et l'Amérique et qui commencent seulement à s'apaiser de nos jours. Les êtres appartenant à un niveau inférieur ne peuvent apprendre les leçons que comporte une sous-race particulière aussi

(1) En français dans le texte.
(2) En français dans le texte.

rapidement que les classes plus élevées; aussi doivent-ils se réincarner bien des fois dans chaque sous-race avant de pouvoir passer dans la sous-race suivante.

D. — *Les hommes-animaux lunaires.* — C'est le groupe des Egos qui se sont individualisés aux premiers stades du règne animal, les premiers où il est possible d'atteindre l'individuation. Ils commencent, par conséquent, leur vie humaine sans avoir ce que l'on peut appeler un corps causal; toutefois la monade flotte au-dessus de leur personnalité, mais elle n'est reliée à elle que par quelques fils de matière nirvanique. Ces Egos, dans la première ronde de notre chaîne, revêtirent les formes construites par les Seigneurs de la Lune et effectuèrent ainsi le travail de pionniers pour tous les règnes.

Ils constituent aujourd'hui la classe populaire et forment dans tous les pays l'immense majorité de l'humanité. La raison pour laquelle ils s'octroient exclusivement le titre de travailleurs n'apparaît pas clairement, et ils ne tarderaient probablement pas à se révolter avec énergie s'il leur fallait travailler chaque jour autant d'heures que certains hommes des classes élevées. Ce terme désigne d'une manière générale ceux qui travaillent manuellement plutôt qu'intellectuellement, mais ces hommes-animaux de la lune travaillent des deux manières; ce sont aussi les ouvriers d'art qui appartiennent, il est vrai, au prolétariat, mais dans sa partie la plus élevée; ils ont l'esprit droit, une bonne conduite, le respect de soi-même et inspirent confiance.

Au-dessous de cette classe, il en existe trois autres, dont les représentants n'avaient pas réussi à se séparer de leurs âmes-groupes et n'étaient pas encore, par conséquent, arrivés à l'individuation. Ils y parviendront très probablement au cours de notre chaîne terrestre actuelle. Ils sont encore classés comme animaux.

E. — *Animaux lunaires de la première classe.* — Ils arrivèrent à l'humanité au cours de la deuxième ronde de la chaîne terrestre et sont représentés, de nos jours, par la grande masse des ouvriers qui se livrent aux travaux grossiers ; ils sont, en général, animés de bons sentiments, mais le plus souvent imprévoyants et négligents. A côté d'eux se placent les sauvages d'un type supérieur, tels que les zoulous, les types les plus élevés des tribus indiennes d'Amérique et certains nègres.

F. — *Animaux lunaires de la deuxième classe.* — Type très inférieur qui n'arriva à s'individualiser que dans la troisième ronde de la chaîne terrestre.

Cette classe se retrouve aujourd'hui chez les sauvages de caractère relativement paisible, dans quelques tribus montagnardes des Indes et, chez nous, parmi les rôdeurs, les fainéants, les ivrognes et ceux qui habitent les bouges des grandes villes.

G. — *Animaux lunaires de la troisième classe.* — Ce sont les spécimens les plus bas de l'humanité et à peine au-dessus, même actuellement, du règne animal dont ils ne sortirent que dans les premières périodes mondiales de la ronde actuelle ou même dans les premières races de notre globe. Ils sont, de nos jours, les sauvages du type le plus inférieur et, chez nous, les criminels endurcis, les lanceurs de bombes, ceux qui martyrisent les femmes et les enfants. A ce groupe se joignent quelques-uns de ceux qui, à différents stades, parvinrent à l'individuation sous l'influence de sentiments de haine ou de terreur.

Après eux viennent les trois classes qui pourvoient nos règnes inférieurs actuels : le règne végétal lunaire, devenu notre règne animal, le règne minéral lunaire devenu notre règne végétal, et les règnes élémentals lunaires dont le plus avancé est notre règne minéral.

A ceux que nous appelons les hommes-animaux fut dévolu le travail de pionniers sur la chaîne terrestre. Bien que sur la lune ils se fussent séparés du règne animal et que, par conséquent, ils dussent être considérés comme des humains futurs, ils entrèrent dans le courant de l'évolution sur le premier globe de la première ronde de notre chaîne terrestre, non au niveau humain, mais dans le premier règne élémental. De là, ils passèrent rapidement au deuxième et au troisième règne élémental, puis successivement aux règnes minéral, végétal et animal et, finalement, au règne humain.

Dans chacun de ces règnes, ils fixèrent les formes, s'inspirant des idées conçues dans le mental des Seigneurs de la Lune qui dirigeaient l'évolution de ce globe au nom du *Logos*. On pourrait dire plus exactement que ces entités primitives se glissaient dans les moules construits par leurs instructeurs, puis matérialisaient ces formes pour l'usage de ceux qui devaient leur succéder. Bien près derrière eux arrivait la masse des monades de la classe suivante, les plus élevées de celles qui, dans la chaîne lunaire, ne s'étaient pas encore séparées de leurs âmes-groupes, et derrière celles-ci suivait tout le reste.

Lorsque les hommes-animaux eurent achevé ce travail sur le premier globe de cette première ronde, ils allèrent sur le deuxième globe pour y répéter le même processus dans une matière plus dense; ce cycle accompli, ils passèrent au troisième et au quatrième, et ainsi de suite, repassant sur chaque globe par la longue évolution depuis le premier règne élémental jusqu'au règne humain, afin que les formes fussent préparées à temps pour ceux qui suivaient. Au terme de la première ronde, leur tâche fut achevée, et ils entrèrent sur le premier globe de la deuxième ronde au niveau de l'humanité primitive, mais si primitive qu'ils n'en pouvaient retirer qu'un avantage à peine appréciable.

Au cours de cette deuxième ronde, la première classe des animaux lunaires atteignit le niveau humain et, au cours de la troisième, la deuxième classe des animaux lunaires s'y éleva également. Ici, une complication se présente par suite de l'entrée, au milieu de la troisième ronde, des hommes lunaires du deuxième ordre, de ceux qui n'avaient pu former sur la chaîne lunaire qu'une sorte de carcasse, moule futur du corps causal. Ils eurent bientôt fait de prendre la tête de l'évolution et la direction des autres hommes.

La quatrième période mondiale de la quatrième ronde diffère des autres en ce qu'elle est, dans une certaine mesure, une récapitulation des stades antérieurs. Un très grand nombre d'entités, qui semblent avoir été, à ce moment, sur le point d'atteindre l'individuation, n'auraient pas eu, dans le cours normal de l'évolution, le temps nécessaire pour y arriver avant le point médian de la quatrième ronde, époque à laquelle la porte devait être fermée ; aussi une occasion spéciale leur fut-elle donnée et les conditions des première, deuxième et troisième rondes furent reproduites en petit dans les première, deuxième et troisième races-mères de la période mondiale actuelle.

L'humanité qui apparut sur Mars dans cette quatrième ronde, diffère peu, dans son aspect, de l'humanité actuelle ; et il en fut de même pour toutes les races-mères de la première à la septième, mais si nous considérons l'humanité de notre première race-mère sur notre propre globe, dans la ronde actuelle, nous verrons qu'elle ne ressemble en rien à celle que nous connaissons. Les hommes de cette première race-mère présentaient l'aspect étrange de masses flottantes nuageuses ; ils étaient la reproduction exacte des hommes de la première ronde. De même, les hommes de notre deuxième race-mère avaient la curieuse apparence d'un amalgame informe, et ceci ne s'était plus manifesté sur aucun des mondes de notre chaîne depuis la deuxième ronde. Dans la troisième race-mère eut lieu de nouveau la densification de la matière et la séparation des sexes qui s'était effectuée au milieu de la troisième ronde.

Cette récapitulation n'eut d'autre but que de favoriser les retardataires, et eux seuls y prirent part ; ainsi s'explique le péché des êtres dépourvus d'intelligence, l'extrême dégradation des formes et bien d'autres choses. Aucun des membres de l'humanité des rondes antérieures et du début de notre ronde ne s'incarna pendant cette période ; ils ne parurent que lorsque les changements qui se produisirent au milieu de la troisième race-mère eurent ramené les choses dans les conditions auxquelles ils étaient accoutumés ; néanmoins les véhicules physiques étaient d'une nature si inférieure que quelques-uns des nouveaux arrivés se refusèrent à les occuper.

Le plan tout entier des premières races de ce globe n'a été, en réalité, conçu que pour offrir une dernière occasion aux retardataires, et elle obtint tout le succès qu'on en pouvait espérer. De nombreuses entités qui n'avaient pu profiter de ces conditions dans les rondes précédentes se trouvèrent en mesure d'en tirer un parti avantageux, aidées de plus par la forte impulsion que donnèrent à l'évolution les Seigneurs de la Flamme, descendus de Vénus.

Dans cette quatrième ronde, les animaux lunaires de la troisième classe conquirent leur individualité et, au milieu de la troisième race-mère de ce globe, les hommes lunaires du premier ordre commencèrent à revenir en incarnation. De ce moment jusqu'au milieu de la période Atlantéenne (1), peut-être même un peu au delà, les monades de ce premier ordre entrèrent rapidement en incarnation; elles prirent immédiatement leur place à la tête de l'humanité en cours d'évolution.

Nous espérons avoir donné assez d'explications pour faire comprendre cette importante question. Elle comporte, il est vrai, de grandes complications de détails, mais les principes généraux se dégagent clairement, et il est facile, avec un peu d'attention, de se faire une idée exacte de l'évolution dans notre système solaire entier.

LA CHAINE TERRESTRE

Nous avons à peine dépassé le point médian de l'évolution de notre chaîne de mondes. Cette chaîne comprend sept rondes, sept voyages autour des sept globes. Trois de ces voyages sont terminés, et nous sommes sur le quatrième globe de la quatrième ronde. Le point médian de notre période mondiale est le milieu de la quatrième race-mère, celle des Atlantes; notre cin-

---

(1) Quatrième race-mère. (N. d. T.)

quième race-mère est encore peu développée, car nous venons seulement de dépasser cette période médiane. Toutefois, nous ignorons si le milieu de l'évolution coïncide avec celui du temps, et si toutes les rondes et toutes les périodes raciales ont une longueur égale. Comme je l'ai dit plus haut, il est très probable que ces longueurs diffèrent, même dans une très grande mesure, et nous avons des raisons d'espérer que le temps qui nous reste à franchir sera un peu plus court que celui que nous avons mis à évoluer jusqu'à aujourd'hui.

Il est inutile de chercher à évaluer en années ces énormes périodes de temps. Nous nous sommes donné autrefois une peine considérable pour vérifier une date très éloignée qui est indiquée dans la *Doctrine Secrète* et d'après laquelle seize millions et demi d'années seraient écoulées depuis la séparation des sexes du milieu de la troisième race-mère. Nous avons constaté que cette séparation fut le résultat d'un long processus s'étendant sur une période de plus d'un million d'années et qui eut lieu à différentes époques dans les diverses parties de la terre. Prenant comme point de départ le moment où cette séparation nous sembla être un fait accompli, nous calculâmes le temps écoulé depuis cette date jusqu'à nos jours en observant certains changements astronomiques (1), et nous retrouvâmes le chiffre donné par Mme Blavatsky à cent mille ans près. Ces observations ayant été faites plusieurs années après sa mort, et par des méthodes absolument différentes de celles que je lui ai vu employer, le chiffre de seize millions et demi d'années nous paraît confirmé d'une manière satisfaisante.

L'expérience, que nous avons acquise au cours de ces recherches, nous montre que ces premiers changements radicaux dans la constitution de l'homme s'étendent sur d'immenses périodes de temps, mais que les changements postérieurs relatifs au développement des civili-

---

(1) C'est-à-dire en observant les changements survenus dans la position des étoiles. (N. d. T.)

sations s'opèrent plus rapidement et se comptent par des milliers d'années, tandis que les premiers se comptent par des millions.

Jetons un rapide coup d'œil sur le travail accompli jusqu'ici dans notre chaîne.

Avant la naissance du système solaire, le *Logos* en avait élaboré le plan entier dans sa pensée; et aussitôt notre univers se manifesta sur le niveau mental de la pensée du Logos. Nous ignorons à quelle hauteur est ce niveau mental; c'est peut-être ce que nous appelons le plan mental cosmique ou un plan plus élevé encore. Mme Blavatsky lui a donné le nom de « monde archétype », et c'est lui, semble-t-il, que les Grecs ont appelé « le monde intelligible ». Tout ce que nous lisons et entendons au sujet de la création *ex-nihilo* de l'ensemble du système se rapporte uniquement à cette génération par le Logos de formes-pensées cosmiques.

A un certain point de vue, il semble que nous soyons l'expression du *Logos Planétaire* lui-même, et que l'évolution entière s'effectue dans son propre corps, les globes étant des centres de ce corps; ou, plus exactement, l'esprit qui anime ces globes, leurs principes supérieurs. Le globe A serait l'expression de son cerveau ou de son corps mental, et toutes ses formes existeraient dans son mental, car notre plan mental n'est pas seulement la troisième subdivision du plan cosmique le plus bas, il constitue en même temps la subdivision la plus inférieure d'un aspect ou d'une manifestation du *Logos*. On peut dire que le *Logos* se manifeste suivant sept lignes ou sous sept aspects, et que chacune de ces divisions, que nous appelons des plans, est la forme la plus inférieure de l'un de ces aspects, de sorte que la partie atomique de notre plan mental est réellement le sous-plan le plus bas du corps mental du *Logos Planétaire*.

Avant que le *Manou* d'une chaîne ou d'une ronde ne commence à entreprendre sa tâche, il examine la place de la puissante forme-pensée logoïque qui concerne son œuvre et la fait descendre à un niveau approprié pour pouvoir être constamment au courant de ce qui s'y passe.

Le même processus est employé à un niveau plus bas par les *Manous* de chacun des mondes et par ceux de chacune des races-mères. Chaque *Manou*, sur le niveau qui lui est propre, a devant lui le modèle d'après lequel il doit construire, et il s'efforce d'édifier sa race, son monde ou sa chaîne en copiant aussi exactement que possible le modèle fourni par le *Logos*. Comme il doit construire avec des matériaux existants, il ne peut que s'approcher par degré de la perfection du modèle; et ses premiers efforts, ne sont qu'en partie couronnés de succès.

Première Ronde. — Dans la première ronde de la chaîne terrestre, le *Manou* amena au niveau voulu les archétypes de la chaîne entière. La plupart de ceux-ci n'arriveront à la perfection complète ici-bas que dans la septième ronde; néanmoins leurs germes y étaient tous dès la première ronde. Pour chaque règne de la nature, le *Manou* choisit une série de formes afin qu'elles soient vivifiées au cours de cette première ronde, avec l'intention d'en retirer, à des stades ultérieurs, tout ce que le *Logos* avait décidé de faire produire à la chaîne terrestre. Ces formes ainsi choisies et encore à l'état de projet, furent matérialisées sur le niveau où elles devaient être utilisées et transmises à quelques-uns des Seigneurs de la Lune à qui avait été confiée la tâche de diriger les activités de la première chaîne. Ceux-ci construisirent ces formes dans chacun des sept mondes de la première ronde et, au fur et à mesure qu'elles étaient achevées, les hommes-animaux de la Lune les habitaient, les densifiaient et s'en servaient; avec ces formes, ils en engendrèrent de nouvelles que purent habiter les animaux lunaires qui étaient à des stades inférieurs au leur.

Sur chacun des globes, ces hommes-animaux de la Lune débutèrent avec les formes nécessaires au premier règne élémental, c'est-à-dire au niveau le plus bas; ils traversèrent de même rapidement les deuxième et troisième règnes élémentals, puis les règnes minéral, végétal et animal et arrivèrent enfin au règne humain. Ce processus s'étant répété sur chaque globe, ils atteignirent pour la première fois l'humanité sur le septième globe de la première ronde de notre chaîne. Depuis lors ils n'eurent plus à fournir ce travail particulièrement pénible car, dans le cours de la deuxième ronde et ensuite, ils débutèrent dans le règne humain.

Pendant cette première ronde, les conditions furent différentes de celles qui ont prévalu depuis lors. En premier lieu, la vie agit dans des formes constituées de matière d'un degré supérieur à celle des globes eux-mêmes, de sorte que, lorsque les planètes furent appelées à l'existence, la vie s'y manifesta au même niveau qu'à la fin de la dernière ronde de la chaîne lunaire. Les globes A et G, par exemple, qui sont maintenant sur les niveaux inférieurs du plan mental, constituaient alors le champ d'action propre à la vie du plan mental supérieur. Ces globes étaient constitués par de la matière mentale du degré le plus bas, mais cette matière n'était ni assez condensée, ni assez stable pour que ces globes puissent être habités par des êtres de ce même niveau.

Bien que constitués de matière astrale, les globes B et F n'étaient alors utilisés que par des formes de matière mentale inférieure.

Mars et Mercure étaient encore, en grande partie, à l'état gazeux et éthérique; les corps astraux seuls étaient employés par les entités vivant sur ces deux planètes.

Notre planète D comportait déjà une forte proportion de matière physique à l'état solide, mais la chaleur y était si intense qu'on y pouvait voir des lacs, des mers et même des pluies de métal en fusion; des êtres humains de constitution semblable à la nôtre n'auraient pu y vivre. Ses habitants n'avaient que des corps éthériques et n'en étaient nullement incommodés.

Dans l'intervalle qui sépara la première ronde de la deuxième, la matière des divers globes descendit à un état plus stable et les corps des êtres qui les habitèrent furent désormais constitués de la même matière qu'eux.

Il nous est difficile de concevoir ce que fut l'évolution de cette première ronde; il est même difficile, pour ceux d'entre nous qui ont pu l'observer à loisir, de la décrire en langage physique.

Sur le globe A, qui est sur les niveaux inférieurs du plan mental, nous concevons bien que les hommes de ce globe vivent dans leur corps mental; nous concevons aussi la possibilité de l'existence sur ce niveau des âmes-groupes des animaux et des végétaux, mais comment un minéral s'y manifestera-t-il ?

La manifestation d'un minéral, de l'or, par exemple, sur le plan mental est une forme-pensée qui correspond à l'idée que nous avons de l'or; cette forme-pensée n'est pas la seule représentation possible de l'or; la forme-pensée qui existe sur le plan mental est celle du *Manou* et elle est façonnée avec une force infiniment supérieure à celle de notre mentalité.

Tout objet existant sur le plan physique existe aussi sur tous les plans supérieurs, car il est une manifestation de la Vie Divine qui descend de plan en plan jusqu'au plus bas en agissant sur chacun d'eux. Ce sont les affinités entre ces correspondances supérieures des minéraux qui produisent les phénomènes des globes moins matériels et constituent leur évolution.

Tout ceci est très difficile à expliquer et à faire cadrer avec les conceptions de notre cerveau physique. C'est l'apport des énergies mentales du *Logos*, de son plan mental cosmique (1) jusqu'à ce plan cosmique prakritique (2) qui constitue notre plan mental; c'est son idée d'un minéral, matérialisée à un degré aussi bas que l'est notre pensée, qui est la forme-pensée de ce minéral modèle de son corps éthérique.

Lorsque, dans la première ronde de cette chaîne, la vie arriva sur notre globe D, le corps éthérique du minéral était formé, mais non complètement, car, à ce stade

---

(1) *Troisième plan cosmique*, en comptant à partir du plus matériel.

(2) *Premier plan cosmique*. Prakriti, mot sansorit, signifie matière.

primitif, quelques sous-plans seulement se trouvaient entièrement vivifiés. Les atomes mêmes étaient peu actifs, une seule série de spirilles ayant été appelée à l'activité. A chaque ronde, une nouvelle vie pénètre les atomes et éveille à l'activité une autre série de spirilles, de sorte qu'actuellement, dans la quatrième ronde, quatre séries de spirilles sont actives dans nos atomes, et ce développement est encore bien imparfait en comparaison de celui de la septième ronde où toutes les séries de spirilles seront en complète activité et l'atome entier parfaitement conforme aux desseins du *Logos*.

L'homme du globe A, dans la première ronde, ne peut guère être appelé un homme ; il est une pensée ; il est le germe du corps mental supérieur futur. En comparaison de ce qu'il sera plus tard, il est comme un fœtus d'un mois vis-à-vis d'un corps humain complètement développé. A ce stade primitif, l'homme n'a qu'une conscience très faible.

Sur le globe astral B, la vie descend au niveau mental inférieur et y est définitivement fixée avec un léger commencement d'organisation astrale.

Sur Mars, globe C, les hommes ont un corps astral bien formé, mais encore imparfait, et un rudiment de corps éthérique, car seule la matière de quelques sous-plans peut être utilisée.

Sur la Terre, globe D, les hommes ont des corps éthériques qui ne sont encore que des nuages flottants et sans formes, mais vers la fin de la période mondiale, ils commencent à attirer autour d'eux de la matière gazeuse. Ils trouvent probablement dans l'atmosphère surchauffée environnante ce dont ils ont besoin pour leur subsistance.

Il semble qu'ils aient passé par une succession de sept manifestations que nous pouvons considérer comme correspondant aux races-mères. Chaque individu garde la même incarnation, si on peut toutefois lui donner ce nom, pendant tout le cours d'une race, bien que les périodes mondiales soient à cette époque infiniment plus longues qu'aujourd'hui.

Il ne nous est pas facile, avec la conception que nous avons de la vie, de comprendre comment ces hommes tout à fait rudimentaires peuvent évoluer tant soit peu. Au milieu de la matière éthérique, quelques éléments chimiques commencent déjà à se combiner et, vers la fin de la période mondiale, la température s'est abaissée considérablement, jusqu'aux environs de mille degrés Fahrenheit; dans certains endroits elle reste plus élevée, tandis que dans d'autres elle descend même à la température de l'eau bouillante.

Sur le globe E (Mercure), les habitants n'ont plus que les trois états supérieurs de matière éthérique et non les quatre qu'ils avaient sur la Terre, mais ils ont nettement progressé et sont beaucoup plus vivants qu'ils ne l'avaient été, bien que leur niveau de conscience rappelât sensiblement celui des amibes. L'homme commence déjà confusément à travailler à la fois en haut et en bas; en bas, pour densifier ses véhicules inférieurs, en haut pour les rendre plus conscients.

Si rudimentaires que soient les conditions ambiantes, chaque globe est plus avancé que le précédent; néanmoins, l'homme semble n'être nettement conscient d'aucune des subdivisions de la matière où il vit; notre impression est qu'il voit plutôt les différenciations dans chaque subdivision, mais qu'il ne peut utiliser qu'une partie de la matière ainsi différenciée.

Peu de choses sont à dire au sujet de l'évolution sur les globes F et G; le seul fait remarquable est que, pour la première fois, se manifeste le curieux phénomène de ceux qui échouent dans leur tâche.

Dès le commencement de cette première chaîne, une partie de chaque règne est restée sur chaque globe pour servir de germes au début de la prochaine période d'activité dans la ronde suivante; de cette manière, il ne sera pas nécessaire de procéder à nouveau à la construction de formes sur chaque globe et dans chaque ronde, et, grâce à ces germes, les espèces se reproduiront quand la vie reviendra les éclairer.

La grande vague de vie passe d'une planète à l'autre,

conduite par la volonté du *Logos*. Quand il fixe son attention sur un globe, la vie renaît et l'évolution subit une forte poussée en avant; quand il la retire, la vie se voile, les roues du progrès s'arrêtent et la vague se porte vers le globe sur lequel s'est tournée l'attention du Logos.

Cependant, la vie ne s'éteint pas entièrement. Des spécimens des règnes humain, animal et végétal subsistent encore, mais ne se multiplient pas. Leur nombre reste le même pendant des millions d'années jusqu'au retour de la vie sur la planète. A ce moment, un grand nombre d'Egos sont prêts à s'y réincarner et la race, jusque là stérile, devient prodigieusement féconde; de grands changements et des améliorations de toutes sortes sont rapidement réalisés et les formes se multiplient et se perfectionnent afin d'être aptes à recevoir l'arrivée prochaine d'une humanité infiniment plus évoluée.

Pendant la période d'obscuration, les différentes espèces, restreintes en nombre et en activité, ont été utilisées par les entités engagées dans la ronde intérieure dont j'ai déjà parlé. Dès les premiers globes de la première ronde, des germes ont été laissés en arrière dans cette intention mais, vers la fin de cette ronde il s'est trouvé certains Egos qui n'avaient pas accompli tout ce qu'on attendait d'eux et qui n'étaient, par conséquent, pas aptes à passer sur le globe G quand l'évolution normale du globe F fut terminée. Ces entités, laissées en arrière, travaillent avec ceux qui restent; quelques-unes arrivent à rejoindre les laissés pour compte du globe G; d'autres, parfois, grâce à une impulsion extraordinaire, accélèrent leur marche et rattrapent la vague de vie, mais le plus grand nombre continue à perdre du terrain jusqu'à ce que la vague de vie l'ait rejoint après un tour complet dans la chaîne des globes; à ce moment ces entités sont généralement dans une classe de monades inférieure à celle à laquelle ils devraient appartenir.

Ce processus est en somme l'inverse de celui de la **ronde intérieure** où l'Ego dépasse la vague de vie et effectuant un voyage supplémentaire autour des globes, s'élève par cet effort à une classe supérieure. Les retardataires, au contraire, cheminant lentement derrière la vague de vie, perdent ainsi une ronde et tombent dans la classe inférieure. Sur chaque planète et dans les divers règnes se trouve un certain nombre de ces « fruits secs »; c'est l'essence du minéral qui n'a pas atteint le niveau végétal, la vie végétale qui n'a pu devenir celle de l'animal et la vie animale qui aurait dû s'individualiser.

Aucune matière des plans inférieurs n'est transférée d'une planète à une autre; les Egos seuls se transportent.

Arrivés sur la nouvelle planète où ils doivent vivre, ils s'entourent de matière mentale, puis de matière astrale et s'incarnent dans les corps d'enfants préparés par ceux qui l'habitent déjà.

Ces véhicules sont au début très imparfaits; aussi ne sont-ce pas les monades de première classe qui les revêtent d'abord. C'est, en effet, une loi de ce système d'évolution que ceux qui ont atteint les niveaux supérieurs sur une planète ne se réincarnent jamais dans les races primitives de la planète suivante. Ils n'ont pas besoin de l'évolution primitive de ces races et ils ne descendent en incarnation que lorsque l'espèce s'est perfectionnée et s'approche du point où ils sont eux-mêmes arrivés.

Le même processus a lieu d'une chaîne à une autre. C'est ainsi qu'on ne trouve pas dans la première ronde de la chaîne terrestre les hommes lunaires les plus avancés; ils n'y arrivent qu'au milieu de la quatrième. Les Egos qui, sur une planète quelconque, s'incarnent dans la première race-mère, sont ceux qui n'ont pas progressé au delà du point médian de l'évolution sur la planète antérieure; tel fut le cas des hommes-animaux lunaires qui effectuèrent tout leur travail dans cette première ronde de la chaîne terrestre dont nous avons parlé.

Je voudrais, au sujet de cette première ronde, montrer le point commun et les différences apparentes des enseignements théosophiques et des théories de Darwin.

Au cours de la première ronde de notre quatrième chaîne, la forme humaine évolua, ainsi que l'expose Darwin, de la forme animale. Dans la quatrième ronde, le contraire eut lieu car la forme humaine existait déjà et *avant* l'apparition de la forme mammifère.

Au lent processus d'une sélection naturelle dérivée de variations accidentelles, nous substituons une direction intelligente dans la sélection comme dans les variations car nous soutenons que les formes n'évoluent que pour devenir l'expression plus appropriée de la vie évoluante qu'elles renferment. Nous sommes donc d'accord, dans les grandes lignes, avec les hypothèses de Darwin, mais nous sommes obligés de les élargir puisque nous postulons une évolution spirituelle en même temps qu'une évolution matérielle.

Deuxième ronde. — Les formes construites dans la première ronde, ayant subsisté pendant la deuxième, il ne fut pas nécessaire d'en construire de nouvelles.

Les sous-plans de chaque plan étant divisés en sept parties, chaque plan comporte donc quarante-neuf subdivisions. Dans la deuxième ronde, l'homme ne fonctionne que sur les première et seconde subdivisions de chacun des sous-plans, car, tout en ayant en lui de la matière de tous les plans, seules les deux subdivisions inférieures des deux sous-plans inférieurs sont en activité. On peut dire que l'homme construit son quaternaire inférieur au cours de la première moitié de son évolution.

Pendant cette ronde, les races sont beaucoup mieux déterminées et plus faciles à distinguer les unes des autres. Les hommes ne sont plus ces nuages errants de matière éthérique et gazeuse; ils ont assimilé une certaine quantité de matière solide, mais ils sont encore de consistance gélatineuse, sans forme déterminée et d'aspect peu agréable. Mme Blavatsky les compare à des agglomérés (Puddingbags) (1), en raison des protubérances informes et curieuses qui leur servent de bras

(1) Terme usité en géologie pour définir les couches agglomérées de gros cailloux. (N. d. T.)

et de jambes. Au début de la ronde, ils projettent temporairement ces protubérances à la manière des amibes; la répétition constante de cet exercice a pour résultat de rendre ces protubérances permanentes et de les modeler vaguement selon leur forme future. La plupart de ces êtres sont si légers, si ténus qu'ils flottent dans la lourde atmosphère; d'autres se roulent sur le sol plutôt qu'ils ne rampent, mais aucun ne peut encore se tenir debout sans aide.

Les véhicules supérieurs humains sont très incomplets. Il y a bien un semblant de corps mental et de corps astral, mais la conscience est encore obscure et vague; l'homme est tout instinct et n'a pour ainsi dire pas de raison.

Dans cette ronde, les « hommes-animaux » conservent et améliorent leur nature d'homme et, vers sa fin, les animaux de la première classe passent définitivement dans l'humanité.

Les archétypes du règne minéral qui ont été tous apportés au début de la première ronde, sont loin d'être arrivés à leur complet développement; néanmoins les archétypes du règne végétal sont, à leur tour, apportés et il n'atteindront leur état de perfection que bien longtemps après la fin de cette deuxième ronde. Il est probable que c'est principalement de la végétation de cette période que proviennent les gisements de houille.

Troisième ronde. — Au cours de la troisième ronde, l'état des choses est plus facile à comprendre.

Tous les archétypes du règne animal sont apportés, mais ils n'atteindront leur entier développement qu'au milieu de la ronde actuelle.

Dès les premiers globes, la forme de l'homme commence à présenter un aspect plus humain, mais elle est encore nuageuse, gigantesque et loin d'être belle.

Sur Mars, l'homme revêt pour la première fois un corps plus digne de ce nom; au début, il est éthérique et plus semblable à une sorte de singe-reptile qu'à l'homme que nous connaissons aujourd'hui; sa consistance est gélatineuse, et le creux formé par la pression du doigt sur la peau ne se remplit que longtemps après. Les os sont rudimentaires, plutôt cartilagineux, trop peu solides pour soutenir le corps verticalement et l'homme rampe et se roule dans la boue chaude et molle sur les bords des rivières.

Mars avait beaucoup plus d'eau que maintenant; une partie de la campagne avait bel aspect, malgré une végétation assez étrange. L'atmosphère, saturée de chlore, eût été pour nous suffoquante et irrespirable.

Sur la Terre, de grands changements s'opèrent. Dès le début de la ronde, le corps humain devient plus compact et, bien qu'il soit encore flasque et mou, les hommes s'efforcent de se tenir droits, mais ils sont encore chancelants, instables et tombent tous les quatre pas lorsqu'ils sont poursuivis ou effrayés. Le corps se couvre de cheveux et de poils; mais il reste encore vague et flasque; sa peau est brune et le visage bizarrement aplati est à peine humain; les yeux petits et éloignés l'un de l'autre, permettent de voir de chaque côté en même temps que de face. La mâchoire inférieure est fortement développée, le front fait absolument défaut et est remplacé par une sorte de bourrelet de chair assez comparable à une saucisse. La tête penche en arrière d'une façon étrange.

Leurs bras, en proportion, plus longs que les nôtres, ne peuvent se redresser complètement aux coudes; la même difficulté existe pour les genoux. Les mains et les pieds sont énormes et difformes; les talons se prolongent en arrière autant que les pieds, permettant la marche en arrière aussi rapide et sûre qu'en avant. Cet étrange procédé ambulatoire est facilité par un troisième œil situé derrière la tête; cet œil, tombé au cours des âges dans un état rudimentaire, est chez nous la glande pinéale.

Les hommes n'ont pas encore la faculté de raisonner; ils n'ont que des passions et des instincts. Ils ne savent rien du feu et sont incapables de compter. Ils se nourrissent principalement de certaines créatures gélatineuses de la famille des reptiles; ils mangent aussi une sorte de truffe primitive qu'ils arrachent de terre ; je les ai vus briser les extrémités des immenses fougères arborescentes pour en manger les graines.

Vers le milieu de la vie de cette planète a lieu la séparation des sexes et bientôt après le second ordre des hommes lunaires commence à s'incarner. Leurs corps sont d'abord engendrés par l'humanité existante ; mais ils ne tardent pas à se créer un nouveau type qui, peu à peu, devient plus petit, plus consistant, de couleur plus claire et d'apparence plus humaine.

Ils sont constamment en guerre avec les premiers habitants ; ceux-ci, beaucoup plus grands, les capturent et les mangent à l'occasion, mais les derniers venus, plus intelligents, ont bientôt dominé leurs gigantesques congénères et les tiennent en respect. Peu à peu la planète entière est soumise à leur domination et les races primitives mises en demeure de s'adapter à une vie plus civilisée ou de se voir reléguées dans les régions les moins favorables du pays.

Notre monde est loin d'être aussi paisible qu'aujourd'hui. Les tremblements de terre, les éruptions volcaniques sont continuels et la vie précaire. La configuration du sol est totalement différente, et les montagnes semblent atteindre des altitudes prodigieuses inconnues aujourd'hui. On voit partout d'énormes cascades, et les trombes d'eau sont fréquentes.

Quand la race passe sur Mercure, de notables progrès se réalisent. Quelques sentiments d'affection commencent à se manifester ; les hommes font preuve de désintéressement en partageant leur nourriture, au lieu de se jeter sur elle en poussant des grognements, comme aux stades précédents. La présence des hommes lunaires contribue beaucoup au progrès, et bien que la grande masse de l'humanité soit encore d'une nature animale, des rudiments de coopération et de civilisation apparaissent.

Passons sur les sixième et septième planètes où peu de choses sont à signaler et arrivons à la quatrième ronde, celle à laquelle nous appartenons.

Quatrième Ronde. — Sur le globe A, le corps mental de l'homme se fixe au niveau du plan mental inférieur, et c'est dans cette ronde que l'homme commence réellement à penser. Le résultat n'est pas tout d'abord des meilleurs. Dans les rondes antérieures, son mental étant encore trop peu développé pour créer des formes-pensées d'une certaine consistance, l'essence élémentale des globes ne fut façonnée que par les pensées des dévas dont l'influence répandait partout l'harmonie et la paix; mais l'homme commence à projeter ses pensées d'égoïsme et de discorde, et cet état de félicité est bientôt troublé. L'esprit de lutte, d'agitation, de désharmonie s'implante; le règne animal s'éloigne définitivement de l'homme et montre envers lui des sentiments de crainte et de haine.

Tous les archétypes de l'humanité sont apportés au commencement de cette ronde, entre autres les archétypes des races qui ne sont pas encore nées aujourd'hui. L'examen de ces archétypes nous permet d'avoir un aperçu de ce que seront les hommes dans l'avenir. Leurs corps seront de matière plus subtile et beaucoup plus beaux, car leurs formes seront l'expression même de leur haute spiritualité.

Lorsque la vague de vie arrive sur Mars, elle y trouve, outre l'humanité ordinaire à l'état latent, une autre race très désagréable, désignée dans la *Doctrine Secrète* sous le nom « d'hommes aquatiques, terribles et mauvais ». Ces hommes descendent de ceux abandonnés pendant la ronde précédente comme inaptes à progresser, et depuis lors ils n'ont développé que le mauvais côté de leur nature. Ils sont du type mi-reptile mi-singe que nous avons déjà décrit et, de plus, ils ont des yeux semblables à ceux de l'horrible tarentule. Ils trouvent leur plaisir dans la cruauté et le mal; ils semblent aussi posséder un certain pouvoir magnétique de l'ordre le plus inférieur, et sont peut-être un spécimen primitif de ces malakurambas dépeints par Mme Blavatsky dans son récit sur les tribus montagnardes des Nilgiris.

L'humanité nouvelle, arrivant avec la vague de vie,

a bientôt fait de prendre position et de se libérer de la crainte de ces monstrueux sauvages. C'est pour résister à leurs attaques que l'homme éleva les premières fortifications ; c'est aussi pour déjouer leurs desseins malveillants qu'il commence à bâtir des villes et à vivre en communautés. Ces villes sont d'abord faites de bois et de boue, quelquefois avec des blocs de pierre brute.

A ce moment quelques Seigneurs de la Lune s'incarnent et apportent un certain nombre de connaissances, entre autres l'usage du feu, sans toutefois donner d'abord les moyens de le produire ; ils allument le feu, les hommes l'entretiennent. Une loi très sévère est promulguée dès les premiers temps, ordonnant qu'un feu public soit entretenu dans un bâtiment spécialement consacré à cet usage et que des jeunes filles, non encore en âge de travailler, soient préposées à sa garde. De là vient, sans doute, sous forme de devoir religieux, l'idée du feu sacré brûlant constamment, comme aussi l'institution des Vestales qui furent, dans la suite, investies de ces fonctions.

Il arrive parfois qu'à la suite de grandes pluies ou de quelque catastrophe, tout un pays se trouve privé de feu ; il faut alors aller souvent bien loin en chercher et rapporter ce facteur indispensable à leur vie domestique ; dans une de ces circonstances critiques, un esprit audacieux conçut l'idée d'aller chercher du feu dans le cratère d'un volcan. Souvent bien des vies furent sacrifiées dans ces tentatives. Ceci eut lieu dans la quatrième race-mère.

Les hommes de la cinquième race-mère sont plus avancés, car ils construisaient leurs maisons avec des pierres taillées, mais sans mortier. C'est un peuple orgueilleux et guerrier, mais aux conceptions singulières ; toute chose nouvelle leur fait horreur ; ils la considèrent comme immorale et inacceptable. Ils n'ont aucune persévérance, leur capacité de raisonnement est très faible, et ils suivent leur première impulsion ; ils n'imposent leur autorité et n'exercent leur critique qu'en cas d'innovations. Néanmoins si nous comparions cette humanité avec quelques-unes de nos races actuelles, la comparaison pourrait bien être à leur avantage.

Les hommes de la sixième race constituent un peuple plus puissant, doué d'une forte volonté et d'un esprit déterminé ; ils réussissent bientôt à dominer la cinquième race et font faire à sa civilisation de rapides progrès ; ils arrivèrent à subjuguer la planète tout entière et à la soumettre à un gouvernement unique, bien que la grande majorité de ses habitants appartienne encore à la cinquième race.

Leur mentalité est plus développée que celle de la cinquième race ; ils possèdent un certain génie créateur mais tendent à faire toutes choses par fantaisie ou par caprice au lieu d'entreprendre un travail réfléchi et de le mener à bonne fin. Quelques-uns sont doués d'un certain psychisme, mais, en général, ce psychisme n'est subordonné à aucun contrôle. En fait, ce manque de contrôle est la caractéristique constante de la civilisation Martienne ; tout s'y accomplit sans règle, bien qu'à d'autres égards, les hommes ne soient pas dépourvus de certaines aptitudes.

Les représentants de la septième race se saisissent à leur tour du pouvoir, non par la force, mais grâce au développement supérieur de leur mentalité et aussi par ruse. Ils sont moins combatifs que ceux de la sixième race et toujours moins nombreux, mais ils ont plus de connaissances en toutes choses. Leur supériorité est tout intellectuelle.

Ils ont quelques idées de progrès et un sentiment plus grand du bien et du mal ; moins farouches ils se soumettent plus facilement aux lois en vigueur.

Leur politique a une direction nette et ils vivent en concordance avec elle. Ils possèdent un certain art de contracter des alliances. Leur politique sociale ressemble un peu à celle des fourmis et des abeilles et pourrait, par plus d'un côté, être comparée à son avantage elle aussi, avec celle de plusieurs de nos races actuelles. L'écriture apparaît pour la première fois, ainsi que quelques notions d'art, car ils possèdent des statues et des tableaux, mais peu comparables aux nôtres. Cette race est aussi la première qui se préoccupe de construire de bonnes routes.

Arrivons maintenant à notre Terre et à sa présente occupation par la vague de vie.

J'ai expliqué plus haut pourquoi les races primitives de notre période mondiale actuelle diffèrent de celles de toutes les autres planètes de cette ronde et des rondes précédentes. Notre planète est, pendant cette période-ci, le théâtre d'une récapitulation des conditions présentées successivement dans les première, deuxième et troisième rondes. Cet effort est fait pour le seul bénéfice de ces monades qui, bien que fort en retard sur l'ensemble, peuvent, grâce à cette aide, regagner leur niveau.

Dans la troisième race-mère se répète le processus suivi au milieu de la troisième ronde : matérialisation des corps et séparation des sexes. Ceci accompli et une continuité rationnelle dans les formes assurées, des efforts spéciaux sont tentés par Ceux qui guident l'évolution afin de consolider les progrès réalisés et de placer définitivement l'humanité sur la voie du progrès spirituel, sur l'arc remontant de la chaîne.

Sept des Seigneurs de la Lune les plus éminents descendent afin de former les véhicules des sept grands types ou rayons humains. La *Doctrine Secrète* dit que chacun de ces Seigneurs se rend sur son propre lot et extériorise des sortes de corps nuageux qui sont ensuite habités par les hommes de la race inférieure. Cette déclaration un peu mystique signifie simplement que ces grands Etres créent, par un effort de leur volonté, un double de leur corps éthérique; ils matérialisent autour d'eux un corps éthérique semblable au leur, le rendent permanent et l'abandonnent.

Les autres entités, qui appartiennent à la race inférieure et viennent d'arriver sur le plan physique, s'emparent avec empressement de ces véhicules, pour les habiter et s'en servir, mais ces corps ne sont pas encore adaptés à leur usage; ils s'en revêtent avec difficulté et s'en échappent constamment. Aussitôt survient une autre entité qui s'empare du corps éthérique abandonné et s'en revêt comme d'un pardessus, mais bientôt il lui échappe à son tour et une autre s'en saisit. Un grand nombre de ces doubles-éthériques a été construit par les Seigneurs de la Lune et, à la longue, les hommes apprennent à s'en servir de manière continue; alors le procédé de matérialisation peut être poursuivi et, peu à peu, sont construits pour l'humanité des corps éthériques capables de servir d'expression aux sept grands types et à leurs subdivisions.

Les corps des enfants engendrés par ces entités ne sont certes pas équivalents à ceux de leurs pères; toutefois, certains types sont fixés et, toutes dégénérées que soient les formes, elles sont cependant encore habitables; à ce moment, les classes spéciales de monades lunaires, individualisées sur les globes A, B, et C de la chaîne lunaire, sont appelées à prendre possession de ces formes.

J'ai dit comment la première de ces classes, le groupe de couleur orangé, s'est refusée à remplir son devoir sous prétexte que les formes sont encore dans un état trop inférieur. Par suite de ce refus, les formes qui lui sont destinées doivent être occupées par une classe d'êtres moins avancée qu'elle qui ne peut maintenir le degré de développement physique atteint au prix de tant d'efforts, et les formes retombent à un niveau plus bas qu'auparavant. Leurs possesseurs, trop peu développés, en viennent même à s'unir à des formes animales; c'est ce que Mᵐᵉ Blavatsky appelle le péché des « dépourvus de mental », qui a pour résultat la création de divers types de singes anthropoïdes.

Les cinquième, sixième et septième sous-races de la troisième race-mère ont beaucoup plus l'apparence humaine que les précédentes. La description que nous avons donnée des hommes de la troisième ronde pourrait s'appliquer assez bien à ceux de la cinquième sous-race lémurienne; ils sont souvent appelés « hommes à tête d'œuf », leur crâne ressemblant à un œuf la pointe en haut. Le front est encore très étroit et les yeux sont placés près de la pointe de l'œuf.

Les hommes de la sixième sous-race sont surtout remarquables par la couleur de leur peau. Ils ne sont plus noirs ni brun-noir comme ceux de la cinquième sous-race, mais d'un noir-bleu qui, vers la fin de la race, tend de plus en plus vers le bleu teinté de noir.

La septième sous-race, d'abord d'un gris-bleu, passe par toute la gamme des gris pour arriver finalement à une sorte de gris blanchâtre. On peut se faire une idée assez exacte de leurs visages en regardant les statues qu'ils érigèrent eux-mêmes dans l'île de Pâques. La face était allongée et rappelait la tête du cheval; le nez, d'abord fixé au-dessus du centre de la figure, s'abaisse, vers la fin de la race, jusqu'au milieu de la ligne joignant l'extrémité supérieure du front au bas du menton. Le front, qui n'est encore qu'une sorte de bourrelet osseux, s'élargit à la fin de la race. Les lèvres sont épaisses et disgracieuses, le nez large et aplati; ces caractéristiques ont survécu, mais sous une forme moins exagérée, chez les nègres.

Il n'existe plus aujourd'hui de races de sang lémurien pur, sauf les pygmées de l'Afrique centrale qui semblent être les descendants d'une peuplade de la quatrième sous-race; au cours de plusieurs millions d'années, ils ont été réduits à leur stature actuelle en vertu de cette loi étrange que la taille diminue quand une race décline. Il entre, dans la plupart des tribus nègres actuelles, un mélange considérable de sang atlantéen; les zoulous, par exemple, représentent de très près, dans leur structure générale et leur maintien, la sous-race tlavatli des Atlantes, quoique leur couleur et certaines caractéristiques de leur visage soient lémuriens.

Les hommes de la septième sous-race sont de grands constructeurs; leurs édifices, érigés à la manière cyclopéenne, sont assez grossiers; ils ont aussi une conception rudimentaire de l'art.

Au cours de la période de la troisième race-mère survint un des plus grands événements de l'évolution humaine : la descente des Seigneurs de la Flamme de Vénus.

Le degré d'évolution de Vénus est, nous l'avons dit, beaucoup plus élevé que celui de notre chaîne terrestre, et ceux de ses habitants qui se sont élevés au rang d'Adeptes ont le pouvoir de se déplacer librement dans tout le système solaire et d'y donner leur assistance partout où elle est nécessaire.

Un grand effort a été fait pour relever les retardataires de notre humanité en leur offrant une occasion de parcourir une fois encore tout le cycle d'évolution des première, deuxième et troisième rondes. Ceci fait et les résultats désirés obtenus, les Seigneurs de Vénus descendent et la formidable impulsion qu'ils provoquent tend à individualiser les entités les plus retardatrices avant que ne se produise « la clôture de la porte », c'est-à-dire la période où, pour ne pas nuire à l'évolution ultérieure, aucune entité, provenant du règne animal, ne peut plus être admise dans le règne humain.

Une cohorte de Grands Etres descend de Vénus sur la terre et prend la direction de l'évolution. Leur chef, appelé dans les livres hindous Sanat Koumâra, est assisté par trois lieutenants et environ vingt-cinq autres Adeptes.

Une centaine d'hommes ordinaires de l'humanité de Vénus, affiliés en quelque sorte avec ces Grands Etres, sont amenés avec eux et se fondent dans l'humanité terrestre.

Ce sont ces Grands Etres dont la *Doctrine Secrète* dit qu'ils ont projeté l'étincelle dans les hommes dépourvus de mental et éveillé leur intelligence. Il ne faut pas, d'après cette étrange expression, s'imaginer qu'ils projettent une partie d'eux-mêmes dans les corps humains; ils opèrent plutôt par une sorte d'impulsion magnétique. Ils irradient leurs rayons sur les êtres comme le soleil sur les fleurs; par ce rayonnement, ils les attirent, leur donnent les moyens de faire épanouir l'étincelle divine que tous ces êtres possèdent en potentialité et les conduisent ainsi peu à peu à l'individuation.

Nul des Seigneurs de Vénus ne s'incarne dans notre humanité; ils ne revêtent pas (en réalité, ils ne le peuvent pas) de corps humains. Ils se construisent des véhicules aux formes humaines idéales, mais de matière totalement différente, car ils sont insensibles à l'action destructrice du temps. J'ai pu voir moi-même plusieurs de ces merveilleux corps, et bien qu'ils existent depuis seize millions d'années, ils sont encore aujourd'hui comme au jour où ils ont été construits. Ces formes sont comme une matérialisation permanente; modelées par leurs constructeurs ainsi que des statues, elles présentent néanmoins, à la vue et au toucher, l'apparence d'hommes vivants ordinaires.

Je n'ignore pas que dans la *Doctrine Secrète*, H. P. Blavatsky mentionne quelques-uns des Fils de l'Intelligence qui vinrent sur notre Terre pour l'aider et qui s'incarnèrent dans la race qu'ils s'efforçaient de secourir, mais elle applique ce titre à la fois aux Seigneurs de la Lune et aux Seigneurs de la Flamme alors que les premiers seuls entrèrent dans des corps humains et devinrent ainsi, pour quelque temps, membres d'une autre race.

Les grands Seigneurs de la Flamme ont achevé leur œuvre depuis longtemps déjà aujourd'hui et nous ont quittés pour aller ailleurs accomplir une nouvelle tâche. Quelques-uns seuls restent parmi nous; ils occupent les grades les plus élevés de la Hiérarchie qui travaille au bien de l'humanité.

Sans l'aide bienfaisante de ces grands Etres, le monde ne serait pas ce qu'il est aujourd'hui. Non seulement des milliers d'êtres qui, sous leur impulsion, ont atteint au stade humain, seraient encore dans le règne animal, mais l'humanité elle-même serait restée dans un état bien inférieur à celui qu'elle occupe aujourd'hui.

La quatrième ronde est spécialement affectée au développement du principe du désir (1) dans l'homme; dans la prochaine ronde seulement, la cinquième, l'homme consacrera tous ses efforts au développement de l'intellect. Grâce aux Seigneurs de la Flamme, l'intellect s'est développé si rapidement que nous sommes d'une ronde

---

(1) Sentiments et passions.

en avance sur ce que nous aurions été sans leur assistance! Sachons, en tout cas, que cette intelligence don¹ nous sommes si fiers, est bien peu de chose en comparaison de celle que possédera même l'homme ordinaire à l'apogée de la cinquième ronde.

Outre leur influence personnelle sur l'évolution, les Seigneurs de la Flamme apportent avec eux de leur planète certaines espèces animales et végétales telles que le blé, qui est notre nourriture la plus substantielle, les fourmis et les abeilles qui améliorent le règne végétal en contribuant à la fertilisation des fleurs, et qui donnent à l'homme un aliment aussi agréable que nourrissant. Remarquons que les abeilles et les fourmis vivent d'une façon tout autre que les créatures purement terrestres; cette différence vient de ce qu'une âme-groupe anime leur communauté tout entière, en sorte que cette communauté agit d'après une volonté unique et que les unités qui la composent ne sont réellement que les membres d'un seul corps de même que les pieds et les mains sont les membres d'un seul corps humain. On pourrait même dire que ces insectes ont non seulement une âme-groupe, mais aussi un corps-groupe.

Notre évolution humaine a essayé de copier ces importations, mais avec un succès assez médiocre. En prenant les abeilles et les fourmis comme modèles, nous sommes arrivés à produire respectivement les guêpes, les insectes que nous appelons communément les « fourmis blanches » et aussi ces bizarres petites fourmis ailées qui peuvent à peine être distinguées des fourmis ordinaires. Le seigle est la céréale que nous avons obtenue se rapprochant le plus du blé, puis en croisant celui-ci avec d'autres herbes terrestres, nous avons obtenu l'avoine et l'orge.

A la race lémurienne succède la puissante race Atlantéenne à laquelle appartient, aujourd'hui encore, la majorité des habitants de la Terre. Vers le milieu de cette race s'incarne la première classe des hommes lunaires qui arrivent par groupes successifs, chacun prenant sa place là où il a le plus de chance d'évoluer et où il peut se rendre le plus utile à l'évolution du reste de l'humanité. Ils arrivent bientôt en tête de l'humanité.

Ensuite vient la grande civilisation des Aryens, édifiée par le célèbre Manou Vaivasvata. Elle n'est encore qu'à son début, et pourtant elle domine déjà le monde, mais elle n'atteindra sa gloire la plus grande que dans les temps futurs.

Bientôt, sous la direction d'un autre Manou, mieux connu des Théosophes, la sixième race-mère naîtra. Ce qui la concerne se trouve dans un livre tout récent de Mme Besant intitulé « *L'Homme, d'où il vient, où il va* », qui contient les résultats de nos dernières recherches à ce sujet.

MODES D'INDIVIDUATION

J'ai écrit dans un article récent que l'une des grandes classes de monades contient deux types égaux en développement, mais cependant très différents par les intervalles entre les vies successives; l'un reste généralement dans le monde céleste un temps presque double de celui de l'autre. La somme de force spirituelle générée étant à peu près la même dans les deux cas, il faut en conclure qu'un de ces types d'hommes peut assimiler cette force plus rapidement que l'autre. Dans la même période de temps, il accumule en lui le double de joies célestes; il travaille, pour ainsi dire, à haute pression, il concentre ses expériences et en assimile deux fois autant dans un temps donné, de sorte que les sept cents années qu'il passe dans le monde céleste équivalent aux douze cents qu'y passe l'homme de l'autre type.

Cette différence fondamentale entre ces deux catégories résulte de la manière dont elles ont atteint l'individuation. Sur le plan nirvanique, la monade se manifeste comme Esprit sous ses trois aspects, et lorsqu'un Ego est appelé à la manifestation il exprime ainsi dans cette manifestation le triple aspect de l'Esprit.

De ces trois aspects, l'un, l'Esprit lui-même, demeure sur son propre plan; le deuxième, l'intuition (ou la raison pure, ainsi que notre présidente, Mme Besant, a décidé de la désigner maintenant), descend d'un degré et s'exprime dans la matière du plan bouddhique ou plan de la raison pure (1) (2); le troisième, l'intelligence, descend de deux degrés et s'exprime dans la matière de la partie supérieure du plan mental.

La personnalité est triple aussi et sa manifestation est la réflexion exacte de l'Ego; mais comme toute réflexion, son image se réfléchit en sens inverse. L'intelligence se reflète dans le mental inférieur qui attient à la partie inférieure du même plan mental; la raison pure se reflète dans le corps astral; et, chose plus difficile à comprendre, l'esprit à son tour se reflète dans le corps physique.

Lorsqu'un Ego est formé, ces trois manifestations de l'Esprit doivent être appelées en lui à l'existence, mais le premier lien entre l'Esprit et l'Ego peut être établi par l'une des trois indistinctement. Nous avons expliqué que l'individuation d'une entité animale s'effectue généralement grâce à son association avec l'humanité de son époque. Les observations que nous pouvons faire autour de nous nous serviront d'exemples. Ainsi, un animal domestique, bien traité par ses maîtres, subit, du fait même de son contact avec eux, une impulsion qui l'élève et rapproche le moment où il pourra se détacher de l'âme-groupe à laquelle il appartient. Ce processus a été complètement décrit dans *L'Homme Visible et Invisible* et dans *Le Credo Chrétien*, et je crois inutile de le répéter ici, mais voici un point dont ces ouvrages ne parlent pas : c'est que le premier lien peut être

---

(1) Mme Besant a décidé récemment de remplacer autant que possible les termes sanscrits de notre littérature par des termes occidentaux. De ce moment j'emploierai donc dorénavant les termes de « raison pure » au lieu de « bouddhi », et de « plan de la raison pure » au lieu de « plan bouddhique ».

(2) Les termes « corps spirituel » et « plan ou monde spirituel » ont été fréquemment employés jusqu'ici au lieu de « bouddhi » et plan « bouddhique ». (N. d. T.)

établi entre les mentals inférieur et supérieur, ou entre le corps astral et la raison pure, ou entre le corps physique et l'esprit lui-même.

L'animal domestique, quand il est bien traité, ressent généralement un sentiment de grande affection pour son maître en même temps qu'un désir ardent de le comprendre, de lui être agréable, de deviner ses désirs. Parfois le maître porte d'affectueuses pensées vers l'animal ou tente quelques efforts définis pour lui enseigner quelque chose; il y a alors une action directe passant du corps mental ou astral du maître au véhicule correspondant de l'animal.

Ceci est relativement rare, et la plus grande partie du travail est faite sans volition directe de part ni d'autre, simplement par l'action mutuelle incessante et inévitable des deux entités en contact constant; les vibrations astrales et mentales de l'homme, étant beaucoup plus fortes que celles de l'animal, exercent sur ce dernier une pression continuelle.

Le caractère et la nature même de l'homme exercent donc une très grande influence sur la destinée de l'animal.

Si le maître est d'une nature émotionnelle et rempli de sentiments affectueux, il est plus que probable que le développement de tous les animaux domestiques s'effectuera principalement dans le corps astral et que la rupture finale du lien qui attache l'animal à l'âme-groupe sera due à un élan soudain d'affection intense qui montera jusqu'à l'aspect « raison pure » de la monade flottante de l'animal, provoquant ainsi la formation d'un Ego.

Si, au contraire, l'homme est d'une nature plutôt intellectuelle, le corps mental naissant de l'animal sera stimulé, et l'individuation se produira probablement parce que le mental aura atteint un degré trop élevé de développement pour que l'animal reste plus longtemps relié à l'âme-groupe.

Le dernier cas est celui où l'homme est animé d'une haute spiritualité ou d'une volonté très ferme; alors, en même temps que l'animal développera en lui une grande affection et une profonde admiration pour son maître, sa *volonté* surtout sera stimulée. Les effets se manifesteront dans son corps physique par une grande activité et une forte résolution de mettre à exécution tout ce qu'il a décidé, surtout s'il s'agit du service de son maître.

Il est difficile de ne pas penser que la distance entre l'esprit et le corps physique est plus grande que celles qui séparent le mental inférieur du mental supérieur ou le corps astral du corps de la raison pure. Pourtant ce n'est pas là une question de distance; il s'agit de la transmission de vibrations entre le point d'émission et le lieu de réflexion, et il est évident qu'un rapport vibratoire direct les unit tous deux, quelle que soit leur distance, plus intimement qu'à toute autre chose, même plus proche dans l'espace.

Le désir de l'animal de s'élever exerce le long de cette ligne une pression constante, et les caractéristiques qu'il a développées déterminent le point où cette pression éclate enfin et forme le lien indispensable entre la Monade et sa personnalité.

La formation de ce lien est généralement instantanée quand elle est provoquée par un acte d'affection ou de volonté; elle est graduelle lorsque le développement est mental, et ceci constitue une énorme différence pendant toute l'évolution future de l'entité.

Au cours de nos dernières investigations, nous avons découvert que, parmi la grande masse de gens qui se sont individualisés ensemble à un certain point de la chaîne lunaire, ceux qui ont atteint graduellement l'individuation grâce à un développement intellectuel, sont entrés en incarnation terrestre, il y a environ un million d'années et que, depuis cette époque, ils ont eu entre chaque vie un intervalle d'environ douze cents ans; au contraire, ceux qui atteignirent l'individuation par élan d'affection ou un effort de volonté, ne s'incarnèrent sur la Terre que quatre cent mille ans plus tard, mais les intervalles moyens entre leurs vies n'étant que de sept cents ans environ, leur condition est aujourd'hui exactement équivalente à celles des autres.

Il serait inexact de penser que ceux qui vinrent plus tard en incarnation, ayant des intervalles moindres entre leurs vies terrestres, y générèrent moins de forces spirituelles.

Au contraire, s'il y a réellement une différence, elle est en faveur de ceux qui ont de courts intervalles car, étant en général d'un tempérament plus dévotionnel, ils ont généré dans le même temps *plus* de force spirituelle que les autres. Il serait plus exact de dire qu'ils produisent une force d'un autre genre, mais toutes les deux sont nécessaires, l'une complétant l'autre. La différence d'intervalles entre les vies signifie tout simplement que ceux dont l'intervalle est plus court jouissent de leur état céleste sous une forme plus concentrée et assimilent les résultats d'une dépense égale de force en beaucoup moins de temps. Il semblerait, en effet, que la date de leurs entrées respectives dans la vie terrestre ait été calculée de manière que, après avoir passé par le même nombre d'incarnations, ils arrivent au même point et puissent ainsi travailler ensemble.

Des recherches ultérieures nous ont convaincus que que les intervalles entre les vies sont beaucoup plus variables que nous ne l'avions supposé tout d'abord. Il est absolument vrai que la somme des forces qu'un homme doit assimiler d'abord sur le plan astral, ensuite dans le monde céleste, est égale à celle qu'il a générée au cours de sa vie terrestre, *plus,* bien entendu, les forces supplémentaires qu'il se trouve capable de générer au cours de ses vies astrale et céleste, mais la mesure dans laquelle cette somme de forces est épuisée n'est nullement constante. La nécessité de réunir des groupes de personnes en incarnation afin que non seulement elles épuisent le Karma qu'elles ont généré dans leurs rapports mutuels passés, mais aussi qu'elles apprennent à coopérer à un même grand but, est évidemment un facteur très important pour régler la mesure dans laquelle la force sera dépensée.

La lecture des vies d'Alcyone montre que des gens, vivant chacun leur vie, génèrent des quantités très variables de force spirituelle, mais que cependant des dispositions sont prises pour qu'ils reviennent en même temps afin qu'ils passent par les mêmes expériences préparatoires et que les liens d'affection qui les unissent se nouent avec assez de force pour que ni malentendus, ni manque de confiance ne puissent s'élever entre eux quand le moment sera venu d'unir leurs efforts pour un grand travail.

Outre les différences dans le mode d'individuation que je viens d'exposer, il existe encore des différences dans le *degré* d'individuation, selon le stade de développement auquel l'individuation a lieu. Nos livres théosophiques expliquent qu'à mesure qu'une âme-groupe évolue graduellement au sein du règne auquel elle appartient, elle se fractionne en divisions de plus en plus petites. Des quadrillons de mouches ou de moustiques, des millions de rats et de souris, des centaines de mille de lapins, de moineaux sont rattachés à une âme-groupe, mais lorsque nous arrivons à des animaux tels que le lion, le tigre, le léopard, le cerf, le loup, ce n'est que par quelques milliers qu'il faut les compter pour une âme-groupe, et le nombre devient plus petit encore lorsqu'il s'agit des animaux domestiques comme les moutons et les bœufs.

L'individuation n'est possible que pour sept espèces d'animaux, une espèce pour chacune des sept grandes lignes ou des sept grands types. Parmi eux, nous connaissons avec certitude l'éléphant, le singe, le chien et le chat; le cheval est sans doute le cinquième. Derrière chacune de ces têtes de types s'étend une longue ligne d'animaux sauvages sur lesquels nous n'avons pu porter encore nos investigations; mais nous savons que les loups, les renards, les chacals et tous les animaux de ce genre arrivent à leur point culminant chez le chien; les lions, les léopards, les tigres, les jaguars, chez le chat domestique. Ces sept sortes d'animaux, aptes à être individualisés, constituent par centaines seulement une âme-groupe et, à mesure que leur développement s'accentue, l'âme-groupe se fractionne rapidement. Le chien-paria des Indes ou de Constantinople n'est qu'un loup à moitié apprivoisé; aussi un millier de ces créatures peut-il constituer une seule âme-groupe, mais dix à douze chiens ou chats réellement intelligents peuvent ne former qu'une seule âme-groupe.

Une grande différence s'établit selon le stade de cette vie animale supérieure auquel l'individuation a lieu, et ceci dépend en grande partie des occasions offertes à l'animal. Un chien-paria même peut s'individualiser, mais il ne sera qu'un type très inférieur d'individuation.

Les animaux de la chaîne lunaire ne ressemblaient pas à ceux d'aujourd'hui, et nous ne pouvons pas établir de parallèles exacts entre eux; néanmoins, comme un chien-paria individualisé ne serait qu'un fragment séparé d'âme-groupe avec une Monade flottant au-dessus et reliée à lui par un ou deux liens au plus de matière spirituelle, on peut le faire correspondre aux hommes-animaux lunaires (ceux qui préparèrent les formes de cette chaîne en s'incarnant dans celles de la première ronde), au moment de leur individuation.

D'autre part, le chien ou le chat réellement intelligent et affectueux, dont le maître prend grand soin et se fait un ami, aura, quand il s'individualisera, un corps causal au moins équivalent à celui des hommes lunaires de la première classe, tandis que les types intermédiaires d'animaux domestiques n'arrivaient à produire qu'une carcasse de corps causal semblable à celle qu'obtinrent les hommes lunaires du deuxième ordre.

Il résulte de ceci que la somme de travail nécessaire pour atteindre un certain niveau est pratiquement toujours la même, bien que, dans quelques cas, on exige une somme de travail plus forte pour un règne et moindre pour un autre.

Nos recherches nous ont nettement montré que les entités qui ont atteint le point culminant dans un règne n'entrent pas sur les niveaux inférieurs du règne supérieur. La vie qui anime un chêne, un banian, ou un rosier, passera directement dans la famille des mammifères quand elle entrera dans le règne animal, tandis que la vie qui quitte le règne végétal à un niveau inférieur, passera dans celle des insectes ou des reptiles.

Exactement de la même manière, un être arrivé au summum de l'intelligence et de l'amour dans le règne animal, passera au-dessus de l'humanité primitive, pour se manifester comme une individualité de premier ordre dès le début de sa carrière humaine, tandis que celui qui quitte le règne animal à un niveau inférieur, commencera naturellement sa vie humaine à un degré inférieur de l'échelle des hommes. Ceci explique la remarque que nous fit un jour un de nos Maîtres au sujet de la cruauté et de la superstition qui règnent dans la grande masse de l'humanité : « Ils se sont individualisés trop tôt, nous disait-il, ils ne sont pas encore dignes de revêtir la forme humaine ».

Ces trois méthodes d'individuation, par le développement de l'affection, de l'intellect et de la volonté, sont les lignes normales du plan de l'évolution. Cependant, l'individuation peut parfois être obtenue par d'autres moyens que nous appellerons irréguliers, car ils ne semblent pas compris dans le plan originel. Ainsi, au commencement de la septième ronde de la chaîne lunaire, un groupe d'êtres, sur le point d'atteindre l'individuation, y furent amenés par leur association avec quelques-uns de ces êtres arrivés à la perfection que nous appelons les Seigneurs de la Lune. Mais un fâcheux écueil se dressa au cours de leur développement, celui de l'orgueil que leur inspirèrent leurs progrès intellectuels; cet orgueil grandit et devint la caractéristique de leur nature et ils travaillèrent, non pour s'attirer l'estime et l'affection de leurs maîtres, mais pour faire montre de leurs avantages devant leurs compagnons et exciter leur envie. Ce dernier mobile surtout les poussa à faire des efforts dont le résultat fut l'individuation; aussi les corps causals qu'ils se créèrent ne montrèrent-ils, pour ainsi dire, aucune autre couleur que l'orange. Les Etres qui dirigeaient ce stade de l'évolution leur permirent néanmoins de s'individualiser, sans doute parce que s'ils avaient poursuivi leur évolution dans le règne animal, leur caractère, au lieu de s'améliorer, serait devenu de plus en plus mauvais. Voilà un exemple rare d'un groupement d'environ deux millions d'Egos qui s'individualisèrent par orgueil et qui, bien qu'assez évolués dans leur genre, ne possédaient guère d'autre qualité.

Les fruits des premier, deuxième et troisième globes de la septième ronde lunaire étaient destinés à jouer un certain rôle dans l'évolution de l'humanité terrestre. Nous savons qu'au début de notre troisième race-mère, sept des Seigneurs de la lune, chacun appartenant à un des sept grands types, descendirent sur la Terre et commencèrent à extérioriser (1) des corps éthériques pour la formation de la nouvelle race. Les entités qui s'étaient emparées de ces véhicules se marièrent entre elles; et lorsque leurs descendants furent devenus nombreux, les trois chargements d'Egos, dont nous avons parlé plus haut, furent appelés à s'incarner parmi eux pour établir le type de l'humanité future. « Un tiers s'y refuse; deux tiers obéissent (2) » Ce sont ceux dont le corps causal est de couleur orange, provenant de la planète A de la chaîne lunaire, qui refusent d'entrer dans ces véhicules sous prétexte qu'ils les jugent trop inférieurs; les Egos de couleur dorée, provenant du globe B, et le groupe de couleur rose du globe C, obéissent, entrent dans les véhicules et accomplissent leur destinée.

La carrière de ces Egos de couleur orange, montre combien peu recommandable est la ligne qu'ils ont suivie. Non seulement ils ont refusé de revêtir les corps qui leur étaient destinés, les laissant occuper par des types d'animaux bien inférieurs à eux et devenant ainsi la cause du péché des « sans-mental », mais encore, au cours de toute leur histoire, leur arrogance et leur nature orgueilleuse ont des conséquences fâcheuses pour eux-

---

(1) Par un phénomène analogue à celui qui a lieu dans les matérialisations spirites. (N. d. T.)

(2) *Doctrine Secrète*.

mêmes et pour les autres qui se corrompent à leur contact. La loi d'évolution les oblige à occuper des corps bien inférieurs à ceux qu'ils ont refusés; ils semblent profiter de cette leçon et reconnaître leur erreur, mais lorsqu'ils se mêlent ensuite à la masse de l'humanité, nous les trouvons toujours dans l'opposition, suscitant d'incessantes difficultés et défendant leur dignité aux moments les moins opportuns. Quoique en perpétuel conflit avec les lois naturelles, la grande majorité est amenée peu à peu à rejoindre le reste de l'humanité, mais même aujourd'hui on peut les reconnaître aux défauts fâcheux qui les caractérisent; ils sont encore comme les dépeint Mme Besant, « turbulents et agressifs, indépendants et séparatifs, enclins au mécontentement et toujours avides de changements ».

Quelques-uns parmi les plus intelligents n'ont pas été sans laisser des traces ineffaçables dans l'histoire de l'humanité; ce sont eux qui furent les fameux « Seigneurs à la sombre figure » de l'Atlantide dont il est tant parlé dans la *Doctrine Secrète;* plus tard ce sont eux encore qui se rendirent célèbres comme conquérants dévastateurs du monde, sacrifiant sans souci la vie de millions d'êtres pour satisfaire leur folle ambition; plus tard encore, ils sont les millionnaires américains sans scrupules, dénommés à juste titre par leurs parasites les « Napoléons de la finance ».

Une autre méthode anormale d'individuation est la peur. Certains animaux, cruellement maltraités par l'homme, ont développé un assez haut degré de ruse ou de finesse en cherchant à comprendre la cause de la cruauté et à l'éviter, ont provoqué leur détachement de l'âme-groupe. L'Ego ainsi produit ne possède qu'un type très inférieur d'intellectualité, et lorsqu'il descend sur les plans inférieurs, de par la nature même de ses atomes permanents, il attire à lui des véhicules astral et mental capables seulement d'exprimer les passions les moins désirables.

Parfois la cruauté éveille la haine plutôt que la crainte et ce sentiment, quand il est assez puissant pour développer l'intelligence dans le but de nuire à l'oppresseur, a aussi été un moyen de conquérir l'individualité. On peut aisément s'imaginer quel genre d'hommes en résulte et s'expliquer ainsi l'existence de sauvages sanguinaires et cruels dont nous entendons parler quelquefois, des inquisiteurs du moyen âge et celle de ceux qui, aujourd'hui, torturent les enfants.

De tous ces êtres, on peut dire avec juste raison qu'ils sont entrés trop tôt dans l'humanité, et que sous la forme humaine, ils manifestent les caractéristiques des types d'animaux les plus malfaisants.

Un autre facteur d'individuation est le désir intense de dominer les autres; ce sentiment se manifeste chez le taureau qui tient la tête du troupeau. Ceux qui se sont développés de cette manière manifestent souvent une grande cruauté et semblent s'y complaire, sans doute parce que torturer les autres est un signe de domination sur eux.

Les entités individualisées à un niveau relativement inférieur en suivant les voies normales, en développant l'affection, par exemple, deviennent, eux aussi, des sauvages assez primitifs, mais d'un caractère joyeux et d'un bon naturel; tels sont la plupart de ceux que l'on rencontre dans des îles des mers méridionales.

Lorsque l'on étudie les stades primitifs de notre développement sur la chaîne lunaire, il peut sembler que le mode par lequel un Ego arrive à l'individuation dépende d'une simple chance, notamment de « l'entourage dont il bénéficie accidentellement ». Cependant je ne crois pas qu'il en soit ainsi car, même pour l'animal, l'entourage au milieu duquel il est placé n'est *pas* accidentel, et le hasard n'a pas place dans un univers parfaitement organisé; aussi ne serais-je pas surpris si de nouvelles recherches nous révélaient que le vrai mode d'individuation ait été dans une certaine mesure prédéterminé pour la monade, sinon par elle-même, dans le but de la rendre plus apte à la tâche qui lui incombera plus tard dans le grand travail de l'évolution. Un jour viendra où tous nous serons les parties constituantes du grand

Homme Céleste, et ce ne sera plus un mythe ni un symbole, mais un *fait* vivant et réel. Ce corps céleste comporte de nombreux membres qui ont chacun une fonction à remplir, et il faut que les cellules vivantes qui les constitueront passent par des expériences variées. Il est très possible qu'à l'aube même de l'évolution, la tâche de chacun ait été définie, que chaque monade ait eu sa ligne d'évolution tracée, et que sa liberté consiste principalement dans sa plus ou moins grande rapidité à suivre cette ligne.

Quoi qu'il en soit, notre devoir est bien clair : avancer aussi rapidement que possible en cherchant toujours à nous conformer au grand plan élaboré par le Logos; ne vivre que pour le réaliser et nous efforcer sans cesse de hâter le progrès en aidant nos frères en humanité.

LES SEPT TYPES

Les sept grands types ou rayons ne correspondent pas aux plans de matière, car chacun d'eux existe sur tous les plans. Dans nos livres théosophiques, ceci est représenté par un carré divisé en sept bandes horizontales, qui représentent les plans de l'univers, et sept bandes verticales qui correspondent aux sept rayons. Ce diagramme est ainsi divisé en quarante-neuf carrés, chacun d'eux comportant quarante-neuf subdivisions, car, de même que chaque plan est divisé en sept sous-plans, chaque type est, lui aussi, divisé en sept sous-types, produits par l'influence sur lui des autres types. Ce diagramme, qui est très clair, se trouve dans la *Doctrine Secrète*.

Il y a sept grands types d'hommes; ils émanent des sept grands Logoï Planétaires. Chacun de nous appartient à l'un de ces grands types, mais contient aussi un sous-rayon de l'un des autres types. Par exemple un homme qui appartient au type bleu ou dévotionnel et dont le sous-type vient du rayon de la sagesse, sera sage dans sa dévotion ; mais si son sous-rayon est aussi dévotionnel, il sera aveuglément dévot, sans discernement, et, par conséquent, incapable de comprendre les imperfections de l'objet de son culte.

Bien que chacun de nous émane de l'un des sept *Logoï Planétaires,* il ne s'ensuit pas qu'il doive retourner à lui. Le but le plus haut auquel chaque grande race-mère doit atteindre, la fleur qu'elle doit produire est un Etre qui, dans les livres sacrés, est appelé l'Homme Céleste ; cet Etre puissant embrasse réellement en lui-même tous les membres de la race-mère qui s'en sont rendus dignes et qui vivent en lui comme nos cellules vivent dans notre corps. Nous nous sommes incarnés dans d'autres races-mères que celle-ci, mais nous appartenons à la race-mère dans laquelle nous aurons finalement réussi à atteindre l'Adeptat, et c'est à l'Homme-Céleste qui représente cette race qu'il nous faut nous unir jusqu'à faire partie intégrante de lui-même.

Chaque race-mère est guidée par un Manou et un Bodhisattwa ; ces deux êtres constituent respectivement le cerveau et le cœur de l'Homme Céleste de la race. Nous qui participons à l'œuvre de la Société Théosophique, suivons, du moins la plupart de nous, l'une ou l'autre de ces deux lignes et dans le glorieux avenir qui nous attend, nous nous grouperons autour de l'un de ces centres. Comme l'homme terrestre, l'Homme Céleste a sept centres qui sont représentés par sept Maîtres de la Hiérarchie occulte. Parmi les hommes, les uns sont attirés vers l'un de ces centres, les autres vers un autre ; toutes les possibilités de développement complet existent donc pour toutes les catégories et pour toutes les aptitudes.

Ainsi constitués, ces hommes, d'une naissance céleste, sont les vrais habitants du système solaire, les Fils-nés-du-mental des *Logoï planétaires,* destinés à devenir eux-mêmes des *Logoï planétaires.* Nous deviendrons en eux parties constituantes, conscientes et vivantes, mais nous conserverons, chacun, notre activité et notre liberté entières.

Ceci nous est incompréhensible au degré actuel de notre pensée; mais notre incapacité de comprendre n'enlève rien à la réalité des choses. Heureux si nous pouvons atteindre le niveau vers lequel tendent nos efforts et coopérer à l'œuvre des Grands Maîtres qui dirigent notre société. Si ces conceptions sont aujourd'hui au-dessus de notre compréhension, d'autres occasions de les comprendre se présenteront maintes et maintes fois jusque dans un avenir infini, mais ceux d'entre nous qui travaillent sincèrement, ont, par le fait qu'ils appartiennent à la société théosophique, une magnifique occasion qu'ils ne doivent pas négliger, car s'ils la laissent échapper, qui sait par combien de vies de dur labeur il leur faudra passer avant de mériter qu'une autre occasion se présente à eux? Bientôt l'Instructeur des anges et des hommes se manifestera de nouveau sur la Terre. Heureux sommes-nous d'aider, si peu que ce soit, à préparer la voie pour sa venue; plus heureux encore sont ceux d'entre nous qui pourront le voir face à face, qui auront le privilège de travailler sous sa direction au service de l'humanité quand le jour du Seigneur poindra.

NOTES SUR LES RACES

La race Irlandaise.

Les Irlandais n'appartiennent pas à la race des Atlantes, mais à la quatrième sous-race de la cinquième race-mère. Il est vrai que l'Irlande fit partie du continent de l'Atlantide et que ses premiers habitants descendaient des Rmoahals, c'est-à-dire de la première sous-race de la quatrième race-mère, mais aucune trace ne reste de ces aborigènes, petit peuple très brun ayant quelque ressemblance avec le type des Lapons actuels. Il ne reste guère non plus de vestiges appréciables d'une première invasion par une armée venant de l'Afrique et conduite par une reine Éthiopienne, mais il subsiste encore des traces de la race qui s'établit immédiatement après les Firbolgs. C'étaient des hommes de forte corpulence, à la face velue, qui paraissent être descendus de l'Islande; ils appartenaient sans doute à la même souche que les Aïnus du Japon. La grande majorité de la nation Irlandaise, sans compter les émigrants écossais d'Ulster, se compose des descendants des deux races suivantes : la race Tuatha-de-Danaan et de la race Milésienne. Les Tuatha-de-Danaan étaient de souche Caucasienne et identiques aux Grecs primitifs; ils arrivèrent en Irlande après avoir fait un long détour au nord, se déplaçant lentement d'un point à l'autre de la Russie et faisant le tour de la Suède et de la Norvège, comme toutes les grandes migrations extrêmement lentes de ces temps lointains. C'était une race superbe, au visage ovale, au teint clair, aux cheveux bruns pour la plupart, et dont les yeux d'un bleu sombre tiraient sur le violet. Quelques-uns avaient bien les cheveux d'une nuance plus claire et les yeux gris, mais le premier type était le plus fréquent; on le rencontre encore assez souvent aujourd'hui chez les paysans irlandais.

Les Tuatha-de-Danaan étaient non seulement beaucoup plus beaux, mais aussi tellement plus avancés au point de vue intellectuel et spirituel qu'ils étaient considérés par la race mélangée qu'ils avaient trouvée établie en Irlande, comme descendant d'une lignée céleste; aujourd'hui encore la tradition les représente comme une race de dieux qui gouverna l'Irlande pendant un âge d'or; et cet âge d'or n'est nullement légendaire, comme les historiens le disent, car sous leur direction l'Irlande fut réellement le siège d'une haute civilisation, un centre de philosophie et de science, tandis que l'île voisine, l'Angleterre, était en grande partie couverte de forêts impénétrables et peuplée de sauvages nus qui se peignaient en bleu.

Les Tuatha-de-Danaan régnèrent de nombreux siècles en Irlande et ce fut une ère de gloire et de grande puissance; puis leur civilisation, comme toutes les civilisations, tomba en décadence et ils furent subjugés par une invasion de Milésiens venus d'Espagne. Les conquérants étaient d'une race bien inférieure au point de vue spirituel et du développement en général, mais ils avaient la force brutale de la jeunesse et de vastes connaissances en basse magie. C'étaient des hommes à « tête de taureau », aux traits rudes, laids de visage pour la plupart, aux cheveux clairs ou d'un rouge accentué; ce type existe encore presque dans sa pureté originelle parmi les paysans de la partie méridionale de l'île. Bien qu'inférieurs aux Tuatha-de-Danaan, les Milésiens étaient cependant, eux aussi, une variété de la quatrième sous-race des Aryens, et comme cette sous-race est constituée par ces deux types, c'est à elle qu'il faut rattacher les Irlandais actuels, de même que les Celtes qui sont proches parents des Highlanders d'Ecosse, des Gallois et des Armoricains ou Bretons.

Aujourd'hui, la pauvreté règne malheureusement sur une grande partie du pays irlandais, et le manque de prospérité se fait sentir dans la verte Erin. Les Irlandais attribuent cet état de choses à l'oppression que l'Angleterre, qui les a conquis, fait peser sur eux. Cette « oppression », si vraiment elle est réelle et non imaginaire, provient de la divergence radicale des deux races et dont le résultat est un manque absolu de compréhension mutuelle. L'esprit positif de l'Anglo-Saxon ne peut comprendre l'imagination et la nature poétique de l'Irlandais dont les aspirations sont lettre morte pour lui. Le paysan anglais de la classe moyenne vit presque entièrement sur le plan physique et sa pensée ne s'oriente guère que sur tout ce qui touche à ses intérêts ou sur ses occupations quotidiennes; il paysan irlandais, au contraire, vit plutôt sur le plan astral; il se préoccupe relativement peu des conditions physiques tant il se sent entouré de l'atmosphère astrale à laquelle il est accoutumé. Ses pensées sont généralement loin du train-train monotone de la vie journalière, et son esprit est rempli des légendes du temps passé ou des histoires de saints, d'anges ou de fées.

Je me rappelle l'étonnement dont fut saisi un propriétaire anglais qui, choqué par l'état de délabrement de quelques masures de son domaine, fit construire pour ses laboureurs de jolis petits cottages en briques de couleur, munis de tout le confort moderne. Il persuada difficilement quelques paysans d'essayer les nouveaux logements qu'ils regardaient d'un œil assez défavorable ; mais, après les avoir habités un jour ou deux, tous réintégrèrent leurs vieilles cabanes aux planchers de terre battue et dont les toits laissaient filtrer la pluie, jurant qu'aucun *home* n'était comparable à leur vieux *home*, même avec tous ses inconvénients. La vérité est qu'ils se préoccupent si peu des choses physiques qu'ils ressentaient à peine ces inconvénients qui pesaient bien peu dans leur esprit en face du sentiment d'un foyer agréable que leur faisaient éprouver les vibrations astrales émanant de ces vieux murs et auxquelles ils étaient habitués depuis leur enfance. L'Anglais, qui n'avait aucune idée des vibrations astrales, ne pouvait que s'étonner de la sottise et de l'obstination de ces gens qui préféraient une misérable chaumière délabrée et sale à un cottage propre et coquet.

L'ivrognerie, vice malheureusement trop répandu chez les paysans irlandais, peut être attribuée aux mêmes causes. Ils recherchent moins la sensation physique que la sensation astrale, et ils l'obtiennent jusqu'à un certain point en absorbant de l'alcool. En général, le paysan irlandais boit peut-être davantage que son compère l'Anglais, mais en tout cas ses pensées sont plus pures et plus élevées. Pour lui, toutes les femmes sont sacrées, à l'image de la Vierge Marie à laquelle il adresse ses prières, et, d'après les statistiques, les attentats contre le sexe faible sont beaucoup plus rares dans la verte Erin que dans Albion. L'Anglais s'efforce toujours d'être véridique dans ses discours ; l'Irlandais ne s'en préoccupe guère ; il préfère se montrer courtois et dire ce qu'il croit agréable aux autres. En un mot, tous les deux sont les représentants de deux sous-races différentes ; leur développement se poursuit sur des lignes différentes, et seuls les plus libéraux et les plus sages d'entre eux savent se comprendre et se montrer tolérants pour les particularités inhérentes à leurs natures respectives.

Nombreuses sont les causes de l'état de pauvreté et du manque de prospérité des Irlandais. Sans vouloir soulever aucune des questions brûlantes qui font l'objet des discussions de partis, l'occultiste peut examiner avec intérêt au moins l'une de ces causes, insoupçonnée de ceux qui discutent ce sujet dans notre vingtième siècle si prosaïque. Cette cause est une malédiction lancée sur la race, on pourrait plutôt dire un sort qui fut jeté sur elle, il n'y a pas moins de deux mille ans, au temps de la conquête des Milésiens. Il est dit à plusieurs reprises, dans l'histoire de l'Irlande primitive que les envahisseurs milésiens ne purent asservir la race qu'ils avaient conquise que parce qu'ils réussirent à jeter sur elle un voile d'illusion.

Cette légende repose sur un fait. Les prêtres de la religion Milésienne possédaient la connaissance de certaines pratiques de magie, et lorsqu'ils eurent achevé la conquête du pays, ils établirent partout des centres fortement magnétisés, placés à quelques milles les uns des autres, de sorte que toute la partie méridionale et occidentale du pays en fut enveloppée comme d'un vaste réseau.

Aujourd'hui, même après deux mille ans, une influence très forte s'en dégage encore : des esprits de la nature d'une certaine catégorie sont encore attirés vers ces centres; ils s'assemblent en masse dans leur voisinage, et s'imprègnent de leur influence et la propagent inconsciemment dans toutes les parties du pays où ils passent ensuite.

Le sort jeté par les prêtres Milésiens avait une double portée et frappait l'Irlande de désunion et d'apathie. En vertu de cette malédiction, jamais les Irlandais, divisés par des querelles constantes, ne pourraient s'unir effectivement pour une action et ils seraient toujours soumis par tout adversaire possédant ce pouvoir magique et capable de s'en servir. Si le gouvernement anglais avait eu une connaissance suffisante de cette magie pour comprendre et utiliser cet héritage des prêtres Milésiens, l'histoire de l'Irlande eût probablement été toute différente, mais comme l'Anglo-Saxon est en général totalement ignorant de tout ce qui concerne le côté occulte de la nature et totalement incrédule à ce sujet, c'est l'Eglise Romaine qui, consciemment ou inconsciemment, est entrée en possession de cet héritage ; elle a fait son profit du pouvoir qui subsiste encore de ce sort antique et a pu ainsi établir sans conteste sa suprématie dans tous les districts où, il y a bien longtemps, les prêtres Milésiens, avaient établi leurs centres magnétiques.

La race Espagnole.

Le Karma des races est une question très difficile à résoudre, et je ne crois pas que nous ayons encore à notre disposition les informations suffisantes pour en parler d'une façon précise. Cependant lorsqu'il nous arrive de constater qu'une race se trouve dans des conditions exceptionnellement favorables, nous pouvons en conclure avec certitude que le Manou, chargé de cette partie de l'évolution, a jugé ces conditions indispensables pour le progrès d'un certain nombre d'Egos. La loi de cause et d'effet régit les nations comme les individus, mais son action est alors plus compliquée parce que les Egos qui constituent la race lorsque les effets se produisent, ne sont généralement pas ceux qui étaient là lorsque la cause fut générée.

Il est vraisemblable que l'Espagne ait été dépossédée de l'Amérique du Sud et du Mexique dans des conditions peu flatteuses pour elle en raison du Karma engendré par sa cruauté et sa rapacité lorsqu'elle conquit ces pays, mais il est surtout difficile de concevoir que les Espagnols qui subirent ces pertes quand les nations américaines s'affranchirent elles-mêmes du joug de l'Espagne, aient tous été les réincarnations de ceux qui exécutèrent ces horribles hécatombes sous la direction de Cortès et de Pizarre. D'autre part, il est probable que quelques-uns d'entre eux étaient déjà réincarnés à ce moment, car les individus appartenant aux classes inférieures reviennent plus vite sur la Terre que ceux des classes élevées, et ils sont généralement forcés de s'incarner plusieurs fois dans la même branche d'une race avant qu'ils en aient appris toutes les leçons.

La race Juive.

La race juive est dans des conditions spéciales parce que, au degré actuel de l'évolution, le Manou a besoin de ces conditions pour l'instruction même de quelques-uns des Egos qui sont confiés à ses soins. Nous ne pouvons faire que des hypothèses sur le Karma de la race qui a pu rendre possibles ces conditions; peut-être trouverons-nous une explication dans le fait que la race juive descend des Sémites atlantes qui furent conduits en Arabie et isolés de leurs compagnons par le Manou de la cinquième race-mère lorsqu'il voulut effectuer ses premières sélections. Cette première tentative n'ayant pas donné tout le succès qu'il en attendait, une seconde sélection eut lieu dans la région de Gobi, d'où sortit plus tard la première sous-race de la nouvelle race-mère. Lorsqu'il devint nécessaire de fonder une deuxième sous-race, le Manou envoya des émissaires à ceux qui avaient été laissés en Arabie; son intention était de mêler leur sang avec celui de la nouvelle race-mère. Mais ceux-ci, imbus de l'idée (idée que le Manou lui-même leur avait inculquée originellement) qu'ils étaient une race choisie entre toutes et qu'ils ne devaient en aucun cas contracter mariage avec les autres races, rejetèrent, au nom des enseignements du Manou, les ouvertures qui leur furent faites. Le Manou se trouva donc contraint de chercher ailleurs les éléments dont il avait besoin.

La sous-race particulière dont descend directement la nation Juive, avait quitté l'Arabie et s'était réfugiée sur la côte des Somalis afin d'échapper à la conquête de ceux qui suivaient les nouveaux enseignements du Manou et bientôt les futurs Juifs se séparèrent de leurs compagnons; ils longèrent les bords du golfe d'Aden et de la mer Rouge puis il pénétrèrent en Egypte. Le Pharaon les reçut avec hospitalité et leur concéda des terres pour s'établir. Ils y demeurèrent quelques siècles, mais un Pharaon décida un jour de leur faire payer des impôts et de les astreindre à certains travaux non rémunérés comme ses autres sujets. Ils protestèrent contre ces prétentions, et émigrèrent à nouveau en traversant le désert du Sinaï et se fixèrent au sud de la Syrie après en avoir dépossédé, à la suite de longues luttes, des tribus de brigands dans les veines desquels coulait un sang presque indentique au leur.

C'est le Karma encouru par le refus qu'ils opposèrent au Manou qui a fait d'eux une race à part, les mêmes Egos s'incarnant sans cesse, en grande partie, dans cette race au lieu de passer dans une autre race selon la méthode habituelle. Je ne puis dire si c'est le sentiment instinctif que l'on eut, de cette différence qui fut cause de l'attitude des autres races, à leur égard, mais évidemment cette attitude est due, en partie au moins, à l'idée, assez semblable à celle des Brahmanes, basée sur la tradition de cette sélection originelle opérée par le Manou, qu'ils sont supérieurs au reste du monde; le reste du monde toutefois n'a pas toujours apprécié cette attitude ni cette prétention.

Les Juifs consituaient au début une tribu nomade semblable à celle des Bédouins Arabes et ne vivaient en grande partie que de pillage, leur divinité étant, de leur propre aveu, un dieu spécial à eux, combattant les dieux des autres nations, auxquels il se vantait sans cesse d'être supérieur. Une fois pourtant il ne put arriver à soumettre certaines races « parce qu'elles avaient des chariots de fer ». (Les juges, I, 19.)

De même que toutes les autres divinités élémentales qu'adorent en général les tribus, ce dieu exigeait des sacrifices sanglants, et comme il les voulait nombreux, il se montrait très jaloux de ses adorateurs dans la crainte que ceux-ci ne l'abandonnassent pour porter leurs offrandes à d'autres divinités. Le fait d'exiger des sacrifices sanguinaires est un critérium infaillible pour juger la valeur d'une divinité; aucune entité méritant tant soit peu d'être vénérée et respectée, n'a jamais montré d'aussi odieuses prétentions. Ce dieu formait souvent aussi des plans vils et déshonnêtes; cet état d'esprit est fréquent parmi les divinités des tribus, mais. aucune entité élevée ne s'y abaisserait.

Dans ces conditions, l'envoi en captivité à Babylone d'une partie de ce peuple turbulent fut la meilleure chose qui pût lui arriver. Ils s'y trouvèrent pour la première fois en contact avec une race hautement civilisée; pour la première fois aussi, ils entendirent parler d'un Dieu suprême embrassant toutes choses. Ils s'efforcèrent alors d'identifier leur divinité avec cet Etre suprême, provoquant ainsi une grande confusion. Quand ils rentrèrent, après cette longue captivité, ils rédigèrent à nouveau leurs Ecritures d'après la mémoire des plus anciens et y introduisirent quelques théories supérieures ayant trait à une Divinité suprême.

Le fondateur du Christianisme revêtit un corps juif. Les premiers instructeurs religieux chrétiens ayant tous appartenu à cette même race, ils apportèrent malheureusement dans le Christianisme la notion d'un Dieu doué de caractéristiques inconciliables, d'un Dieu jaloux, cruel et vindicatif et pourtant omniscient, omnipotent et plein de compassion. Encore aujourd'hui, l'Eglise chrétienne lit aux fêtes solennelles les anciens commandements juifs si singuliers où il est parlé de la jalousie divine alors que, dans une autre partie du même service, elle l'acclame comme « Dieu de Dieu » « Lumière de Lumière » « Vrai Dieu de Vrai Dieu ». Si les Chrétiens avaient eu l'heureuse idée d'écarter les croyances juives et s'en étaient tenus aux enseignements de leur fondateur qui appelle Dieu « le Père qui est dans le Ciel », que de troubles dans l'Eglise auraient été évités!

Les Atlantes.

En tant que race, les Atlantes n'avaient aucun sentiment de l'abstraction et étaient absolument incapables de généraliser. Par exemple, ils n'avaient pas de table de multiplication; pour eux, l'arithmétique était un système de magie; l'enfant devait apprendre des règles toutes faites sans qu'on lui en donnât la moindre explication. Ainsi on lui enseignait que, le chiffre 8 étant placé sous un autre 8, dans l'ordre particulier de magie que nous appelons aujourd'hui addition, le chiffre 6 devait être inscrit comme résultat avec, à sa gauche, le chiffre 1. Si l'opération magique était la soustraction, un Zéro devait en être le résultat; si c'était une division, le chiffre 1 devait apparaître, une multiplication, le chiffre 4 devait être inscrit au résultat avec le chiffre 6 à sa gauche; mais l'enfant ne sut jamais que $8 + 8 = 16$, ni que $8 \times 8 = 64$! Des séries analogues de règles toutes faites devaient être apprises par cœur pour toutes les relations possibles des chiffres de 1 à 10. Ces quatre séries ou types de magie mathématique étaient apprises comme les quatre conjugaisons des verbes. La plupart des calculs se faisaient au moyen d'une machine, sorte de cadre à calculer ou boulier assez semblable à celui qu'emploient aujourd'hui les Chinois et les Japonais et au moyen duquel il est possible, même aujourd'hui, d'effectuer des calculs compliqués, par exemple d'extraire la racine carrée d'un nombre.

Doués d'une prodigieuse mémoire, les Atlantes se montraient habiles à rassembler les faits; de plus, ils inventèrent un grand nombre de machines compliquées, dont la plupart nous sembleraient d'un mécanisme assez gauche. Nous voyons encore en matière de religion d'autres traces de leurs limitations, dont les Egyptiens héritèrent. Ils avaient observé et noté la plupart des types d'essence élémentale et d'esprits de la nature; ils leur avaient donné des noms et inventé pour chacun des formules magiques déterminées qui servaient à les maîtriser, et, laborieusement, ils les apprenaient, certains que s'il leur arrivait d'appliquer à un élémental une formule autre que la sienne propre, cet élémental se montrerait bientôt sous un aspect destructif. Ils ne comprirent jamais que la force cachée derrière les formules magiques n'est jamais que la volonté humaine, et qu'un effort déterminé de cette volonté, même sans aucune formule, est aussi effectif en toute circonstance. Le *Livre des Morts* contient un grand nombre de ces formules magiques, et seule la partie de la formule que l'on croyait nécessaire à chaque personne décédée, était placée près d'elle dans son cercueil.

La sous-race Touranienne des Atlantes fit une série de tentatives pour établir ce que nous appelons aujourd'hui le régime démocratique et porta celui-ci à un degré que ses partisans actuels, même les plus convaincus, n'ont pas encore atteint. Les résultats furent si désastreux que la race tout entière fut plongée dans l'anarchie et le chaos le plus profond; de nos jours encore, la Chine subit le contre-coup de la violente réaction qui s'ensuivit dans le sens d'un régime ultra-aristocratique.

Les Touraniens, hommes aux passions animales très violentes, n'étaient pas du tout, sous bien des rapports, ce que l'on peut appeler un peuple agréable.

MARS ET SES HABITANTS

Les conditions qui existent actuellement sur Mars ne sont nullement désagréables. Cette planète est plus petite que la terre et plus avancée comme âge. Je n'entends pas dire qu'elle est plus ancienne au point de vue des années, car la chaîne entière de mondes vint à l'existence, non pas simultanément en vérité, mais au cours d'une même période. Par le fait qu'elle est plus petite, elle vit plus rapidement sa vie de planète. D'abord, se refroidissant plus vite, elle passa plus rapidement de l'état nébulaire aux autres stades, et pendant que l'humanité l'habitait, dans la troisième ronde, ses conditions étaient à peu près semblables à nos conditions terrestres actuelles, et la surface de ses mers était, comme la nôtre, supérieure à celle de ses continents. Aujourd'hui son âge est relativement avancé et, contrairement à ce qui existait autrefois, la surface couverte par l'eau est beaucoup plus petite que celle couverte par les continents. De grands espaces sont aujourd'hui déserts et recouverts d'un sable de couleur orange éclatante qui donne à la planète cette teinte spéciale par laquelle on la reconnaît facilement. Comme la plupart de nos déserts, le sol en serait probablement fertile si l'on y creusait de vastes irrigations et il en serait certainement ainsi si l'humanité y était restée.

La population actuelle, constituée par les membres de la ronde intérieure, y est peu nombreuse, et trouve dans les régions équatoriales où la température est plus élevée et l'eau assez abondante, la place suffisante pour vivre aisément. L'immense système de canaux que nos astrologues observent, fut construit par les hommes lunaires du second ordre lorsque, pour la dernière fois, ils occupèrent la planète afin de mettre à profit la fonte annuelle des énormes masses de neige qui recouvrent les régions polaires. On a observé que quelques-uns de ces canaux sont doubles; ils le sont en effet, grâce à la prévoyance des ingénieurs martiens. Le sol est généralement plat et les Martiens avaient grand peur des inondations; partout où de grands afflux d'eau étaient à craindre à la suite de circonstances exceptionnelles, ils construisirent un second canal parallèle au premier et destiné à servir de canal de décharge à l'époque des hautes eaux. En réalité, ces canaux ne sont pas visibles aux télescopes terrestres; ce que l'on voit, c'est la ceinture de verdure qui les borde sur une certaine étendue de chaque côté et seulement à l'époque où les eaux affluent. De même que l'Egypte n'existe que par son fleuve, le Nil, de même de vastes régions de Mars n'existent que grâce à ces canaux. De chaque côté de ceux-ci irradient des cours d'eau qui traversent les régions environnantes et se subdivisent ensuite en des milliers de petites rigoles, en sorte que le pays, sur une centaine de milles de largeur, est entièrement irrigué. Là se trouvent des forêts, des champs cultivés et une végétation variée et extrêmement luxuriante et ceci forme sur la surface de la planète une ceinture sombre visible même pour nous lorsqu'elle occupe une situation favorable, malgré les vingt millions de lieues qui nous en séparent quand elle est le plus près de nous.

Mars est plus éloignée que la Terre du centre du système solaire et le soleil apparaît à ses habitants moitié moins grand qu'à nous. Le climat des parties habitées de la planète est néanmoins très bon, la température dans le jour étant généralement, à l'équateur, d'environ 70° Farenheit (1), mais rares sont les nuits où il n'y ait pas une légère gelée. Les nuages y sont presque inconnus et le ciel est absolument pur pendant la plus grande partie de l'année; le pays se trouve en conséquence affranchi des désagréments qu'occasionne la pluie ou la neige. La journée martienne est de quelques minutes plus longue que la nôtre et l'année deux fois plus longue. La différence des saisons, dans les parties habitées, est à peine sensible.

Au point de vue physique, l'aspect des Martiens ne diffère pas beaucoup du nôtre, sauf qu'ils sont beaucoup plus petits. Les hommes les plus grands ne dépassent pas cinq pieds de haut et la majorité mesure deux ou trois pouces de moins. Selon nos conceptions esthétiques, leur corps est trop large, car la poitrine a une grande capacité; ceci est dû, sans doute, à la raréfaction de l'air qui oblige à respirer plus profondément pour que l'oxygène pénètre dans le sang. La population entière de Mars appartenant à une seule et même race, il n'y a pas, chez eux, de différence sensible dans les traits ni dans le teint; on peut dire cependant que, comme chez nous, il y a des *blonds* (2) et des *bruns* (3);

---

(1) Environ 20 degrés centigrades. (N. d. T.)
(2) En français dans le texte.
(3) En français dans le texte.

les uns ont le teint tirant un peu sur le jaune et les cheveux noirs, tandis que la majorité a les cheveux jaunes et les yeux bleus ou bleu violets, ce qui leur donne un aspect analogue à celui des Norvégiens.

Ils s'habillent de couleurs voyantes; les deux sexes portent un vêtement flottant de tissu très souple et tombant droit des épaules jusqu'aux pieds. En général, leurs pieds sont nus; ils portent cependant quelquefois une sorte de sandale en métal attachée aux chevilles par une courroie.

Ils aiment beaucoup les fleurs ils en ont une grande variété. Leurs villes sont construites comme des cités-jardins; les maisons, bâties autour de cours intérieures, n'ont presque toutes qu'un étage et s'étendent sur un grand espace. Extérieurement, elles semblent construites avec du verre coloré; en effet, les matériaux employés sont transparents, mais cannelés de telle sorte que, de l'intérieur, on jouit sans obstacle de la vue des jardins, tandis que, du dehors, on ne peut pas voir à l'intérieur.

Les maisons ne sont pas construites pierre à pierre; les matériaux sont fondus et versés dans des moules. Lorsqu'une maison est projetée on en construit d'abord un moule exact en métal enduit de ciment, puis cette étrange matière ayant l'apparence du verre, est fondue et versée dans le moule; quand elle est refroidie et durcie, le moule est enlevé et la maison est terminée, sauf un dernier travail de polissage sur la surface extérieure. Les portes ne sont pas exactement comme les nôtres, car elles n'ont ni verrous, ni charnières; elles s'ouvrent et se ferment en posant le pied à certains endroits marqués sur le sol, soit à l'intérieur, soit à l'extérieur; elles ne tournent pas sur des charnières, mais glissent dans le mur de chaque côté de l'embrasure. Toutes ces portes, ainsi que leur ornementation et leurs accessoires, sont en métal. Le bois ne semble pas employé du tout.

Une seule langue est en usage sur toute la planète, sauf dans quelques tribus sauvages; cette langue, comme toutes choses d'ailleurs dans le monde des Martiens, ne s'est pas faite peu à peu comme les nôtres; elle a été établie une fois pour toutes, afin d'épargner du temps et de la peine, simplifiée jusqu'à l'extrême limite et ses règles n'ont aucune exception.

Les Martiens ont deux méthodes d'enregistrer leurs pensées. L'une consiste à parler dans une petite boîte sur une paroi de laquelle est fixée une embouchure analogue à celle d'un téléphone; chaque son ainsi émis est représenté au moyen d'un mécanisme par une sorte de signe complexe qui se grave sur une petite plaque de métal; quand le message est terminé, la plaque sort de la boîte et sur sa surface sont gravés des caractères cramoisis que ceux qui connaissent cette écriture traduisent facilement. L'autre méthode consiste à écrire à la main, mais elle est très difficile à apprendre, car l'écriture est une sorte de sténographie compliquée qui permet d'écrire aussi rapidement que l'on parle. Tous les livres sont imprimés en cette écriture; ils ont la forme de rouleaux dont la feuille est en métal très mince et très flexible. La gravure en est très fine et la coutume est de la lire à travers une loupe ingénieusement fixée sur un support; dans ce support, un mécanisme déroule le rouleau devant la loupe à la vitesse désirée et l'on peut ainsi lire sans toucher le livre.

Partout se montrent les signes d'une civilisation très ancienne, car les habitants de Mars ont gardé précieusement la tradition de tout ce qui était connu au temps où la grande vague de Vie occupa la planète. Ils y ont aussi ajouté depuis beaucoup d'autres découvertes. L'électricité semble être la seule force motrice employée et toutes sortes de machines remplaçant le travail manuel sont en usage.

Somme toute, le peuple est généralement indolent, surtout quand il a dépassé la première jeunesse, mais le nombre particulièrement réduit de la population lui permet de vivre très aisément. Ils ont dressé différentes espèces d'animaux domestiques à un degré de coopération intelligente bien supérieur à tout ce qui a été tenté dans ce sens sur la Terre, de sorte que la plus grande partie du travail dans le service de maison ou le jardinage est exécuté par ces créatures sans qu'il soit nécessaire de les suivre de près.

Un gouvernement autocratique régit la planète entière, mais la monarchie n'est pas héréditaire.

La polygamie est en vigueur et la coutume est de confier les enfants dès leur plus jeune âge à l'Etat qui les élève et les instruit, de sorte que la plus grande partie de la population n'a pas de famille et ignore même ses parents. Aucune loi n'impose cette manière de faire ; mais elle est tellement dans les mœurs et considérée comme bonne dans l'intérêt des enfants que les quelques familles qui veulent vivre un peu à notre façon, en élevant leurs enfants chez eux, sont accusées de compromettre leur avenir pour la simple satisfaction de ce qui est considéré comme une affection simplement animale.

L'Etat assume ainsi les fonctions de tuteur et de professeur universels et les autorités scolaires de chaque district classent les enfants d'après leurs aptitudes ; la ligne de vie qu'ils suivront est ainsi déterminée d'avance ; néanmoins une grande latitude est laissée à chaque enfant lorsqu'il atteint l'âge de discernement. Les enfants qui, en même temps qu'une grande intelligence, montrent de grandes dispositions, sont mis à part des autres et instruits en vue d'entrer dans la classe dirigeante.

Le roi a sous ses ordres des vice-rois qui gouvernent les grands districts ; ces vice-rois, à leur tour, commandent à des gouverneurs de districts moins importants, et ainsi de suite jusqu'à celui qui occupe le poste équivalent à celui d'un maire de village. Tous ces fonctionnaires sont choisis par le roi dans le groupe des enfants qui ont reçu dans ce but une éducation spéciale et quand arrive le moment de sa mort, c'est dans ce groupe ou parmi ceux qui ont déjà le grade de fonctionnaire, qu'il désigne son successeur.

Les Martiens ont porté leurs études médicales à un tel degré de perfection que les maladies ont été éliminées, et que même les signes de décrépitude inhérents à la vieillesse sont en grande partie évités. En réalité, personne ne paraît vieux, il semblerait même qu'aucun ne se sente vieux; après avoir vécu une vie sensiblement plus longue que la nôtre, le désir de vivre s'éteint graduellement et l'homme s'en va doucement dans la mort. C'est une coutume très répandue que celui qui cesse de s'intéresser à la vie et qui sent que sa mort est proche (tel parmi nous un centenaire) s'adresse à une école scientifique, analogue à nos écoles de chirurgie, en demandant qu'on le fasse mourir sans douleur, et cette requête est toujours accueillie favorablement.

Tous les dirigeants sont autocrates, chacun dans sa sphère; l'appel à un fonctionnaire plus élevé est permis, mais ce droit est rarement exercé, les gens préférant en général se soumettre plutôt que de se donner la peine d'aller en appel. En somme, tous les dirigeants semblent très bien s'acquitter de leurs devoirs; mais on dirait que c'est moins par un sentiment exceptionnel de droiture et d'équité qu'ils agissent ainsi que pour échapper aux ennuis qu'ils auraient à coup sûr s'ils se mettaient visiblement dans leur tort.

Une des choses les plus remarquables des Martiens, c'est qu'ils n'ont aucune religion; chez eux, ni églises, ni temples, ni lieux consacrés à un culte d'aucune sorte, ni prêtres, ni puissance ecclésiastique. La croyance adoptée par le peuple est une sorte de matérialisme scientifique. Pour eux, rien n'est vrai que ce qui peut être démontré scientifiquement et croire à ce qui ne peut être ainsi démontré, est considéré non seulement comme une folie, mais même comme un crime, car cette attitude d'esprit est considérée comme de nature à compromettre la paix publique.

L'histoire des Martiens, dans le passé lointain, ressemble assez à la nôtre; on y trouve des récits de persécutions religieuses et de peuples aux conceptions si subversives qu'ils étaient poussés non seulement à déployer une énergie ardente pour se défendre eux-mêmes, mais encore à entraver sans cesse la liberté de pensée des autres peuples. Aussi l'opinion publique martienne est-elle fermement déterminée à ne plus jamais laisser libre cours à des éléments aussi perturbateurs; en conséquence, il a été déclaré que seules la science physique et la raison positive auraient la souveraineté suprême. Bien que, comme chez nous, il se produise des événements que la science ne peut expliquer, le peuple estime qu'il est préférable de n'en point parler.

Néanmoins, sur Mars, comme en nombre d'autres lieux, il se trouve des gens qui savent plus. Il y a plusieurs siècles, quelques-uns d'entre eux se sont unis en fraternité secrète afin de se rencontrer et de discuter ces questions. Peu à peu et avec une grande circonspection, ils recrutèrent d'autres membres pour leur cercle fermé et ainsi naquit, dans ce monde le plus matérialiste qu'on pût voir, une société secrète qui non seulement croit à l'existence de mondes hyperphysiques, mais qui, de plus, a une réelle connaissance de leurs conditions, ses membres s'adonnant à l'étude du magnétisme et du spiritisme et certains même ayant développé de grands pouvoirs.

Actuellement, cette société secrète a pris une grande extension et c'est un disciple de nos Maîtres qui la dirige en ce moment. Aujourd'hui, après plusieurs siècles d'existence, elle n'est pas encore officiellement reconnue par les autorités martiennes, mais en réalité celles-ci font plus que la soupçonner, car elles ont appris à la craindre. Aucun de ses membres n'a encore pu être identifié comme tel, mais la plupart sont fortement soupçonnés. Il semble d'ailleurs que lorsque des membres ainsi suspects ont été, dans le passé, outragés ou mis à mort injustement, les auteurs du crime étaient morts prématurément d'une façon mystérieuse, sans que cette mort eût jamais laissé de traces permettant de l'attribuer à un acte physique de la part de leurs confrères. De tels actes sont sans aucun doute une infraction aux principes de la raison pure par lesquels toutes choses doivent être régies, mais l'opinion publique est arrivée à comprendre qu'il vaut mieux ne pas s'ingérer dans les croyances de gens qui paraissent différer de la majorité tant qu'ils ne professent pas ouvertement des doctrines que l'on considère comme contraires aux bons principes de morale posés par le matérialisme.

A l'écart et bien loin des belles régions équatoriales, dans des terres inhospitalières et des forêts impénétrables, existent encore des débris des tribus sauvages, descendants de ceux laissés en arrière quand la grande vague de vie quitta Mars pour venir sur la Terre. Ce sont des sauvages très primitifs, de beaucoup inférieurs à ceux qui vivent maintenant à la surface de notre planète; ils ont quelque ressemblance avec une de nos évolutions inférieures.

Quelques-uns des membres de la société secrète, sont parvenus à trouver le moyen de traverser sans trop de difficultés l'espace qui les sépare de la Terre, et ont tenté, à diverses époques, de se manifester à nous dans des séances spirites par l'entremise de médiums, ou, par d'autres méthodes, d'imprimer leurs idées chez des poètes et des romanciers.

Les renseignements que je viens de donner sont basés sur les observations et les recherches que j'ai pu faire au cours de diverses visites sur la planète; toutefois, on peut trouver la plupart de ces renseignements dans les ouvrages de certains auteurs qui ont écrit sur ce sujet au cours des trente ou quarante dernières années; ils leur ont été communiqués ou inspirés par un habitant de Mars, mais le fait même de cette inspiration, sauf dans quelques cas, a été ignoré de l'écrivain.

Nous connaissons beaucoup moins notre future demeure Mercure, que la planète Mars, car les visites que nous y avons faites ont été rares et toujours précipitées. Nombreux sont ceux qui ne peuvent admettre qu'une vie telle que la nôtre existe sur Mercure; le soleil s'y montre au moins sept fois plus grand que sur la Terre et pourtant la chaleur n'est pas aussi intense qu'on pourrait le supposer. D'après les informations qui nous ont été données, ceci est dû à la présence d'une couche de gaz qui, placée sur les limites de l'atmosphère mercurienne, arrête en partie la chaleur. On nous dit aussi que les violents orages, qui éclatent parfois sur Mercure, produisent des tourbillons qui ont pour effet de déranger un instant la stabilité de cette enveloppe gazeuse; ce qui peut alors arriver de pis, c'est le passage, pendant un instant, d'un trait de lumière, provenant directement du soleil, qui traverse le centre du tourbillon, détruit toute la vie sur son trajet et brûle tout ce qui est combustible. Heureusement, de pareils orages sont rares.

Les habitants que j'ai vus là sont assez semblables à nous, mais un peu plus petits.

L'influence de la force centripète, sur Mars aussi bien que sur Mercure, est moitié moins grande que sur la Terre, mais sur Mars je n'ai pas vu que les Martiens fassent leur profit de cette légèreté. J'ai remarqué sur Mercure que les portes des maisons sont à une grande hauteur au-dessus du sol; nous serions obligés de nous livrer à un sérieux exercice de gymnastique pour les atteindre, mais cet inconvénient n'existe pas pour les Mercuriens qui les atteignent d'un léger saut.

Tous les habitants de cette planète possèdent dès leur naissance la vue éthérique; ce fait vint, pour la première fois, à ma connaissance en observant un enfant qui suivait les mouvements d'un reptile; celui-ci étant rentré dans son asile, je vis l'enfant suivre néanmoins ses mouvements même après que l'animal se fut **enfoncé assez profondément dans le sol.**

SEPTIÈME SECTION

TROIS LOIS DE LA VIE HUMAINE

TROIS LOIS DE LA VIE HUMAINE

L'Ego ordinaire n'est pas du tout en état de se choisir lui-même un corps; le lieu de sa naissance est en général déterminé par trois facteurs, ou plutôt, par l'action combinée de trois forces. D'abord la loi de l'évolution veut qu'un Ego naisse dans des conditions où il trouvera les moyens de développer les qualités dont il a le plus besoin, mais son action est limitée par le second facteur : la loi du Karma. Il se peut que l'Ego n'ait pas mérité d'avoir les meilleures occasions; dans ce cas, il devra se contenter d'occasions de second ou de troisième ordre. Il se peut même qu'il n'ait mérité aucune bonne occasion et son lot sera une vie agitée, au cours de laquelle les progrès seront difficiles.

Un troisième facteur entre encore en jeu : la force d'un lien personnel, soit d'amour, soit de haine que l'Ego a pu former dans des vies antérieures. Cette force peut modifier l'action des deux premières, et, quand elle est une force d'amour, un Ego peut, par elle, être placé dans un milieu auquel seul lui donne droit un grand amour ressenti pour un être plus avancé que lui dans l'évolution.

Celui qui a fourni un travail de beaucoup supérieur au travail ordinaire, — quelqu'un qui est déjà entré sur le sentier conduisant à l'Adeptat, — peut, dans certaines limites, choisir le pays et la famille où il doit naître ; mais un tel Ego est le premier à dédaigner tout désir personnel sur ce point et à s'en remettre entièrement à la grande Loi éternelle, certain que ce que cette Loi lui donnera en partage sera meilleur pour lui que ce qu'il aurait pu choisir.

Les parents ne peuvent choisir l'âme qui habitera le corps auquel ils donnent naissance, mais s'ils vivent une vie élevée et offrant pour l'évolution d'un Ego avancé des conditions exceptionnelles, ils peuvent avoir la bonne fortune de donner naissance à un tel Ego.

LE RETOUR EN INCARNATION

Tout l'ensemble de notre système solaire est une manifestation de son *Logos* et chaque parcelle qui le compose fait intégralement partie de ses véhicules. Toute la matière physique du système solaire, prise dans son ensemble, constitue le corps physique du *Logos* ; toute la matière astrale, son corps astral ; toute la matière mentale, son corps mental, et ainsi de suite. Bien au-dessus et au delà de son système, il a un champ de conscience beaucoup plus vaste qui lui est propre, mais ceci ne change en rien ce que nous venons d'exposer.

Notre *Logos* solaire comporte sept *Logoï Planétaires* qui sont, pour ainsi dire, ses centres de force, les canaux à travers lesquels il déverse sa force. Dans un certain sens, on pourrait aussi dire qu'ils sont parties constitutives du *Logos* lui-même. Ces différents états de la matière qui forment ses véhicules, constituent aussi ceux des *Logoï* secondaires, puisque aucune parcelle de la matière du système ne peut être considérée comme ne faisant pas partie de l'un ou des autres. Ceci est vrai pour tous les plans ; prenons comme exemple le plan astral, la matière qui le compose étant assez subtile pour répondre au but de nos recherches et en même temps assez proche de la matière physique pour ne pas être trop au-dessus de notre compréhension.

Chaque molécule de la matière astrale du système est partie intégrante du corps astral du *Logos* solaire; elle est aussi partie intégrante de l'un ou de l'autre des sept Logoï planétaires. Ceci implique aussi la matière astrale dont nos corps astraux sont composés et dont aucune parcelle ne peut être considérée comme nous appartenant exclusivement. Chaque corps astral contient des parcelles appartenant à chacun des sept *Logoï*, mais les proportions varient à l'infini. Les corps des monades originellement issues d'un Logos planétaire, continuent au cours de leur évolution à s'approprier *plus* de matière relevant de ce Logos que de celle relevant des autres, et par là il est possible de distinguer les individus appartenant primitivement à l'une ou l'autre de ces sept grandes Puissances.

Certains changements psychiques surviennent périodiquement dans ces sept *Logoï planétaires;* peut-être correspondent-ils pour nous, sur le plan physique, à l'inspir et à l'expir du souffle ou aux battements du cœur. Quoi qu'il en soit, il semble qu'il y a entre eux un nombre infini de permutations et de combinaisons possibles, et puisque notre corps astral est construit de la matière même qui constitue le leur, il est évident qu'aucun changement astral de quelque nature qu'il soit, ne peut intervenir dans un *Logos planétaire* sans affecter de ce fait le corps astral de chaque homme dans le monde et plus spécialement de ceux en qui prédomine la matière particulière à ce *Logos*.

Ceci n'est pas limité à la seule matière astrale que nous avons prise comme exemple et a lieu dans tous les autres états de la matière; nous voyons par là quelle haute importance ont pour nous les activités de ces **Esprits Planétaires**.

Mme Blavatsky parle d'un certain ordre d'Etres célestes qu'elle appelle les Lipikas ou Seigneurs du Karma et dont les agents, dans la répartition du Karma, sont les quatre (sept réellement) gouverneurs appelés les

Dévarâjas ou Régents de la Terre, chacun d'eux dirigeant une armée de dévas, d'esprits de la nature et même d'essence élémentale. Cette fois encore, pour la facilité de nos explications, nous considérerons le plan astral seul, mais en nous souvenant que les mêmes conditions s'appliquent à tous les autres plans.

La matière astrale, dans son ensemble, est spécialement sous le contrôle d'un de ces grands Etres, mais le second sous-plan de *chaque* plan est aussi jusqu'à un certain point sous sa direction car il a, ce sous-plan, avec le plan dont il fait partie, les mêmes rapports que le plan astral avec l'ensemble des plans de notre Univers. Chaque sous-plan est donc soumis à deux influences : l'influence du gouverneur qui dirige le plan entier, et la sous-influence spéciale de celui qui gouverne le plan auquel il correspond.

Ainsi, chaque molécule de matière astrale appartient aux véhicules de l'un ou l'autre des sept *Logoï Planétaires;* elle est soumise à l'influence prédominante du Dévarâja du plan astral et en même temps à l'influence subordonnée d'un autre Dévarâja qui régit son sousplan ; c'est de cette matière que nos corps astraux sont construits. Afin de bien comprendre, représentons-nous les sous-plans du plan astral par des divisions horizontales et les types de matière appartenant aux grands *Logoï* planétaires par des divisions verticales. (Il y a encore d'autres subdivisions, mais nous n'en tiendrons pas compte pour l'instant, afin que l'idée générale soit plus claire). Cette figure donne quarante-neuf variétés de matière astrale, chaque sous-plan comportant de la matière de chacun des *Logoï Planétaires.*

Même sans tenir compte des autres subdivisions, il est déjà possible d'arriver à un nombre presque infini de combinaisons, si bien que, quelles que soient les caractéristiques de l'Ego, il trouvera toujours une matière qui leur corresponde.

Considérons un Ego sur le point d'entrer en incarnation. Il se tient sur la partie supérieure du plan mental, dans son corps causal, et sans aucun autre véhicule inférieur. Depuis la mort de son dernier corps physique, il s'est replié constamment sur lui-même d'abord dans son corps astral, puis dans son véhicule mental et il s'est enfin dépouillé de ce dernier au terme de sa vie dans le monde céleste. Il demeure alors sur le plan qui lui est propre pendant une période qui, selon son développement, varie de deux ou trois jours d'inconscience pour l'homme ordinaire non développé jusqu'à une longue période d'années d'une vie consciente et glorieuse pour les hommes exceptionnellement avancés. Ce stade terminé, il dirige, une fois de plus, son attention vers les choses inférieures et extérieures. Au cours de son ascension vers les régions supérieures, il a cessé de porter son attention sur les plans physique et astral, et successivement les atomes permanents sont entrés dans un état passif, cessant d'émettre leurs fortes vibrations; il en est de même de la molécule mentale à la fin de la vie céleste et, pendant le repos de l'Ego sur son propre plan, ces deux atomes et la molécule mentale demeurent en lui dans un état de quiétude absolue.

Quand il reporte à nouveau son attention vers le monde mental, l'unité ou molécule mentale recouvre immédiatement son activité et, de ce fait, rassemble autour d'elle la matière dont elle a besoin pour déployer cette activité. Le même phénomène se produit quand il tourne son attention vers l'atome astral et y centre son énergie; il attire alors à lui les matériaux aptes à former un corps astral exactement de la même nature que celui qu'il possédait à la fin de sa dernière vie astrale. Il est nécessaire de savoir que l'Ego acquiert ainsi dans sa descente non pas un corps astral tout préparé pour lui, mais simplement les matériaux dont il se servira pour construire ce corps dans le cours de la vie qui doit suivre.

Dans le cas de monades appartenant aux classes inférieures et dont le corps astral est encore très puissant, il arrive parfois que celles qui se réincarnent au bout de très peu de temps retrouvent le résidu astral ou coque rejeté à la fin de la dernière vie astrale qui persiste encore et qui peut être attiré vers la nouvelle personnalité. Quand ceci se produit, cette coque apporte avec elle dans une large mesure les habitudes et les modes de penser qu'elle avait autrefois, quelquefois même le souvenir de la vie précédente.

La matière astrale est d'abord également répartie dans l'ovoïde; ce n'est que lorsque la petite forme physique commence à se former au centre de l'ovoïde que les matières astrale et mentale se concentrent et commencent à se modeler autour de l'embryon physique pour croître ensuite constamment avec ce dernier; en même temps elles entrent en activité et l'émotion et la pensée apparaissent graduellement.

L'aura d'un tout petit enfant est à peu près incolore; au fur et à mesure que les qualités se développent les couleurs apparaissent. Des matériaux lui sont donnés pour construire son corps astral, et leur nature varie selon les désirs et les émotions de sa vie antérieure; toutefois, il n'est pas obligé de les utiliser tous pour édifier son nouveau véhicule. S'il est entièrement laissé à lui-même, l'action automatique de l'atome permanent tendra à produire avec ces matériaux un corps astral exactement identique à celui de sa dernière vie; mais il n'est pas obligatoire que tous soient utilisés. Si l'enfant est sagement traité et raisonnablement guidé, il sera encouragé à développer dans leur plénitude les germes de bien qu'il a rapportés de sa vie antérieure, tandis que les germes du mal demeureront assoupis; grâce à une bonne éducation, ces derniers finiront par s'atrophier et se détacher; l'Ego développera les vertus opposées et sera ainsi débarrassé pour toutes ses vies futures des défauts que ces germes renfermaient. Les parents et les professeurs peuvent aider à atteindre ce résultat si important, non pas tant par leurs enseignements que par leurs encouragements, par leur attitude aimable et rationnelle vis-à-vis de l'enfant et surtout par l'affection qu'ils lui témoignent.

Rappelons-nous que l'homme, au stade actuel de son évolution, s'exprime surtout par l'intermédiaire des véhicules supérieurs, les corps astral et mental, autant que ces corps peuvent s'exprimer dans la matière de leurs plans respectifs, mais que le corps physique est un véhicule, et aussi une limitation, qui lui est imposé de l'extérieur et qui est, par conséquent, l'instrument par excellence du Karma. La force évolutive entre en jeu dans le choix des matériaux qui servent à le construire, mais, ici aussi, elle est à tout instant limitée et entravée par le Karma du passé. Les parents sont choisis parce qu'ils sont en mesure de donner le corps le mieux approprié au développement de l'Ego qui leur est confié, mais les possibilités sont multiples avec chaque couple de parents, car chacun d'eux est le fruit d'une longue lignée d'ancêtres et il arrive souvent qu'un parent est choisi, non pas pour ce qu'il est, ni pour ce qu'il peut avoir en lui-même, mais pour une qualité qui s'est montrée à un haut degré chez l'un de ses ancêtres, ou bien pour un pouvoir qu'il possède même s'il ne l'a pas utilisé, car ce pouvoir existe à l'état latent dans son corps physique de par l'hérédité. En ce parent comme dans les nombreuses générations qui l'ont précédé, il est possible que la faculté d'exprimer une qualité soit restée entièrement inactive, mais lorsqu'au cours de la lignée surgit un Ego qui possède cette qualité, la faculté de l'exprimer, qui est dans la race, passe de l'état latent à l'activité; c'est là ce qu'on appelle le retour à un type ancestral.

Trois forces principales sont à l'œuvre dans la formation du corps physique : 1° l'influence de l'Ego qui cherche à revêtir une nouvelle forme; 2° le travail de l'élémental-constructeur formé par les Seigneurs du Karma; 3° la pensée de la mère.

Supposons maintenant un corps éthérique en voie de formation pour un Ego prêt à descendre en incarnation. Cet Ego appartient à un certain type et à un certain sous-type; ses caractéristiques propres sont latentes dans son atome permanent physique qui, à son tour, détermine quelle division perpendiculaire de matière éthérique entrera dans la composition de ce corps éthérique et dans quelle proportion elle sera utilisée; il ne détermine pas cependant la division horizontale qui sera employée, ni dans quelle proportion elle le sera; cette question est entre les mains des quatre Dévarâjas et dépend du passé Karmique de l'homme.

Ces Dévarâjas ont sous leurs ordres des armées d'aides, si bien qu'aucune naissance ne peut passer inaperçue. Ils créent une forme-pensée, qui est l'élémental-constructeur, dont nous avons parlé plus haut, chargé exclusivement de construire le corps physique le mieux approprié à l'individu. Celui-ci a besoin, pour son évolution, d'un corps renfermant certaines possibilités; c'est pourquoi il peut naître d'un parent les possédant lui-même et qui, par conséquent, peut les lui transmettre; il peut naître aussi de parents dont les ancêtres, d'un côté ou de l'autre, ont eu ces qualités, et en ont transmis les germes à leur descendance.

Cet élémental, chargé de l'édification du corps physique, est le fruit des formes-pensées réunies des quatre Dévarâjas, et son rôle principal est de construire le moule éthérique dans lequel les molécules physiques, qui constitueront le corps du nouveau-né, se modèleront. Pour édifier ce nouveau corps éthérique, l'élémental dispose de quatre variétés de matière éthérique, fournies par les parents, et le type du corps éthérique produit dépend de la proportion dans laquelle ces quatre variétés de matière éthérique sont employées. Rappelez-vous aussi que l'élémental n'exerce aucun choix en ce qui concerne les subdivisions verticales, mais qu'il a toute liberté quant aux différentes sortes de matière des subdivisions horizontales.

Il est absolument impossible, au niveau où nous sommes actuellement, de comprendre le fonctionnement d'une conscience aussi puissante que celle d'un Dévarâja; nous ne pouvons que consigner le fait sans prétendre l'expliquer. Pendant l'accomplissement de sa tâche, l'élémental paraît n'être pas complètement séparé des mentals qui l'ont généré; d'une manière inexplicable pour nous, il fait encore partie, dans une mesure variable, de leur conscience et dans les cas assez rares où un Ego développé commence dès le premier âge à prendre possession de son corps, il semblerait qu'il puisse se mettre, par cet élémental, en contact direct avec eux et appeler sur lui-même, avec leur consentement, un Karma plus lourd que celui dont ils l'avaient originellement chargé.

Celui qui est capable d'agir ainsi pendant que l'élémental exécute encore son travail, peut garder pendant sa vie ce contact avec les divinités Karmiques et, par suite, le pouvoir d'en appeler à elles pour obtenir des modifications ultérieures. Autant que nous le savons, cette modification possible ne peut s'effectuer que dans le sens d'une augmentation de Karma à épuiser et non d'une diminution. L'éveil de la conscience, qui permet à un Ego de se mettre ainsi en contact avec les Dévarâjas et de coopérer volontairement avec eux dans le travail qui le concerne particulièrement peut se produire à un moment quelconque de la vie de l'individu; de sorte qu'un Ego qui n'était pas en contact avec eux pendant que l'élémental construisant son corps physique était à l'œuvre, peut encore, par de grands efforts dans son développement personnel et sur la ligne du service, attirer plus tard leur attention et obtenir d'eux une réponse.

Le germe qui doit s'épanouir dans le corps physique de l'homme est formé de deux parties constitutives auxquelles s'ajoutent deux séries de potentialités. (L'étudiant doit veiller à ne pas confondre ce germe physique, qui provient des parents, avec l'atome physique permanent que l'Ego apporte avec lui). Ce germe est essentiellement un ovule, qui renferme toutes les possibilités des aïeux maternels, fécondé par un spermatozoïde apportant avec lui toutes les potentialités de la lignée paternelle.

Ces deux séries de possibilités sont très étendues, étant donné le nombre d'ancêtres qui ont précédé chacun de nous dans le seul espace d'un millier d'années, mais si étendues qu'elles soient, elles ont cependant leurs limites. Prenons, par exemple, le cas d'un de nos jardiniers, ici, à Adyar, homme de la classe des *coolies* ou des laboureurs ignorants. En remontant à mille ans, les ancêtres de cet homme se comptent par millions qui tous ont appartenu à la classe des coolies; ils doivent donc avoir en eux toutes les variétés possibles de coolies, bons ou mauvais, intelligents ou stupides, bienfaisants ou cruels, mais tous coolies, limités par conséquent au point de vue mental et possédant les qualités inhérentes à cette caste.

Parmi ces potentialités, l'élémental fait un choix pour lequel il se place à deux points de vue : la qualité et la forme. La première est de beaucoup la plus importante; la seconde concerne principalement la matière des sous-plans inférieurs. C'est la qualité de la matière éthérique choisie pour la construction de la partie supérieure du corps physique qui déterminera en grande partie les possibilités de ce corps pendant cette incarnation, c'est-à-dire son degré d'intelligence, de calme, d'énergie, de sensibilité.

Ainsi le premier travail de la forme-pensée, ou élémental, créée par les Dévarâjas est de choisir celle des possibilités qui seront mises en œuvre dans la construction du nouveau corps physique et spécialement dans celle du cerveau. La forme extérieure a une importance, mais secondaire; elle aussi relève du travail de l'élémental. Si l'homme a mérité une tare physique, ce qui se traduit par une difformité quelconque ou par la faiblesse d'un organe, cœur, poumons ou estomac, c'est par l'entremise de l'élémental que ce Karma est adapté. Sa tâche est de construire un corps doué d'une force d'un certain ordre et d'un certain degré, et possédant certaines caractéristiques, mais ce ne sont pas, à proprement parler, des instructions qu'il doit graver dans son mental, car l'élémental n'a pas de mental; elles constituent plutôt sa personnalité, son être même, car, ces instructions remplies, le travail pour lequel il a été créé étant terminé, il cesse d'exister.

C'est un fait bien connu de ceux qui étudient l'embryologie que les germes d'un poisson, d'un chien, d'un homme, ne peuvent être, dans leur première période, distingués les uns des autres. Tous croissent de la même façon; la seule différence est que les uns s'arrêtent à divers degrés de croissance tandis que les autres continuent à croître. La raison de ce fait, pourtant évidente, n'apparaît pas clairement à ceux qui le considèrent du point de vue matérialiste; ils sont obligés de postuler que la matière, provenant d'une source complètement différente, contient en elle-même des qualités qui la poussent à reproduire la forme d'où elle est sortie.

L'énergie mise en jeu n'est pas une qualité de la matière : la matière est en réalité toujours identique et composée des mêmes éléments chimiques. L'énergie est la Vie divine qui entre en jeu pour animer cette matière et lui donner la forme requise à ce stade particulier de son développement.

Dès qu'une entité s'individualise et commence, par conséquent, à générer un Karma individuel, un facteur nouveau entre en jeu : c'est la forme-pensée créée par les divinités Karmiques qui prend possession du germe en croissance avant même que l'Ego ne l'ait fait sien.

La forme et la couleur de cet élémental varient suivant les cas. Il représente d'abord exactement la forme et la dimension du corps de l'enfant qu'il doit construire, l'aspect général que présentera ce corps au moment de sa naissance (autant du moins que le comporte le travail de l'élémental). En voyant cette sorte de petite poupée d'abord autour, puis à l'intérieur du corps de la mère, les clairvoyants l'ont souvent prise par erreur, pour l'âme de l'enfant; c'est en réalité le moule qui servira à l'édification de son corps physique. Lorsque le fœtus a rempli complètement le moule, la première partie de la tâche de l'élémental est terminée avec succès; celui-ci rejette alors le moule pour entreprendre une autre partie.

Dans le stade de développement suivant, il cherche à réaliser la dimension, la forme, en un mot les conditions générales que doit posséder le corps au moment où cette seconde partie de sa tâche est terminée. L'œuvre de l'élémental est alors achevée; il quitte le corps et toute croissance ultérieure du corps est soumise au contrôle de l'Ego lui-même.

Dans ces deux cas, l'élémental s'emploie lui-même comme moule. Ses couleurs représentent dans une grande mesure les qualités qu'il doit donner au corps à construire; la forme qu'il affecte est aussi, en général, celle qu'il lui destine. Son existence s'achève en même temps que son travail, et quand la somme de force dont il a été originellement pourvu dans ce but est épuisée, aucune énergie ne subsiste en lui pour maintenir la cohésion des molécules qui le constituent et il se désagrège purement et simplement.

L'élémental prend le corps au début de sa formation, mais quelque temps avant la naissance physique l'Ego prend contact avec son habitat futur et dès lors les deux forces agissent de concert. Quand les caractéristiques que l'élémental impose sont peu nombreuses, il peut se retirer quand l'enfant est encore à un âge relativement jeune, et laisser le corps sous le plein contrôle de l'Ego; quand les imperfections ne peuvent se manifester qu'au bout d'un temps assez long, l'élémental demeure jusqu'au jour où l'enfant aura atteint l'âge de sept ans.

Les Egos diffèrent beaucoup quant à l'intérêt qu'ils portent à leur véhicule physique. Les uns planent anxieusement, dès le début, au-dessus du corps physique en voie de développement et le surveillent avec grande attention, d'autres ne s'y intéressent presque pas.

Lorsqu'un enfant est mort-né, il n'y a généralement pas eu d'Ego derrière lui et, par conséquent, pas d'élémental. Les âmes qui cherchent à entrer en incarnation sont légions; la plupart sont à un stade si peu avancé de leur évolution que l'entourage le plus commun serait assez bon pour elles; elles ont tant de leçons à apprendre que peu importe celles par lesquelles elles commenceront; tous les milieux leur enseigneront certainement une foule de choses qu'elles ont grand besoin de connaître. Néanmoins, il arrive quelquefois qu'il n'y ait pas, à un moment donné, d'Ego prêt à profiter d'une occasion particulière ; dans ce cas, bien que le corps puisse être, dans une certaine mesure, formé par la pensée de la mère, il n'y a pas de vie à proprement parler, dans le corps, puisqu'il n'y a pas d'Ego.

Pour construire la forme, l'élémental puise la matière éthérique dont il a besoin dans le corps de la mère. C'est là une des principales raisons pour lesquelles la mère doit prendre certaines précautions pendant le temps de la gestation ; si elle ne fournit pas des matériaux bons et purs, l'élémental se trouve forcé de les prendre. Un autre facteur qui, pendant cette période, a la grande influence, est la pensée de la mère ; elle aussi contribue à façonner la forme qui se développe lentement dans son sein. C'est pourquoi la mère doit, pendant toute la période de gestation ; tenir ses pensées aussi pures et aussi élevées que possible, et se préserver de toute influence grossière ou excitante ; les formes et les couleurs les plus belles devraient l'entourer, et l'harmonie en toutes choses prédominer dans son entourage.

Si la tâche de l'élémental ne s'étend pas jusqu'aux traits du visage, s'il n'a pas mission de réaliser une beauté ou une laideur exceptionnelles, cette partie du travail sera très probablement accomplie par la mère et par les formes-pensées constamment générées dans son ambiance. Si sa pensée se tourne souvent avec amour vers son mari, il y a de grandes chances pour que l'enfant ressemble à son père ; si, au contraire, elle se complaît à contempler son image dans un miroir et qu'elle pense plutôt à sa propre personne, il est à présumer que l'enfant lui ressemblera. De même, si elle pense avec affection et dévouement à une tierce personne pour laquelle elle éprouve une grande admiration, il est possible que l'enfant ressemble à cette personne, en supposant toujours que l'élémental n'ait reçu aucune instruction à cet égard. Quand les enfants grandissent, leurs corps physiques sont fortement influencés par leurs propres pensées, et comme celles-ci diffèrent de celles de la mère, on voit souvent de grands changements s'opérer dans leur aspect physique ; c'est ainsi que l'enfant, en grandissant, embellit ou enlaidit. « L'homme devient ce qu'il pense » est un axiome aussi vrai sur le plan physique que sur les autres plans ; si les pensées sont calmes et sereines, le visage reflétera le calme et la sérénité.

Les premiers stades de l'enfance sont fastidieux pour l'Ego avancé. Je me rappelle que feu M. Subba-Rao s'en plaignait amèrement quand il revêtit son nouveau corps. Il déclarait que, quoi qu'il fît, il ne pouvait obtenir que le corps du bébé dormît plus de vingt heures par jour et qu'il lui fallait, le reste du temps, le dorloter, veiller sur ses premiers pas, entendre ses cris et souffrir d'être alimenté, par son entremise, de diverses bouillies insipides et nauséabondes. C'est pourquoi les Egos très avancés évitent parfois tous ces désagréments en demandant à un autre de lui céder son corps adulte ; c'est un sacrifice que ses disciples seront toujours heureux de lui faire.

Cette méthode a aussi ses désavantages. Quelque fastidieux que soit le passage par l'enfance, il permet à l'Ego de façonner à son gré son corps et d'en faire, autant que la chose est possible, l'expression de sa personnalité avec toutes ses particularités ; au contraire, celui qui prend le corps d'un adulte y trouve d'autres caractéristiques ; elles y ont déjà creusé de profonds sillons, et provoqué des habitudes qui ne peuvent être facilement modifiées. Dans un certain sens, c'est donc une mauvaise combinaison, car il faut au nouvel occupant un temps assez considérable avant d'obtenir que les vibrations de ce corps soient en harmonie avec les siennes. L'Ego qui s'incarne doit toujours, il est vrai, s'adapter à de nouvelles conditions, mais lorsqu'il prend naissance selon la méthode ordinaire, cette adaptation se fait graduellement au cours de la croissance infantile ; mais celui qui prend le corps d'un adulte est obligé de s'adapter instantanément à de nouvelles conditions, et la chose n'est pas toujours facile. Dans ce dernier cas, il a conservé, par devers lui, ses anciens corps astral et mental; mais ceux-ci ne sont que les contre-parties de son véhicule physique antérieur et sont obligés de s'adapter à la nouvelle forme. Je le répète, si cette forme est celle d'un nouveau-né, l'adaptation se fait peu à peu; si c'est celle d'un adulte, elle doit se faire immédiatement, ce qui représente une grande somme d'efforts vraiment pénibles.

CARACTÉRISTIQUES PERSONNELLES

En examinant de nombreux cas, j'ai constaté que, pour l'homme de niveau moyen, la physionomie reste rarement la même d'une vie à l'autre. J'en ai connu cependant dont l'aspect est demeuré le même, mais la plupart changent totalement. Le corps physique est dans une certaine mesure l'expression même de l'Ego; celui-ci restant toujours identique à lui-même, il tend à s'exprimer sous des formes qui se ressemblent, mais les caractéristiques de la race et la famille contrarient cette tendance. Quand un individu est avancé au point que la personnalité et l'Ego sont unifiés, la personnalité tend à reproduire les caractéristiques de la forme glorieuse du corps causal, forme qui est relativement permanente. Le corps physique d'un Adepte est la représentation exacte de cette forme glorieuse, car il a épuisé tout son Karma; en conséquence, les Maîtres sont toujours reconnaissables à travers toutes leurs incarnations.

L'un des Maîtres, qui n'a atteint l'Adeptat qu'à une époque relativement récente, n'est pas encore tout à fait dans ces conditions, car ses traits sont un peu durs : je suis certain qu'il n'en sera pas de même dans sa prochaine incarnation. D'ailleurs je ne saurais trouver de grande différence dans les corps de nos Maîtres, quand bien même leurs nouveaux corps, s'ils désiraient en changer, appartiendraient à une autre race.

Il m'a été donné de voir des prototypes de ce que seront les corps de la septième race; ils seront d'une beauté transcendante.

La forme glorifiée, dans le corps causal, est à peu près celle de l'archétype et s'en rapproche à mesure que l'homme se développe. La forme humaine paraît devoir servir de modèle à l'évolution la plus élevée de ce système solaire particulier. Elle varie légèrement sur les différentes planètes mais, dans son aspect général, reste cependant la même. Il est possible que, dans les autres systèmes solaires les formes soient tout à fait autres; nous n'avons aucune information sur ce point.

Mémoire de la connaissance acquise pendant les vies passées.

Nous ne connaissons pas encore avec certitude les lois selon lesquelles la connaissance détaillée d'une vie déterminée s'imprime dans le cerveau physique de la vie suivante. Pour le moment et d'après ce que nous voyons, nous sommes portés à croire que les détails sont généralement oubliés dans la vie suivante, mais que les grands principes s'affirment à l'esprit comme évidents par eux-mêmes. Combien de nous se sont écriés, lorsque pour la première fois dans cette incarnation il leur a été donné de lire un livre théosophique : C'est ce que j'ai toujours pensé, mais je ne savais pas le traduire en paroles! » Dans certains cas, la mémoire n'est pas aussi nette, mais lorsque l'enseignement est présenté, il est admis aussitôt et reconnu vrai. Mme Besant qui autrefois fut Hypathie (1), connut certainement beaucoup de la philosophie de cette époque; cependant celle-ci ne se formula pas nettement dans son cerveau pendant les périodes d'orthodoxie et de libre pensée de sa vie actuelle.

D'après la tradition exotérique, le *Bouddha* lui-même, venu pourtant des mondes supérieurs et s'incarnant

---

(1) Dans une incarnation précédente. (N. d. T.)

pour aider le monde, n'eut pas la notion nette de sa mission lorsqu'il eut pris un nouveau corps ; il n'en recouvrit la pleine connaissance qu'après avoir passé des années à la chercher. Il aurait certainement pu la posséder dès le début de sa vie s'il l'eût voulu, mais il ne le voulut pas, désirant sans doute se soumettre à ce qui semble être la destinée commune. Voici maintenant une autre explication. Il se peut que le corps d'enfant né du roi Suddhodama et de la reine Maya n'ait pas, dans les premières années, été habité par le Seigneur *Bouddha* lui-même qui comme le Christ, aurait demandé à un de ses disciples de prendre soin de ce véhicule et n'y serait entré qu'au moment où ce corps se trouva affaibli par les longues austérités qu'il s'infligea pendant six années pour trouver la Vérité. S'il en est ainsi, il n'est pas étonnant que le prince Siddharta n'ait pas conservé la mémoire de toutes les connaissances acquises antérieurement par le Seigneur *Bouddha* puisqu'il n'était pas la même personne.

Quoi qu'il en soit, nous pouvons être sûrs que l'Ego, qui est l'homme réel, conserve toujours le souvenir de ce qu'il a appris, bien qu'il ne puisse pas toujours l'imprimer dans son nouveau cerveau sans le secours d'une aide extérieure.

Heureusement pour nos étudiants, il semble être de règle invariable que celui qui a accepté la vérité occulte dans une vie, sera toujours appelé à la retrouver dans la vie suivante et faire aussi revivre sa mémoire pour un temps assoupie. Le fait de recouvrer ainsi la vérité est dû, je crois, au bon Karma que nous avons généré en acceptant cette vérité et en nous efforçant, dans une vie antérieure, de vivre selon ses enseignements. Il est cependant très probable que lorsque nous reprendrons, une fois encore, notre travail dans le monde physique l'enseignement théosophique sera en grande partie enseigné comme vrai et évident et par suite accepté par tous.

S'il en est ainsi, la différence entre ceux qui l'ont étudié maintenant et ceux qui ne s'en sont pas préoccupés sera que les premiers la saisiront avec enthousiasme et feront de rapides progrès tandis que, pour les autres, il ne représentera que ce que la science représente aujourd'hui à l'esprit non-scientifique. En tout cas, que personne ne suppose, même un instant, que le bénéfice de nos études et de nos efforts puisse jamais être perdu.

INTERVALLES ENTRE LES VIES SUCCESSIVES

Des malentendus se sont glissés au sujet de la moyenne des intervalles qui séparent les incarnations; il semble que l'on ait mal compris les renseignements qui furent donnés sur ce sujet au début de la société et qui ont été souvent reproduits ainsi sans commentaires, même dans quelques-uns des ouvrages les plus récents. Ceux qui travaillent arrivent à comprendre la vérité à peu près exactement, mais, autant que je sache, aucune table de moyennes de ces intervalles s'appliquant aux différentes classes d'Egos, n'a été établie jusqu'à ce jour. Dans l'ouvrage remarquable de M. Sinnett, « *Le Bouddhisme ésotérique* », à la fin du chapitre consacré au monde céleste et qu'il appelle le Dévakhan, il est dit que le temps s'écoulant entre la mort et la naissance physique qui la suit varie beaucoup selon les personnes, mais qu'une réincarnation avant quinze cents ans est presque impossible; tandis que le séjour dans le Dévakhan peut, en raison d'un très bon Karma, s'étendre à des périodes immenses.

Cette affirmation repose sur certains passages des mêmes lettres d'où provient également tout le reste de ce très intéressant ouvrage, et il n'est point douteux que M. Sinnett ait très exactement reproduit ce qui lui a été dit.

La même idée est reproduite par Mme Blavatsky dans la « *Doctrine Secrète* » : « Sauf dans le cas de jeunes enfants et d'individus dont la vie a été écourtée par quelque accident, aucune entité spirituelle ne peut se réincarner avant qu'une période de plusieurs siècles ne se soit écoulée ».

A ce moment, nous avions admis quinze cents années comme une moyenne pour l'humanité, mais des recherches ultérieures nous ont montré clairement que ces données ne devaient pas être exactement entendues dans ce sens et qu'il fallait, en raison des faits observés, tantôt restreindre ce laps de temps, tantôt lui donner une plus grande extension. Pour le petit groupe des individus les plus avancés de la race humaine, il est possible qu'il soit à peu près exact, même étendue jusqu'à comprendre non seulement l'humanité, mais aussi les vastes légions du royaume des dévas, cette donnée se rapproche beaucoup de la vérité. Dans la citation de la « *Doctrine Secrète* », l'expression *entités spirituelles* semble signifier que Mme Blavatsky n'ait eu en vue que les individus hautement développés, mais le passage du « *Bouddhisme Esotérique* » donne l'intervalle de quinze cents années comme presque un minimum.

On est fondé à croire que les lettres qui ont servi de base au *Bouddhisme Esotérique* furent écrites par différents disciples des Maîtres sous la direction générale de ces derniers ; donc, tout en tenant compte des inexactitudes qui ont pu s'y introduire (nous savons qu'il s'en est glissé), il est impossible de supposer que les auteurs aient ignoré des faits très aisément accessibles à quiconque peut observer le processus de la réincarnation. Souvenons-nous que la lettre en question ne fut pas écrite pour le public mais adressée particulièrement à M. Sinnett afin sans doute qu'elle fût communiquée aux quelques personnes qui travaillaient avec lui. Une telle moyenne établie *pour eux*, serait exacte, mais nous ne pouvons l'admettre pour la race humaine tout entière au temps présent.

Il serait bien difficile d'établir exactement cette moyenne car il faudrait connaître, au moins approximativement, le nombre des monades de chaque classe ; ceci peut être fait pour les classes les plus importantes, mais il y aura nécessairement dans un sens ou dans l'autre de grandes variations en ce qui concerne les individualités.

Nous devons tenir compte de trois facteurs principaux : la classe à laquelle appartient l'Ego, son mode d'individuation, la longueur et la nature de sa dernière incarnation. Prenons donc, dans leur ordre, les différentes classes de l'humanité en nous servant de la nomenclature établie par Mme Besant dans le tableau qui figure à la page 180 de ce livre.

Les Seigneurs de la Lune.

En tête de cette liste apparaissent les Seigneurs de la Lune, ceux qui ont atteint le niveau d'*Arhat* au cours de l'évolution de la chaîne lunaire. Sept voies s'ouvrirent devant eux, quand ils parvinrent au niveau le plus élevé assigné pour leur chaîne, dont l'une amena sur la Terre une partie des Seigneurs de la Lune chargés de diriger les premiers stades de son évolution. Tous ont atteint depuis longtemps l'Adeptat; ils n'entrent donc pas en ligne de compte dans la question qui nous occupe.

Les Hommes de la Lune (1er Ordre).

La classe suivante comprend les *hommes de la Lune du premier ordre,* classe si vaste et si variée que nous nous servirons, pour l'analyser, des subdivisions données dans le chapitre qui traite des monades de la Lune.

1 et 2. — La première classe comprend ceux déjà entrés sur le sentier pendant la chaîne lunaire; la deuxième, ceux qui s'individualisèrent dans la quatrième chaîne de la ronde lunaire. Nous laisserons aussi de côté ces deux classes puisque, leurs représentants ayant tous atteint l'Adeptat, il n'est plus question pour eux ni d'incarnations, ni d'intervalles.

3. — Ceux qui furent individualisés dans la cinquième ronde de la chaîne lunaire.

Parmi ces derniers, une partie de ceux qui sont entrés

sur le Sentier ont passé par une succession ininterrompue d'incarnations; la question des intervalles entre les vies ne les concerne donc plus; mais les autres qui, pour une raison quelconque, ne sont pas encore dans cette série spéciale de vies qui en général suit l'Initiation, ont entre leurs vies des intervalles très longs, de quinze cents à deux mille ans au moins, même davantage. Ce dernier cas est moins fréquent que celui des incarnations précitées. Parmi les cas portés à notre connaissance de ceux qui ont passé la première Initiation à une époque très antérieure, nous connaissons celui d'un Ego dont les incarnations se sont succédé, sans, pour ainsi dire, d'interruptions, tandis qu'un autre est resté éloigné de la vie physique pendant une période de deux mille trois cents ans; néanmoins les résultats acquis, en tant que progrès faits sur le Sentier, semblent avoir été exactement les mêmes.

La répartition des différents stades de la vie *post mortem* pendant ce long intervalle varie considérablement selon les cas. En général, le séjour sur le plan astral est court; parfois même l'Ego le franchit rapidement sans en avoir conscience. La majeure partie du temps se passe sur le niveau supérieur du monde céleste, puis, lorsque ce séjour touche à sa fin, une période de vie consciente dans le corps causal précède la nouvelle descente en incarnation. Cette vie, que l'Ego vit sur son propre plan, est à peu près à ce stade d'un dixième de l'intervalle entier qui s'écoule entre les vies terrestres, mais là encore, nous n'avons pas deux exemples semblables.

Pour ceux qui approchent du Sentier, l'intervalle est généralement de douze cents ans, si l'Ego s'est individualisé lentement par un développement intellectuel, et il consacre le temps normal à ses expériences célestes. S'il s'est individualisé subitement à la suite d'une forte émotion ou d'un grand effort de volonté, il jouit d'une béatitude plus intense, et l'intervalle sera pour lui d'environ sept cents ans. Il est à présumer que ces deux types d'Egos ne restent pas longtemps sur le plan astral;

une période de cinq années représente à peu près la durée de leur vie astrale.

Au séjour dans le monde céleste succède très probablement une certaine période de vie consciente de l'Ego sur son propre plan, mais celle-ci ne dépasse pas un demi-siècle.

Au cours de leurs vies les plus récentes, nous avons pu constater que les individus dont l'intervalle normal entre les vies est de douze cents ans, ont tendance à se réincarner successivement dans les différentes sous-races. Nous les voyons souvent parcourir deux fois la même série de sous-races, d'abord dans un véhicule masculin, puis dans un véhicule féminin, ou *vice versa*.

La destinée des gens divers diffère beaucoup. Pour les uns, les vies s'écoulent les unes après les autres dans un calme constant sans que rien vienne troubler leur quiétude. D'autres, au contraire, vivent au milieu d'agitations perpétuelles, de secousses constantes, et pourtant tous avancent le long de leur ligne qui, pour chacun d'eux, est la meilleure.

Il arrive souvent qu'un homme, qui meurt en pleine jeunesse, se réincarne dans la même sous-race; dans ce cas, il change généralement de sexe à son second voyage. D'une façon générale, les Hindous représentent la première sous-race de la race-mère aryenne; les Arabes, la seconde; les Perses, la troisième; les nations latines, la quatrième et les Teutons, la cinquième. Un homme qui s'incarne en France n'a pas besoin de se réincarner en Italie ou en Espagne; il en est de même pour l'Allemagne et l'Angleterre.

Ceux dont l'intervalle est de sept cents ans, semblent avoir pour habitude de s'attacher à une sous-race particulière et d'y revenir quand la chose est possible; ils ne passent par les autres qu'occasionnellement, afin de développer des qualités spéciales. En règle générale, les incarnations successives dans une même race intensifient les caractéristiques qui lui sont propres; l'équilibre s'établit en s'incarnant dans des races différentes ou en voyageant et en vivant chez des peuples différents.

Dans cette question, les idiosyncrasies de l'Ego jouent un rôle important. J'ai dit ailleurs que les Juifs, qui prétendent être une race spécialement choisie, ont, de ce fait, tendance à se réincarner dans leur race. L'orgueil de la race, quand il est exceptionnellement fort, produit le même résultat, ainsi que l'orgueil de la famille. J'ai eu connaissance de plusieurs cas où un Ego anormalement développé a été par ce sentiment ramené deux ou trois fois dans la ligne de ses descendants directs avant d'en être affranchi.

Au début des études faites en vue d'écrire ce livre, il nous a été dit qu'en règle générale un homme ne se réincarnait pas moins de trois fois et pas plus de sept fois de suite dans un sexe. Les nombreuses recherches auxquelles nous nous sommes livrés ont en grande partie confirmé cette règle, mais elles nous ont cependant dévoilé un grand nombre d'exceptions, certaines personnes suivant une longue série d'incarnations dans un sexe avant d'en changer, d'autres s'incarnant pendant un certain temps alternativement dans des corps masculins et féminins; mais la plupart de ces derniers sont des Egos plus avancés que la moyenne et, pour cette raison sans doute, traités de façon spéciale.

Il est évident que rien n'empêche que la règle générale soit modifiée quand cette modification paraît désirable. Les lois qui régissent les réincarnations fonctionnent automatiquement pour la grande majorité des Egos non développés, mais il apparaît nettement par des exemples observés que, aussitôt qu'un Ego a fait quelques progrès et donne des espérances, ces lois jouent avec une grande élasticité. Alors, et dans certaines limites, l'Ego prend naissance dans tel sexe, telle race et telles conditions où il trouvera les occasions de fortifier les points faibles de son caractère.

Ceux qui se sont distingués dans les domaines artistique, scientifique ou religieux ont à peu près le même intervalle entre leurs vies, mais le temps qu'ils passent sur les divers plans diffère légèrement. Les gens aux aspirations artistiques ou religieuses tendent vers une vie astrale plus longue et une vie céleste plus courte; au contraire un grand philosophe a, dans le monde céleste, une vie de longue durée. Mme Blavatsky a dit quelque part que Platon resterait probablement éloigné de la terre pendant au moins dix mille ans, mais je pense que ce cas est tout à fait exceptionnel.

4. — Ceux qui ont atteint l'individuation dans la sixième ronde de la chaîne lunaire et qui sont aujourd'hui représentés par les gentilhommes-campagnards et les hommes exerçant des professions libérales.

Pour eux, les intervalles varient dans une large mesure, de six cents à mille années, dont vingt ou vingt-cinq peuvent être passées sur le plan astral et tout le reste sur les divers sous-plans du monde céleste. L'Ego a probablement un soupçon de conscience sur son propre plan, mais un soupçon seulement.

5. — Ceux qui ont atteint l'individuation dans la septième ronde de la chaîne lunaire et qui forment la classe moyenne supérieure de notre humanité. L'intervalle entre les vies est généralement de cinq cents ans, dont vingt-cinq sur le plan astral et le reste dans le monde céleste. Ils n'ont pas de vie consciente dans le corps causal, sauf, comme tous les êtres humains, l'éclair de mémoire et de pressentiment accordé à chaque Ego lorsqu'il prend contact avec son propre plan entre deux incarnations physiques.

Les Hommes lunaires (Second ordre).
La petite bourgeoisie actuelle.

L'intervalle entre les vies est généralement de deux ou trois cents ans, dont quarante sur le plan astral et le reste sur les plans inférieurs du monde céleste.

Ici, comme pour les autres types, selon que l'individuation aura été obtenue par l'intellectualité ou par les émotions, la longueur moyenne des intervalles entre les incarnations successives différera, mais cette différence provenant du mode d'individuation est dans ces classes inférieures bien moindre en proportion que dans les classes supérieures.

Les hommes-animaux de la Lune, les pionniers de la première ronde de la chaîne terrestre représentés aujourd'hui par les ouvriers habiles de notre monde.

Ces hommes ont, en général, entre leurs vies, un intervalle de cent à deux cents ans, dont quarante environ se passent sur le niveau moyen du plan astral et le reste sur les sous-plans inférieurs du monde céleste.

Animaux lunaires (1re classe). — La basse classe ouvrière et paysanne actuelle.

L'intervalle, entre leurs vies, varie de soixante à cent ans, dont quarante ou cinquante se passent sur les degrés inférieurs de l'astral, et le reste sur le sous-plan le plus bas du monde céleste.

Animaux lunaires (2e classe). — Les niveaux inférieurs de l'humanité, les fainéants, les ivrognes, etc... qui ne sont capables d'aucun travail.

Ils ne quittent guère le monde physique que pendant quarante ou cinquante ans qu'ils passent entièrement sur le plan astral et généralement sur son avant-dernière subdivision.

Animaux lunaires (3e classe). — Les bas-fonds de l'humanité.

L'intervalle entre leurs vies ne dépasse guère cinq années passées sur le dernier sous-plan du plan astral, à moins qu'ils ne soient attachés à la terre par des tendances criminelles, ce qui arrive assez fréquemment.

Pour toutes ces classes d'hommes le mode d'individuation influe dans une certaine mesure sur la durée de l'intervalle, mais cette influence est moindre dans les classes inférieures.

En résumé, ceux qui sont arrivés à l'individuation par l'intellect tendent toujours à prendre le plus long des deux intervalles dont nous avons parlé, tandis que les autres ont tendance à prendre le plus court.

Un troisième facteur, la longueur et la nature de la vie individuelle, exerce une grande influence. Il est évident qu'un Ego qui abandonne un corps physique encore enfant, n'a pu avoir dans ce corps les occasions de générer assez de force spirituelle pour se maintenir sur les plans supérieurs aussi longtemps que les autres individus de son type. Donc, d'une façon générale, l'homme qui meurt jeune a, entre ses vies, un intervalle plus court que celui qui vit jusqu'à un âge avancé. D'une façon générale encore, pour l'homme qui meurt en pleine jeunesse, la vie astrale sera proportionnellement plus longue car les sensations fortes qui s'assimilent dans le monde astral sont générées surtout dans la première période de la vie physique, tandis que les activités de nature spirituelle, qui ont leur aboutissant dans le monde céleste, sont générées jusqu'à la fin ou bien près de la fin de la vie terrestre.

L'attitude pendant la vie terrestre est de la plus haute importance. D'aucuns mènent une longue vie où n'entre, pour ainsi dire, pas l'ombre de spiritualité. Ceci naturellement tend à raccourcir l'intervalle entre leurs réincarnations et les ramène bien au-dessous de la durée commune à leur classe; il est probable aussi que, dans ce cas, une plus grande partie de cet intervalle sera passée sur le plan astral. Les moyennes indiquées ne sont donc que des moyennes, et une grande latitude est laissée, de sorte que les différentes classes chevauchent les unes sur les autres.

L'examen de ces questions nous a amenés récemment à comprendre l'importance d'une profonde affection mutuelle. De nos études des vies passées s'est dégagée pour nous l'idée bien nette que les Egos sont intimement associés en grandes familles. Il est naturel d'admettre qu'ils doivent être constamment réunis au cours de leur évolution afin de préparer ensemble le travail futur, et c'est pourquoi les intervalles tantôt plus longs, tantôt plus courts, sont combinés de manière à ramener la famille entière en incarnation à une même époque, et non pas une fois par hasard, mais un grand nombre de fois.

Ceci implique forcément un accroissement ou une

diminution de rapidité de l'assimilation de cette force spirituelle, en vertu d'une réglementation vigilante des Pouvoirs qui guident l'évolution. Nous n'en avons pas encore pu découvrir la loi ; il est plus que probable que nous arriverons à démontrer que cette loi fonctionne automatiquement de manière à dispenser à tout individu le résultat maximum sans injustice aucune.

Certaines personnes sont toujours prêtes à voir l'injustice dans la marche de l'évolution ; mais ceux qui ont consacré de nombreuses années à étudier les processus de la nature, acquièrent, à mesure qu'ils avancent, la certitude que cette injustice ne peut exister ; dans tous les cas où nous avons cru la discerner, nous avons pu constater par la suite que notre connaissance seule était imparfaite. Ceux-là qui ont sondé jusqu'au fond les mystères de la nature savent que Celui qui a fait toutes choses, les a bien faites.

HUITIÈME SECTION

LA LOI D'ÉQUILIBRE

LA LOI D'ÉQUILIBRE

En considérant la vie humaine, il nous faut tenir compte de trois forces principales agissant toutes en même temps et se limitant les unes les autres : la pression constante de l'évolution, la loi de cause à effet, que nous appelons le Karma, et le libre arbitre de l'homme.

L'action de la force évolutive, semble n'avoir aucun rapport avec le plaisir ou la douleur de l'homme, elle ne concerne que ses progrès, ou plutôt les occasions de progrès. Elle se montre absolument indifférente au bonheur ou au malheur de l'humanité, lui imposant tantôt une condition, tantôt une autre et donnant à chacun les occasions de développer tel ou tel côté de son caractère.

Le Karma est la réaction de l'action accomplie dans le passé par le libre-arbitre humain. Il accumule des énergies qui deviennent, pour la force évolutive, des adjuvants ou des limitations.

Enfin l'exercice actuel, par l'homme, de son libre arbitre, voilà le troisième facteur.

D'après la théorie du Karma, le degré de développement et le bien-être sont les résultats des bonnes actions, du bien-faire, mais il faut bien comprendre le sens de ces deux termes « bien-être » et « bien-faire ». Le but de l'univers en ce qui nous concerne, est l'évolution de l'humanité; par conséquent, l'homme agit d'autant mieux qu'il facilite davantage l'évolution d'autrui en même temps que la sienne. Celui qui agit ainsi pendant sa vie, employant toutes ses forces en toute occasion, sera certainement dans la vie suivante en possession de forces plus grandes et d'occasions plus nombreuses. Il est même probable qu'il possédera en même temps richesse et puissance, car leur possession même donne généralement les occasions nécessaires, mais il ne les possèdera pas nécessairement en raison de son Karma. Le résultat d'une vie utile se traduit par une possibilité de se rendre plus utile encore, mais les circonstances accessoires qui engendrent cette possibilité ne sont pas en elles-mêmes la récompense du bon travail de la précédente incarnation.

On éprouve instinctivement un certain malaise à employer ces termes de récompense et de châtiment qui semblent impliquer l'existence d'un être irresponsable distribuant, d'un point quelconque de l'univers, l'une ou l'autre à son gré. Nous aurons une idée plus exacte de l'action du Karma en le considérant comme la force agissante qui rétablit l'équilibre rompu par nos actions, comme une conséquence de la loi d'égalité absolue entre l'action et la réaction. Par cette conception, nous pourrons nous faire du Karma une idée élevée et le considérer du point de vue de ceux qui appliquent ses lois plutôt que de notre propre point de vue.

Bien que l'inéluctable loi *doive* infailliblement tôt ou tard apporter à chacun la conséquence de ses actions, ses échéances ne sont pas immédiates; il y a toujours assez de temps pour les desseins de l'éternité. L'évolution de l'humanité est son but principal; c'est pourquoi celui qui se manifeste comme un instrument utile et de bonne volonté pour aider aux progrès de l'évolution, reçoit toujours, comme « récompense », l'occasion d'aider plus encore et par là de se faire à lui-même tout le bien possible en même temps qu'il contribue au bien d'autrui. Si cet homme, en travaillant pour autrui, n'a en vue que son propre progrès, son égoïsme entachera et diminuera son action; mais si, oubliant complètement lui-même, il consacre toutes ses énergies au seul but de collaborer au grand œuvre, les effets produits sur son avenir seront infailliblement ceux que nous avons dits.

Il faut protester énergiquement contre cette théorie qui fait de la souffrance une condition indispensable au progrès spirituel. L'exercice développe la force physique, mais il ne s'ensuit pas qu'il doive être douloureux; une promenade chaque jour assouplit les muscles des jambes et il n'est nullement nécessaire de s'infliger une marche écrasante. Pour progresser en spiritualité, l'homme doit développer ses vertus, son désintéressement, son désir de se rendre utile, c'est-à-dire apprendre à se conformer à la grande loi cosmique; et s'il le fait de son plein gré il n'éprouvera d'autres souffrances que celles qui lui viendront de sa sympathie pour autrui.

Si nous constatons qu'au temps présent la plupart des hommes ne se conforment pas à la grande loi, que cette erreur est pour eux invariablement une cause de douleurs grâce auxquelles ils comprennent enfin que la voie du mal et de l'égoïme est aussi contraire à la raison, certes, dans ce sens et dans ce cas, il est vrai que la souffrance conduit au progrès. Mais, parce qu'il nous plaît de transgresser volontairement la Loi et, par là, de nous créer de la souffrance, nous n'avons certainement pas le droit de blasphémer contre elle jusqu'à dire qu'elle a eu tort de faire de la souffrance la condition du progrès. En réalité, si seulement l'homme le voulait, il pourrait faire des progrès infiniment plus rapides et sans aucune souffrance.

Tout homme, qui s'est bien pénétré du but glorieux qui l'attend, ne pourra être parfaitement heureux que lorsqu'il aura atteint ce but. Ses défaillances sont pour lui une source continuelle de mécontentement; or, le mécontentement même est une forme de souffrance, nul ne saurait s'affranchir de cette souffrance avant d'avoir atteint la perfection. « O Dieu! tu nous as créés pour toi-même et nos cœurs seront toujours troublés jusqu'au jour où ils trouveront en toi le repos ».

Qu'il soit réconfortant ou non de savoir que nos souffrances sont méritées, ceci est une question d'appréciation personnelle, mais ne change rien au fait indiscutable que si nous ne les avions pas méritées, elles ne nous auraient pas atteints. Il est vraiment lamentable de voir tant de personnes adopter cette attitude antiphilosophique et vraiment enfantine qui les empêche d'admettre toute idée qui ne cadre pas avec leurs préjugés étroits. Ces gens, qui ne raisonnent pas, répètent sans cesse : « L'enseignement théosophique sur le Karma ne me semble pas aussi consolant que l'idée chrétienne de la rémission des péchés ». Ou encore : « Le monde céleste des théosophes ne paraît ni aussi réel ni aussi beau que celui des chrétiens; c'est pourquoi je ne veux pas y croire ».

Ils pensent évidemment, les pauvres gens, que leurs préférences ont une action sur les lois de l'univers, et que ce qu'ils n'approuvent pas ne saurait *exister* dans l'univers! Nous, qui nous sommes spécialisés dans l'étude des faits de l'existence, sommes obligés de convenir que les lois ne se modifient pas selon le bon plaisir de certains qui voudraient que ces lois fussent autres qu'elles ne sont. S'il était possible qu'un être quelconque fût une victime innocente, nous ne pourrions avoir nulle part dans l'univers une certitude sur l'action de la grande Loi de cause et d'effet et une telle incertitude serait pour nous bien plus terrible que d'être astreints à épuiser les résultats de tous les actes des vies antérieures. On ne saurait trop insister sur ce fait que la loi du Karma n'est pas une action vindicative de quelque divinité courroucée, mais qu'elle est simplement l'effet qui résulte naturellement et inévitablement de la cause conformément à la loi universelle.

Chaque individu devra entièrement acquitter toutes les dettes qu'il contracte et la justice la plus parfaite sera rendue à tous; mais pour cela, il n'est pas indispensable que des foules d'Egos se rencontrent invariablement dans des séries de vies. Si un homme se comporte avec son semblable de façon à hâter ou à retarder sérieusement son évolution, s'il commet quelque action de nature à produire sur lui un effet prononcé ou permanent, il est absolument certain que ces deux êtres se rencontreront de nouveau afin que la dette soit payée, mais ceci peut évidemment s'opérer de différentes façons.

On conçoit que si un homme en tue un autre, il soit tué à son tour dans une incarnation ultérieure; pourtant il se peut qu'il épuise ce Karma de manière beaucoup plus satisfaisante s'il trouve, dans une autre vie, l'occasion de sauver la vie de son ancienne victime au prix de la sienne. Il peut même l'épuiser sans perdre la vie car, parmi les nombreuses vies que nous avons examinées, nous avons relevé un cas tout au moins où un meurtrier expia entièrement son crime, en consacrant patiemment toute une vie ultérieure au service de la personne qu'il avait tuée autrefois.

Beaucoup de Karma de moindre importance paraît rentrer dans ce que l'on peut appeler une sorte de fonds général. L'écolier qui pince méchamment son camarade n'aura certainement pas à retrouver ce camarade mille ans plus tard, sous d'autres cieux, pour être à son tour pincé par lui; toutefois il est certain que, même pour un méfait aussi futile, parfaite justice sera rendue aux deux parties. Il arrive constamment qu'au cours de notre vie, nous montrons peu de bonté envers ceux avec lesquels nous entrons en contact; par négligence, souvent inconsciemment, nous leur portons préjudice en pensées, en paroles, en actions. Toutes ces fautes produisent sur nous leurs résultats correspondants, en bien ou en mal; nous aussi, bien que l'ignorant, nous avons été, de par ces actions mêmes, les agents du Karma. Le peu de bonté que nous nous efforcerons de témoigner sera sans effet sur qui n'en est pas digne et notre indifférence ne pourra en aucune manière affecter quiconque ne l'a pas méritée.

Il n'est pas aisé de tracer la limite de ces deux genres

de Karma : celui qui nécessite un règlement de personne à personne et celui qui rentre dans le fonds général. Une chose certaine, c'est que tout ce qui influe sérieusement sur une personne rentre dans le premier genre et les petits soucis journaliers dans le second; mais nous n'avons pas encore les moyens d'apprécier si une action importante appartient au premier genre de Karma ou au second.

Il faut nous rappeler qu'il y a, dans le Karma le plus grave, une portion qui ne peut jamais être acquittée personnellement. Dans toute la série de nos vies passées et futures, aucun bienfait ne saurait être plus précieux que celui des Maîtres qui nous ont donné accès à l'enseignement théosophique; pourtant en tant qu'individus, nous ne pouvons rien leur donner en retour puisqu'ils sont bien au-dessus de tout ce que nous pourrions faire pour eux. Cette dette colossale doit cependant être acquittée comme le reste, et le seul moyen qui nous en soit donné est de transmettre nos connaissances aux autres. Voici encore une autre sorte de Karma que l'on peut considérer comme rentrant dans le « fonds général », bien que dans un sens un peu différent.

La question suivante a été posée : « S'il est dans le Karma d'une personne d'avoir la fièvre scarlatine, comment ce résultat sera-t-il amené? ».

Je ne crois pas que, dans le sens où on l'entend, il soit jamais dans le Karma d'un homme d'avoir la fièvre scarlatine. Son Karma, dans une incarnation donnée, comprend une certaine somme de souffrance physique à titre de résultat de ses actions dans ses vies passées; si un germe de la fièvre scarlatine se trouve à portée et si cet homme est dans de mauvaises dispositions de santé, ce germe peut déterminer la maladie, et ainsi une partie de la dette de souffrance sera acquittée. Mais si à ce moment aucun germe de cette maladie là n'est dans l'ambiance, celui du choléra ou de la tuberculose atteindra tout aussi bien le but; ou bien encore, au lieu de contracter une maladie, l'homme se cassera un membre en glissant sur une écorce d'orange ou sera renversé par une automobile.

Je sais qu'il existe des livres où sont exposés avec grande précision les différents genres de Karma qui résultent de certaines actions. Il y est dit, par exemple, que si, dans une incarnation, un homme maltraite son père, il reviendra, dans une autre, boiteux de la jambe droite et que si c'est sa mère qu'il a rudoyée, ce sera de la jambe gauche, et ainsi de suite. Cependant, dans les nombreuses vies que nous avons examinées pour en dégager l'œuvre du Karma, nous n'avons pas trouvé une telle rigueur; au contraire, nous avons été surtout frappés tant de son extraordinaire souplesse que de son absolue justice. Aucun moyen pour l'homme d'échapper à la plus petite partie des souffrances qui lui sont destinées, et s'il arrive parfois à les éviter sous une certaine forme, il les verra fondre inexorablement sur lui sous une autre forme, et du côté le plus inattendu.

De même qu'une dette de dix livres peut être payée en un seul billet de banque ou en deux plus petits ou en or, en argent ou en monnaie de cuivre, de même une certaine quantité de Karma se liquide soit d'un seul coup par une épreuve terrible, soit en plusieurs fois par une série d'épreuves atténuées, soit enfin par une longue suite d'ennuis relativement secondaires; mais dans tous les cas et de quelque manière que ce soit, le compte tout entier doit être payé.

De la même faute, commise dans les mêmes circonstances par deux personnes de caractère identique, doit résulter la même *somme* de souffrances, mais la *nature* de cette souffrance variera à l'infini selon les cas. Prenons par exemple un défaut très commun, l'égoïsme, et considérons ses résultats probables. Ce défaut ayant sa source dans une attitude ou une condition mentale, il faut le considérer sur le plan mental; son résultat immédiat sera sans doute une intensification de la personnalité inférieure au détriment de l'individualité, de sorte que, par l'accentuation de cette personnalité, l'égoïsme tendra à se reproduire sous une forme aggravée et à s'intensifier constamment.

La persistance dans la faute amènerait fatalement une prééminence de plus en plus grande des principes inférieurs sur les principes supérieurs, constituant un obstacle au progrès; car le châtiment le plus sévère qu'inflige la nature est la privation des occasions d'aider au progrès, de même que sa plus grande récompense consiste à les offrir. Voici déjà un aperçu des moyens par lesquels l'égoïsme engendre les pires conséquences puisqu'il endurcit l'homme au point de le rendre insensible à toute bonne influence et d'empêcher tout progrès jusqu'au jour où il aura vaincu ce défaut.

Il y a aussi le Karma sur le plan physique de tous les *actes* injustes ou malveillants que l'égoïsme fait commettre, mais, le châtiment le plus sévère qui pourrait en résulter serait insignifiant et éphémère en comparaison de l'effet produit sur l'état mental de l'individu. Il se peut que l'un des résultats de ce Karma soit de l'amener par affinité dans un milieu composé de gens égoïstes et que, souffrant alors lui-même de ce vice chez les autres, il apprenne combien il est haïssable en lui-même. La loi a des ressources infinies et nous aurions tort de la croire contrainte à suivre telle ligne d'action que notre ignorance lui assigne.

Une grande partie des souffrances humaines vient de ce que M. Sinnett appelle le « Karma argent comptant » — c'est-à-dire que ces souffrances sont les résultats d'actions commises dans des vies passées et ne sont nullement inéluctables. — Malgré les exemples mis sous les yeux et les conseils qui lui sont libéralement donnés, les actes de l'homme sont si déraisonnables, son ignorance si invincible, si visiblement perverse, qu'il s'enveloppe constamment lui-même dans un tissu de souffrances dont les causes sont transparentes, évidentes et qu'il pourrait aisément éviter. Je ne crois pas exagérer en disant que les neuf dixièmes des souffrances de l'homme de niveau moyen ne sont pas le moins du monde inéluctables, car elles ne résultent pas d'un passé éloigné, mais simplement d'erreurs de la vie présente.

Il faut aussi considérer que les hommes se trompent bien souvent lorsqu'ils croient distinguer entre ce qui est bon et ce qui est mauvais. Ainsi l'homme ordinaire considère la mort comme le plus grand des maux, soit pour lui, soit pour les siens; et pourtant, dans bien des cas, le Karma l'accorde comme récompense. En réalité, la mort n'est pour ainsi dire jamais un mal, ni une punition, mais un simple incident, une sorte de changement d'état, inévitable à certains intervalles, mais toujours utile comme solution provisoire d'une situation difficile. Elle est rarement un événement aussi important qu'on le croit communément.

Concevons deux Egos nouvellement formés, identiques, absolument primitifs, n'ayant généré aucun Karma et supposons qu'au cours d'une première incarnation, l'un tue ou maltraite l'autre; un pareil traitement serait, à strictement parler, immérité. Toutefois, je doute fort que pareille hypothèse puisse jamais être exacte, car je crois que l'animal individualisé est déjà chargé d'un peu de Karma au moment de sa première incarnation humaine.

Beaucoup d'animaux ont un peu le sentiment du juste et de l'injuste, ou tout au moins une certaine connaissance de ce qui doit ou ne doit pas être fait; ils peuvent même être honteux quand ils ont fait une chose qu'ils croient mauvaise. Ils ont, dans bien des cas, la faculté de choisir, et font preuve, ou non, de patience et d'endurance. Or, là où il y a choix, il y a nécessairement responsabilité et par conséquent Karma.

L'animal sauvage, quand il arrive à l'individuation, devient un homme sauvage et cruel; l'animal doux et patient devient un homme doux et patient, quelque primitif que soit son état. Cette grande différence est nettement la conséquence d'un Karma généré dans le règne animal. Ce Karma s'attache à l'âme-groupe, mais celle-ci le distribue également, en sorte qu'au moment où une portion s'en détache pour s'individualiser, elle emporte sa part de Karma.

Mais, pourrait-on dire, cette explication n'élucide pas la question : car enfin, il faut que, dans le passé, un premier pas ait été fait et, théoriquement, nous devons considérer les conséquences de ce premier pas comme une injustice.

Cette conclusion n'est pas nécessaire. Supposons que ce premier pas ait été un combat entre deux animaux. Le désir de tuer ou de blesser était le même chez l'un et l'autre ; le Karma de ce désir aura eu, comme résultat immédiat, la mort du vaincu, et le vainqueur est resté passible d'une dette qu'il aura probablement acquittée plus tard par une mort violente. Mais pareilles considérations ne sont pas applicables à l'humanité.

Bonne ou mauvaise, nous avons derrière nous une grande masse d'énergie accumulée et je ne puis concevoir un « accident » qui ne soit l'expression d'une partie de ce Karma infiniment divers. C'est pourquoi un naufrage, une débâcle financière, englobent tout un groupement de personnes ; les exceptions sont inutiles puisqu'il y a toujours, dans le Karma de chacun, quelque action susceptible d'être acquittée ainsi. Dans les rares cas où l'homme n'a plus de dette qui puisse être acquittée de cette manière, il ne peut être lésé et c'est pourquoi il est ce qu'on appelle sauvé « miraculeusement ».

Rien n'est plus absurde que de croire que nous pouvons entraver l'action du Karma. Quand un enfant naît, par exemple, dans un milieu où il sera traité avec cruauté, il n'est pas douteux que c'est la conséquence de son Karma antérieur ; mais si une intervention charitable parvient à le délivrer des mauvaises gens qui le torturent, cette intervention, elle aussi, est une conséquence de son Karma, sinon elle échouera, ainsi qu'il arrive quelquefois. Notre devoir évident est donc de faire tout le bien possible et de venir en aide toujours et autant que nous le pouvons. Ne nous laissons jamais arrêter par la crainte de gêner le travail des grandes divinités Karmiques; elles sont certes parfaitement capables de le faire en toute perfection, que nous nous en mêlions ou non.

Le Karma est-il impitoyable? Si nous appliquons cet adjectif au fonctionnement des lois de la nature, nous devons admettre qu'il en est du Karma comme de la loi de gravitation. Qu'un enfant vienne à glisser sur le bord d'un précipice, quelque tristes que soient les conséquences de cet accident, l'enfant tombera au fond de ce précipice aussi fatalement qu'une personne plus âgée et plus responsable; qu'un homme prenne dans sa main une barre de fer rouge, il se brûlera, quel que soit le motif qui l'ait poussé à s'en saisir, qu'il ait su ou non que la barre de fer était chaude. Personne, pourtant, n'accusera le précipice ni la barre de fer, d'avoir été impitoyable; il ne viendra non plus à l'idée de personne de blâmer la loi de gravitation ou la loi de la chaleur. Ceci ne doit-il pas s'appliquer au Karma?

LE FONCTIONNEMENT DE LA LOI DE KARMA

Il est presque impossible d'exprimer en paroles ce qui se présente sur les plans supérieurs à la vision du clairvoyant qui étudie le fonctionnement du Karma. Il semble que les actions de l'homme construisent des cellules ou des canaux chargés d'énergie par lesquels il peut être atteint par la loi d'évolution. On dirait que toutes sortes de forces travaillent autour de lui, mais ne peuvent l'affecter que par l'intermédiaire des énergies qu'il a lui-même engendrées. Il augmente sans cesse le nombre de ces canaux d'énergie, modifiant ainsi constamment ses possibilités d'évolution.

Le Karma fait face à tous ces changements kaléidoscopiques; il les combine, poursuit et accomplit exactement sa tâche au milieu de ce tourbillon, grâce à sa souplesse et à son incroyable adaptabilité.

Le Karma présente un autre aspect dont l'examen m'a

été d'un grand secours pour comprendre son fonctionnement, mais cet aspect appartient à un plan si élevé qu'il est malheureusement impossible de le traduire en paroles. Supposons que nous voyons chaque homme comme s'il était absolument seul dans l'univers, centre d'une série indéfinie de sphères concentriques. De chacune de ses pensées, paroles ou actions, jaillit un courant de force vers les surfaces des sphères et qui, frappant perpendiculairement la paroi interne de l'une d'elles, est réfléchie vers son point de départ.

La sphère qui renvoie la force semble varier selon la nature de cette force, c'est elle qui détermine le moment de son renvoi. La force générée par certaines actions, frappant une sphère relativement proche, est rapidement renvoyée, tandis que d'autres forces s'élancent presque jusqu'à l'infini et ne reviennent qu'après de nombreuses vies, mais, elles reviennent inévitablement tendant toutes vers le centre d'où elles sont parties. Chaque homme crée ses sphères, et le jeu des forces qu'il génère ne peut être, en aucun cas, affecté par l'action de celle que génère son voisin; car elles s'interpénètrent sans se mêler, comme les rayons de lumière de deux lampes. Tous ces trajets se font sans frottement et la force revient sur l'homme exactement aussi grande qu'à son départ.

Le Karma *prârabdhâ*, c'est-à-dire la somme de Karma déterminée par les autorités Karmiques, qui doit être épuisée dans la vie présente, se subdivise elle-même en deux parties : celle qui se manifestera dans son corps physique est introduite par les Devarâjas dans la forme pensée ou dans l'élémental qui construit le corps, élémental dont nous avons parlé dans une section précédente; l'autre partie de Karma, beaucoup plus considérable, comporte le sort futur de la personne, sa bonne ou sa mauvaise fortune; elle est renfermée dans une autre forme-pensée qui, celle-là, ne descend pas; planant au-dessus de l'embryon, elle reste sur le plan mental d'où elle influence l'individu. Elle saisit ou crée les occasions de se décharger peu à peu du Karma qu'elle renferme, en même temps elle projette vers les régions inférieures, comme un éclair qui illumine ou un doigt qui avertit, et qui tantôt descend jusqu'au plan physique, tantôt s'arrête au plan astral, parfois même semble n'être qu'un éclair horizontal, une simple indication sur le plan mental.

Cet élémental continue à se décharger jusqu'à complet épuisement, puis, comme l'autre, il s'anéantit ou, pour parler plus correctement, il se désagrège et sa matière retourne à la matière du plan.

L'homme peut modifier l'action de cet élémental par le Karma nouveau qu'il génère sans cesse, par les causes nouvelles qu'il engendre perpétuellement. L'individu de niveau moyen n'ayant généralement pas assez de volonté pour créer de nouvelles causes assez puissantes, l'élémental épuise son contenu conformément à ce que l'on peut appeler son programme original, en profitant des aspects astrologiques et des circonstances les plus favorables à l'accomplissement de sa tâche; et ainsi son horoscope se vérifie exactement. Mais si l'homme a développé en lui une volonté énergique, il peut modifier, dans une large mesure, l'action de l'élémental et sa vie ne sera plus du tout conforme à son horoscope; les modifications sont alors telles que l'élémental n'arrive plus à se décharger complètement avant la mort; dans ce cas, tout le Karma qu'il contient encore, quelle qu'en soit l'importance, rentre dans la grande masse de Karma *sanchita*, c'est-à-dire du Karma qui n'est pas encore épuisé; et celui-ci donne naissance à un autre élémental plus ou moins analogue préparé pour le commencement de la prochaine vie physique.

L'énorme masse de Karma accumulé peut également être vue planant sur l'Ego. Ce spectacle n'offre généralement rien d'agréable, ce Karma contenant plus de mauvais résultats que de bons. Aux premières périodes de leur développement, dans un lointain passé, la plupart des hommes ont commis beaucoup d'actes qu'ils n'auraient pas dû commettre, d'où, comme conséquence pour eux, de nombreuses souffrances sur ce plan physique. Aujourd'hui, tous les êtres civilisés se sont élevés au moins au niveau des bonnes intentions; aussi génèrent-ils moins de Karma franchement mauvais. Il nous arrive à tous de commettre des actes insensés, nous sommes tous sujets à erreurs; néanmoins l'homme civilisé s'efforce, somme toute, de faire le bien et non le mal; il génère par conséquent plus de bon Karma que de mauvais. Mais tout ce bon Karma ne pouvant neutraliser la grande accumulation du mauvais Karma passé, il nous semble que le mal l'emporte sur le bien.

L'effet de la plupart des bonnes pensées et des bonnes actions consiste à accélérer les progrès de l'homme, à rendre l'un ou l'autre de ses corps apte à vibrer sous l'influence de forces supérieures, à faire naître en lui les qualités de courage, de décision, d'affection, de dévouement et à les développer. Tous ces effets sont visibles dans l'homme et dans ses véhicules, mais non dans la masse de Karma accumulé qui l'attend. Si pourtant il accomplit quelque bonne action avec la pensée bien arrêtée qu'il en sera récompensé, il recueillera, pour cette bonne action, du bon Karma qui s'ajoutera à sa réserve, jusqu'au moment où il sera mûr. Ce bon Karma lie naturellement l'homme à la terre aussi effectivement que le mauvais; aussi celui qui veut faire des progrès sérieux doit-il apprendre à toujours agir sans penser à soi ni au résultat de ses actes; alors ces résultats ne le lieront plus ici-bas.

L'homme ne peut manquer de recevoir le bénéfice d'une bonne action, de même qu'il ne saurait échapper au résultat d'une mauvaise, mais s'il pense à la récompense qu'il a méritée, le bénéfice de sa bonne action lui sera donné sous la forme même de cette récompense, tandis que si, s'oubliant complètement, il accomplit cette bonne action sous l'impulsion de son cœur, parce qu'il sait que c'est là ce qu'il doit faire et que, par conséquent, il ne pourrait agir autrement, alors toute la force de ce résultat est consacrée à l'édification de son caractère, et rien n'en subsiste qui le lie aux plans inférieurs. Ainsi, dans les deux cas, l'homme récolte ce qui a fait l'objet de ses désirs. Comme le Christ lui-même l'a dit : « En vérité, je vous le dis, ils ont leur récompense ». Celui qui désire un bon résultat pour lui-même obtient ce bon résultat; à celui qui s'oublie complètement ou qui ne pense qu'à servir de canal aux forces du Logos, il est donné de devenir un canal plus parfait, et ce résultat est conforme à son désir.

Une autre complication résulte de ce que beaucoup de gens accomplissent de bonnes actions au nom et pour l'amour d'une autre personne, l'entraînant ainsi à en partager les résultats. Combien de chrétiens font une bonne action au nom du Christ, et combien de théosophes au nom du Maître! Dans ce cas, la justice exige qu'une partie de l'effet produit atteigne ce grand Etre, puisque c'est la pensée dirigée sur lui qui a produit cet effet. C'est ainsi que des réserves énormes de magnétisme bienfaisant sont constamment à la disposition de ces grands Etres vers qui vont tant de pensées d'amour et de dévotion et au nom de qui sont accomplies tant de bonnes actions.

Il est naturellement impossible que les résultats de ces actions lient le grand Etre en quoi que ce soit; elles lui procurent simplement un supplément de force spirituelle pour l'œuvre à laquelle il s'est consacré.

LE KARMA DE LA MORT

Il n'est pas du tout certain que, dans la majorité des cas, l'époque de la mort ait été fixée par les Seigneurs du Karma. Le plan général est beaucoup plus élastique et beaucoup plus souple que la plupart ne le supposent. Pour bien le comprendre, ne perdons jamais de vue qu'il y a trois types principaux de Karma; que les Hindous désignent sous les noms de *sanchita*, *Prârabdha* et *Kriyamăna*.

Le premier comprend la masse énorme de bon ou de

mauvais Karma non épuisé qui attend les occasions de se manifester; appelons-le Karma en réserve. Le second se compose de cette partie spéciale du premier qui a été choisie pour être épuisée dans une incarnation donnée; appelons-le la destinée de l'homme dans sa vie présente. Le troisième est constitué par le nouveau Karma que nos actions actuelles produisent constamment.

C'est le Karma du second type que l'astrologue ou le chiromancien essayent de lire, mais leurs calculs sont souvent infirmés par l'intrusion des deux autres types. Il est absolument certain que rien ne peut arriver à un homme qui ne soit compris dans son Karma total, mais il peut se faire, et cela sans aucun doute, que quelque chose survienne qui n'était pas compris tout d'abord dans la destinée de sa vie présente.

Supposons le cas d'un homme à bord d'un vaisseau sur le point de faire naufrage, ou dans la voiture de tête d'un train près d'entrer en collision. Il se peut que dans sa vie actuelle, sa destinée le conduise à mourir à ce moment là. Si oui, il sera infailliblement tué; si non il pourra être sauvé, à condition que sa préservation ne nécessite pas une perturbation trop grande dans le fonctionnement des lois ordinaires de la nature. On peut dire, je crois, qu'il sera probablement sauvé si la prolongation de sa vie physique doit contribuer dans une mesure appréciable à accélérer son évolution. Dans chaque vie, l'homme doit apprendre une leçon, développer une qualité quelconque. Si la tâche assignée à sa vie actuelle est déjà terminée ou si, d'autre part, il apparaît clairement qu'il ne réussira pas à l'accomplir au cours de l'incarnation présente, quelque longue qu'elle puisse être, il n'a rien à gagner par la prolongation de son existence physique et autant vaut qu'il meure.

De même, s'il se trouve dans l'énorme masse de son Karma antérieur quelque dette qu'il soit possible d'éteindre complètement au prix d'une souffrance physique ou mentale, la mort dans ces conditions ne peut lui être que salutaire et l'occasion d'acquitter cette dette est saisie lorsqu'elle s'offre, quand bien même elle n'aurait pas été comprise dans le plan formé pour cette vie-ci. Mais si, dans toute la masse de Karma, rien ne s'adapte à pareille mort, l'homme *ne pourra pas mourir*, il sera inévitablement sauvé, fût-ce même par des moyens apparemment miraculeux. Des cas de ce genre nous ont été relatés, par exemple celui où, sur un navire en détresse une énorme poutre tomba de façon à empêcher qu'un homme fût écrasé par une masse qui s'était détachée des parties supérieures du navire. Une autre fois, c'est un transatlantique qui sombre, et un seul homme échappe en s'accrochant à une cage à poulets.

Il ne faut pas oublier l'influence sur notre destinée de cette troisième variété de Karma que nous construisons pour nous mêmes jour après jour. Un homme peut faire de si bon travail à un moment donné que l'on ne puisse l'en distraire; il a pu agir ou ne pas agir de manière à mériter d'être délivré du plan physique à ce moment de sa vie.

Nous avons tendance à attacher trop d'importance à l'époque et au genre de notre mort. Essayons d'imaginer comment cette question de la mort peut se présenter aux Grands Etres qui dirigent notre évolution; nous acquerrons ainsi une notion plus juste de la question.

Pour eux, le progrès des Egos, dont ils ont la charge, est la seule question importante. Ils savent quelles leçons doivent être apprises, quelles qualités développées. Ils considèrent probablement la mort à peu près à la façon d'un professeur qui apprécie la somme de connaissances qu'un élève doit acquérir avant d'être en mesure d'entrer à l'Université. Le professeur divise ce programme d'après le temps dont il dispose; il assigne à chaque année une partie du travail et le programme de l'année est lui-même subdivisé en trimestres, en mois et en jours. Il se réserve toutefois une grande latitude en ce qui concerne ces subdivisions; il décide, par exemple, de consacrer deux jours, au lieu d'un seul, à quelque point particulièrement difficile, ou d'abréger un cours si la matière a été bien comprise.

Nos vies sont comme ces jours de la vie scolaire, et la leçon est allongée ou raccourcie selon l'appréciation de l'Instructeur. La mort est la sortie de l'école après la leçon d'un jour. Ne nous en préoccupons donc pas, mais acceptons-la avec reconnaissance lorsque le Karma nous envoie ce laissez-passer. Comprenons bien que la seule chose importante, c'est que la leçon que nous avions à apprendre soit sue. Les subdivisions de la leçon, la longueur des cours, le moment exact de leur commencement ou de leur fin, sont autant de détails qu'il est préférable d'abandonner aux soins des agents de la Grande Loi.

Considérée de ce point de vue, la mort ne paraîtra jamais prématurée, car nous pouvons être certains que ce qui nous arrive est toujours ce qui est le plus heureux pour nous. Notre devoir consiste à faire de notre mieux chacune de nos vies et à nous efforcer de les prolonger autant que possible. En abrégeant notre vie par négligence ou par erreur, nous engageons notre responsabilité, et le résultat de cette négligence sera assurément funeste ; mais si la vie est abrégée par une cause indépendante de notre volonté, soyons sûrs que c'est pour notre bien.

Néanmoins ce qui a été dit, dans quelques-uns de nos livres, au sujet de la mort « prématurée » est absolument exact. A un âge extrêmement avancé, les désirs s'émoussent, de sorte qu'un peu du travail relevant de la vie astrale se trouve déjà fait quand l'homme quitte le plan physique. Le même résultat est produit par une longue maladie ; de sorte que, dans ces deux cas, il est à présumer, que la vie astrale sera relativement courte et exempte de souffrances sérieuses. Ceci rentre dans le cours normal de la nature et ce n'est qu'à un point de vue relatif que la mort à un âge moins avancé peut être appelée « prématurée ». Quand une personne meurt en pleine jeunesse, ses passions sont encore très vives, et une vie astrale plus pénible et plus longue est à prévoir, condition en somme moins désirable ; mais si les Puissances qui se tiennent à l'arrière-plan décident qu'une mort anticipée est préférable, on peut être sûr qu'elles ont en vue d'autres considérations qui l'emportent sur la prolongation de la vie astrale.

Il semble donc probable, que l'époque exacte et le genre de mort d'un homme ne sont pas fixés avant ni au moment de sa naissance. Les astrologues avouent qu'il leur est actuellement impossible de prédire exactement l'époque de la mort d'un sujet dont ils font l'horoscope. Ils disent, qu'à un certain moment, les influences maléfiques étant très puissantes, la personne peut mourir, mais que si elle ne meurt pas, sa vie se prolongera jusqu'à un autre moment où elle sera de nouveau menacée, et ainsi de suite. De même, un chiromancien nous dira qu'il y a dans la ligne de vie certaines brisures qui indiquent la mort ou peut-être seulement une maladie grave. Il est probable que ces incertitudes correspondent à une possibilité de prendre des décisions ultérieures, lesquelles dépendront en grande partie des modifications apportées à la manière de vivre et des occasions dont on aura su profiter. De toute façon, soyons certains que, quelle que soit la décision prise à notre égard, cette décision sera sage et que, dans la mort comme dans la vie, toutes choses concourent à notre bien.

LE KARMA AU POINT DE VUE ÉDUCATEUR

Nul ne reçoit jamais ce qu'il n'a pas mérité, et ce qui nous arrive n'est que l'effet de causes que nous avons nous-mêmes engendrées. Si nous avons été la cause d'une chose, nous avons aussi été la cause de l'effet qui en résulte ; cause et effet — sont aussi inséparables que les deux faces d'une médaille et — l'une ne peut aller sans l'autre. En réalité, le résultat qui revient sur nous est partie intégrante de l'action originelle ; c'est cette action qui, pour ainsi dire, se continue. Tout ce qui nous arrive, en bien comme en mal, est notre œuvre, et tout concourt à notre bien. Le paiement de la dette contribue au développement du débiteur qui, pour s'acquitter, fait preuve de patience, de courage et d'endurance dans l'adversité.

Les gens se plaignent sans cesse de leur sort. Ainsi on entend souvent dire : « Il m'est impossible de rien faire dans ma situation; j'ai tant de soucis, tant de besogne, tant de famille! Si seulement j'étais aussi libre qu'un tel ou un tel! ».

Cet homme ne comprend pas que ces entraves font partie même de son instruction et qu'elles sont placées sur son chemin pour qu'il apprenne à les surmonter. Il préférerait, sans doute, avoir l'occasion de faire étalage des forces qu'il a déjà développées, mais ce qui est nécessaire, c'est qu'il développe celles qu'il ne possède pas encore; ceci implique un travail opiniâtre et beaucoup de souffrance, mais aussi de rapides progrès. Rien, dans tout cela, qui ressemble à une « punition » ou une « récompense », mais seulement la conséquence certaine de nos actes, conséquence agréable ou désagréable. Si, d'une façon quelconque, nous détruisons l'équilibre de la nature, cet équilibre est toujours rétabli à nos dépens.

Il arrive quelquefois qu'un Ego choisit de purger au cours d'une vie une certaine somme de Karma, mais la conscience cérébrale n'en sait rien et le sort malheureux dont nous nous plaignons si amèrement est précisément celui que nous avons choisi dans le but d'accélérer notre évolution. Celui qui arrive au grade de disciple et qui est par conséquent un peu en dehors de l'évolution normale, domine et change souvent beaucoup son Karma; non pas qu'il puisse s'y soustraire en quoi que ce soit, mais comme il acquiert de nombreuses connaissances, il met des forces nouvelles en œuvre dans beaucoup de directions, ce qui modifie naturellement l'effet des forces anciennes. Il oppose une loi à une autre, neutralisant des forces dont les effets nuiraient à son progrès.

On a souvent dit que le disciple qui se met en marche

pour hâter ses progrès s'attire de la souffrance. On pourrait dire mieux, il me semble. Dès que le disciple prend sérieusement sa propre évolution en mains, il s'efforce de déraciner aussi rapidement que possible le mal qui est en lui et d'y développer le bien afin de devenir pour l'amour divin un canal vivant de plus en plus parfait. Assurément cette attitude attire l'attention des Seigneurs du Karma et, comme leur réponse tend à lui offrir des occasions plus nombreuses, il peut en résulter même souvent une augmentation considérable de souffrances diverses, mais, en réfléchissant sérieusement nous verrons qu'il faut nous y attendre. Nous avons tous derrière nous plus ou moins de mauvais Karma à liquider, et tant qu'il ne l'est pas il constitue pour nous un obstacle dans tout travail d'ordre supérieur. Une des premières choses à faire dans la voie du progrès sérieux est donc d'extirper tout ce qui reste encore de mauvais en nous; la première réponse que nos efforts vers le bien obtiennent des grands Etres consiste donc en des occasions de plus en plus nombreuses d'acquitter plus rapidement notre dette, puisque nous avons maintenant la force nécessaire, afin qu'elle ne gêne plus notre futur travail. Quant à la façon dont cette dette sera payée : elle dépend uniquement des Seigneurs du Karma et non de nous, mais nous pouvons nous fier à eux pour que les choses soient combinées sans qu'il en résulte pour d'autres des souffrances supplémentaires, à moins que ces autres n'aient eux aussi quelque dette Karmique qu'ils puissent acquitter de cette manière. Dans tous les cas, les grandes divinités karmiques sont la justice absolue et ne lèsent jamais personne.

VARIÉTÉS DE KARMA

Le Karma afférent au service accompli est toujours une occasion de rendre plus de services encore. C'est là une des règles qui se dégagent avec la plus grande certitude de notre étude sur la façon dont opère le Karma dans les nombreuses vies passées que nous avons examinées. Lorsqu'un homme mène une vie particulièrement bonne, il ne s'ensuit pas du tout qu'il sera riche ou puissant, ni même dans l'aisance dans la vie prochaine, mais il en retirera certainement des occasions plus grandes de travailler. Ce qui apparaît clairement, c'est que le Logos veut que Son travail soit fait ; pour avoir des occasions de progresser, il faut donc montrer que nous sommes disposés à travailler. Le savoir apporte en même temps la possibilité et la responsabilité. Céder à ce que l'on sait être mal, ou reculer d'un pas pour sauter plus loin, c'est manquer une occasion qui ne se représentera peut-être pas avant plusieurs vies. Si vous ne tenez pas compte de la connaissance ou de la claire vision qui vous indique un défaut, vous renaîtrez certainement sans cette connaissance ou sans cette vision. Le savoir doit être utilisé ; c'est une erreur de croire que l'on peut différer le moment de le mettre en pratique et néanmoins le conserver.

Nous pouvons nous préparer les conditions futures d'existence les plus désagréables en menant une vie déraisonnable, mais il nous est tout à fait impossible, à nous qui sommes aujourd'hui des gens cultivés, de nous réincarner comme sauvages ou comme gens appartenant aux classes très inférieures. Nous pouvons, si nous le voulons, perdre notre temps et ne faire aucun progrès, mais à moins de nous livrer à la magie noire et de faire d'énormes efforts dans la voie du mal, il nous est impossible de rétrograder jusqu'à ce point. La mauvaise conduite ou l'incurie à saisir les occasions offertes, peut nous faire renaître dans une situation gênée dans notre classe même ou dans une classe un peu inférieure, mais il serait incompatible avec la marche de l'évolution que nous puissions rétrograder jusqu'à l'état sauvage. Des actions exceptionnelles peuvent, il est vrai, amener quelquefois des résultats exceptionnels mais, en général, il n'y a pas de variations brusques considérables. Un homme cultivé ne pourrait évidemment pas purger le Karma qu'il a certainement généré dans sa situation actuelle, s'il était rejeté dans la condition inférieure d'un laboureur ignorant. Les desseins du *Logos* réclamant un nombre de plus en plus grand de gens cultivés, il est en somme probable que celui qui n'est plus en bas de l'échelle sociale, ne s'y incarnera plus.

Certaines sortes d'actions cependant engendrent un Karma exceptionnellement terrible. Par exemple, la cruauté, de tout genre, envers les hommes ou les animaux a toujours des résultats Karmiques atroces; ce sont souvent des maladies physiques chroniques accompagnées de souffrances aiguës; souvent aussi la folie, lorsque la cruauté a été raffinée et voulue. Nous avons pu constater par exemple que la populace ignorante qui tortura Hypathie à Alexandrie, se réincarna en grande partie en Arménie où les Turcs lui firent subir toutes sortes de cruautés. Ceux qui, de nos jours, meurent dans de terribles souffrances, à la suite de brûlures en apparence dues au hasard, sont souvent ceux qui ont brûlé des hommes au Moyen Age ou qui ont eu du plaisir à assister à ces scènes hideuses.

Tout préjudice causé à une personne hautement developpée provoque une terrible réaction sur son auteur. Il nous faut donc porter la plus grande attention à l'attitude que nous prendrons devant le Grand Etre annoncé, car sa supériorité sur nous étant très grande, nous le méconnaîtrons peut-être; il se peut aussi que nous nous refusions à le reconnaître, car il ne sera sans doute pas conforme à ce que nous croyons. L'une des raisons pour lesquelles les grands Etres ne viennent pas plus souvent parmi les hommes, c'est le terrible Karma de ceux qui les méconnaissent et les maltraitent, et malheureusement ils sont nombreux dans l'humanité. Je connais le cas d'une grande âme, née dans un milieu qui ne la comprenait pas, et qui tomba entre les mains d'un pédagogue brutal et incapable qui abusa d'elle honteusement; il m'a été donné de voir le Karma qui résulta de cette cruauté et je frémis encore en y pensant. En vérité, c'est à ce misérable que peuvent s'appliquer ces paroles attribuées au Christ plutôt que d'avoir « offensé un de ces petits êtres, il eût mieux valu pour lui qu'on lui attachât une pierre au cou et qu'il fût précipité dans les profondeurs de la mer ».

Le Karma de l'ingratitude est également affreux; il est toujours exceptionnellement lourd, surtout quand l'ingratitude se manifeste envers un instructeur occulte. Bien des personnes sont toujours pressées d'aller de l'avant, désirant entrer en contact avec les Maîtres, cherchant à attirer leur attention, et bien souvent elles se figurent que les disciples de ces Maîtres cherchent à les retenir ou, tout au moins, se refusent à leur en faciliter l'approche. Le disciple du Maître n'existe que pour aider les autres, et rien ne le réjouit davantage que d'attirer une autre âme aux pieds de Ceux dont il a tant appris; mais, quand il voit que l'aspirant n'est pas encore en état de comprendre ces grands Etres, que son attitude est captieuse, irrévérentieuse, présomptueuse, il se refuse à prendre la responsabilité de le guider vers les Maîtres, car il sait combien les suites seraient désastreuses. Un homme de cette nature peut être sûr de générer un mauvais Karma n'importe où il se trouvera et il serait absurde de lui fournir l'occasion de le générer cent fois pire.

J'ai remarqué, par exemple, que certaines gens, ayant témoigné à un moment donné le plus grand dévouement à notre Présidente, ont aujourd'hui complètement changé d'attitude et commencent à la critiquer et à la calomnier. C'est là une mauvaise action dont le Karma sera bien pire que s'il s'agissait d'une personne à qui ils ne devaient rien. Je ne veux pas dire qu'on n'a pas le droit de changer d'avis. Qu'un homme pense en conscience qu'il lui est impossible de suivre plus longtemps notre Présidente, il a entièrement le droit de cesser d'être du nombre de ses disciples; nous déplorons son aveuglement, mais sans lui adresser le moindre blâme, chacun devant agir selon sa conscience. Une telle retraite n'entraîne pas de plus mauvais Karma, que celui d'avoir perdu une occasion, d'avoir échoué dans une épreuve et commis une erreur grave. Mais si, après s'être séparé de notre Présidente, cet homme se met à l'attaquer, à répandre sur elle de scandaleuses calomnies ainsi que l'ont fait tant de gens, il commet alors une faute très grave dont le Karma sera extrêmement lourd. Il est toujours grave d'être vindicatif et menteur, mais quand c'est envers celui qui vous a tendu la coupe de vie, ces fautes deviennent un crime dont les effets sont épouvantables.

Tant qu'un homme a derrière lui beaucoup de mauvais Karma, il lui est impossible de faire aucun progrès en occultisme; ceux qui, par exemple, se trouvent engagés dans un tissu inextricable de dettes Karmiques, ne seront vraisemblablement pas admis comme candidat à la communauté de la sixième race-mère. Quiconque a encore du mauvais Karma derrière lui ne peut devenir Adepte, parce qu'un Adepte doit être libéré de toute nécessité de se réincarner. L'homme capable de fonctionner librement dans son véhicule bouddhique ou de la raison, en quittant son corps causal, n'aura plus jamais besoin de reprendre ce dernier, mais ceci ne peut naturellement avoir lieu qu'après l'épuisement de tout le Karma généré sur les plans inférieurs. Le Maître envoie toutes ses forces en courbes ouvertes; mais toute pensée inférieure se rapportant à soi a une trajectoire en courbe fermée, de sorte que, bonne ou mauvaise, elle revient à son point de départ et celui qui l'a émise doit revenir pour la recevoir.

L'homme ne peut se libérer des résultats qui l'attachent aux plans inférieurs que lorsqu'il s'est entièrement dépouillé de tout égoïsme sur ces plans. Quiconque, en aidant les autres, se sent en parfaite union avec eux, ne récolte le résultat de son action que sur le plan de la raison et rien sur les plans qui sont au-dessous. N'oubliez pas non plus que nous générons du Karma sur le plan astral, l'homme pouvant générer du Karma partout où sa conscience est éveillée et partout où il peut agir et choisir. J'ai vu des actions accomplies sur le plan astral produire leurs fruits Karmiques dans la vie physique suivante.

Un autre point qu'il importe de se rappeler, c'est qu'il y a toujours un Karma général attaché à une classe ou à une nation, dont chaque unité a, dans une certaine mesure, une part de responsabilité. C'est ainsi qu'un prêtre endosse une certaine responsabilité dans toutes les actions du clergé quand même il ne les approuverait pas personnellement.

LE KARMA DES ANIMAUX

On se demande souvent comment fonctionne le Karma dans le règne animal. Puisqu'il est à peine concevable que les animaux puissent générer un Karma quelconque, on se demande quelle peut bien être la cause des différences énormes de leurs conditions, l'un étant traité avec bonté et douceur, tandis que l'autre est soumis à toutes sortes de brutalités, l'un toujours bien soigné et bien nourri, tandis que l'autre meurt de faim et doit lutter pour subsister.

Voici deux points dont il faut bien se pénétrer : 1° qu'un animal *génère* souvent une somme assez considérable de Karma; 2° l'animal bien traité n'en retire pas autant d'avantages qu'on pourrait le supposer, ses rapports avec l'homme n'étant pas toujours de nature à le faire progresser ni à le faire évoluer dans la bonne direction. Le chien de chasse, dressé par le chasseur, tend à devenir beaucoup plus sauvage et plus brutal qu'il ne l'eût été sous toute autre forme vivante que la nature eût pu lui donner, car l'animal sauvage ne tue que pour satisfaire sa faim; seul l'homme a fait naître dans la vie animale la perversité de tuer pour le plaisir de détruire. Quelque intelligente qu'elle soit il eût bien mieux valu, pour la malheureuse bête, de n'avoir jamais été mise en contact avec l'humanité car, de par ses méfaits, l'âme-groupe dont elle fait partie a généré un Karma du pire caractère, que tous les autres chiens, qui sont les expressions de cette âme-groupe, auront à expier plus tard par des souffrances afin de déraciner peu à peu leur sauvagerie.

On peut dire la même chose du chien de luxe, gâté sottement par sa maîtresse au point de perdre insensiblement toutes les qualités de sa race et de n'être plus que le serviteur de son égoïsme et de ses aises. Dans ces deux cas : l'homme commet un abus de confiance vraiment criminel vis-à-vis du règne animal, puisqu'il développe, chez les animaux commis à ses soins, les instincts inférieurs au lieu de chercher à développer leurs instincts supérieurs; de ce fait, il génère un mauvais Karma tant pour lui-même que pour une âme-groupe animale.

Le devoir de l'homme est ici bien clair : développer chez le chien le dévouement, l'affection, l'intelligence et la faculté de se rendre utile; en même temps réprimer avec douceur, mais avec fermeté, toute manifestation de sa nature sauvage et cruelle qu'une humanité brutale a encouragée pendant des siècles avec tant de persévérance.

Certaines personnes semblent croire qu'un chien ou un chat entre dans une incarnation spéciale en récompense de ses mérites. Mais ces créatures, n'ayant pas encore conquis d'individualité distincte ni par conséquent généré de Karma individuel (ce terme pris dans le sens ordinaire) ne peuvent ni mériter ni recevoir de récompense. Lorsqu'un bloc déterminé de cette essence monadique, qui évolue suivant la ligne de l'incarnation animale, laquelle atteint son point culminant dans le chien, par exemple, arrive à un niveau assez élevé, les animaux, qui sont ici-bas les manifestations de cette essence monadique, sont mis en contact avec l'homme, afin que leur évolution puisse recevoir le stimulant que seul ce contact peut leur donner.

Le bloc d'essence, qui anime ce groupe de chiens, a accumulé, en fait, la somme de Karma due à la façon dont il a dirigé ses multiples manifestations, et qui lui a permis d'atteindre le niveau où cette association avec l'humanité est possible, à chacun des chiens, qui est une fraction de cette âme-groupe, revient une part de ce résultat. C'est pourquoi lorsqu'on demande ce qu'un chien a bien pu faire pour mériter individuellement une vie facile ou pénible, on se laisse tromper par l'illusion d'une simple apparence, et l'on oublie qu'il n'y a pas de chiens-individus avant la dernière partie de l'incarnation finale au cours de laquelle une âme nouvelle se sépare définitivement de l'âme-groupe.

Certains n'arrivent pas à comprendre qu'à certains moments puisse commencer une sorte de Karma absolument nouvelle. Ainsi quand A porte préjudice à B, on en revient toujours à la théorie d'après laquelle B a dû, dans une vie antérieure, causer un préjudice à A et qu'il récolte ce qu'il a semé. Il peut en être ainsi dans bien des cas, mais un tel enchaînement de causes a dû avoir un commencement et il est logique de présumer que le préjudice causé par A à B a été, de sa part, un acte d'injustice spontané — acte que le Karma lui fera sûrement payer dans l'avenir — que de penser que la souffrance de B, bien qu'imméritée en tant que lui venant de A, est le paiement d'un acte ou des actes commis par lui autrefois envers d'autres personnes.

Lorsqu'un animal est maltraité par un homme, à coup sûr ce n'est pas le paiement d'une dette Karmique due par l'animal, car un sujet auquel est attaché du Karma ne saurait être réincarné sous une forme animale. Toutefois l'âme-groupe dont il fait partie a dû générer du Karma, sans quoi le fait n'aurait pu se produire.

Les animaux se font souvent souffrir entre eux avec intention. On peut croire pour beaucoup de raisons que la proie, égorgée par l'animal sauvage pour être mangée en raison de ce que l'on peut appeler l'ordre naturel des choses, *ne souffre pas* d'une façon appréciable; mais dans les combats si fréquents et si inutiles que se livrent les animaux, taureaux, cerfs, chiens ou chats, ils se font souffrir volontairement, d'où pour l'âme-groupe, un mauvais Karma qui devra être expié dans l'avenir d'une manière ou d'une autre.

Ceci toutefois n'atténue en rien la faute de la brute humaine qui traite les animaux avec cruauté ou qui les excite à se battre, ou à faire souffrir d'autres animaux. Il est hors de doute qu'il en résulte du Karma, et du Karma extrêmement pénible pour l'homme qui faillit ainsi au pouvoir d'aider dont il est dépositaire; et dans maintes et maintes vies à venir, il expiera durement le juste résultat de son abominable brutalité.

On trouve dans la littérature théosophique, sur le Karma est sur la réincarnation des animaux, un enseignement qui repose sur des principes fondamentaux clairs et parfaitement compréhensibles. Je reconnais sans hésiter que cet enseignement est élémentaire, qu'il se borne à des principes généraux et je me rends bien compte du grand nombre de cas particuliers où les détails du processus Karmique dépassent notre entendement; mais, ce que vous en avez pu saisir suffira sans doute pour vous démontrer que la justice absolue et inéluctable de la grande Loi est une des vérités fondamentales de la nature. Convaincus de cette vérité, vous attendrez avec confiance une compréhension plus détaillée jusqu'au jour où vous aurez acquis les puissantes facultés supérieures qui seules permettent de voir le fonctionnement du système tout entier.

Au fur et à mesure que nous progresserons, la lumière divine illuminera pour nous bien des points restés dans l'ombre jusqu'ici; graduellement mais sûrement, nous grandirons jusqu'à la connaissance parfaite de la Vérité divine qui déjà nous enveloppe, nous protège et nous guide. Tous ceux qui ont eu le privilège d'étudier ces sujets sous la direction et avec le secours des grands Maîtres de la Sagesse, sont tellement persuadés de cette vérité que, malgré leur vue encore imparfaite, ils s'abandonnent en toute confiance à cette grande Puissance dont l'humanité *ne peut encore* distinguer que quelques lueurs.

NEUVIÈME SECTION

QU'EST-CE QUE LA SOCIÉTÉ THÉOSOPHIQUE?

QU'EST-CE QUE LA SOCIÉTÉ THÉOSOPHIQUE ?

On dirait que quelques-uns de ses membres n'ont pas encore compris toute l'importance de cette société dont ils font partie. Ce n'est pas, seulement, une association fondée pour encourager l'étude d'une branche spéciale du savoir humain, comme les sociétés *Asiatic Royal* ou *Royal Geographical;* c'est encore moins une religion, les religions n'existant que pour répandre une forme particulière de doctrine. Non, la Société Théosophique occupe dans la vie moderne une place toute spéciale, car son origine diffère entièrement de celle de toutes les institutions actuelles. Pour comprendre cette origine, jetons un coup d'œil sur le côté occulte de l'histoire du monde.

Ceux qui étudient l'occultisme savent que l'évolution du monde n'est pas laissée au hasard et que sa direction et son administration sont entre les mains d'une hiérarchie d'Adeptes que l'on appelle quelquefois la *Loge Blanche*. A cette Confrérie appartiennent ceux que nous appelons les Maîtres, parce que, sous certaines conditions, ils consentent à prendre comme élèves ceux qui se montrent dignes de cet honneur. Tous les Adeptes ne sont pas des Maîtres, car tous ne prennent pas d'élèves ; un grand nombre d'entre eux, bien qu'occupant un rang égal au point de vue occulte, sont engagés dans des voies différentes qui toutes cependant sont toujours orientées vers le même but : l'aide de l'évolution.

Pour faciliter la surveillance et la direction du monde, Ils l'ont divisé en districts à peu près comme l'Eglise a divisé son territoire en paroisses, avec cette différence que les districts ont quelquefois la dimension d'un continent.

Sur chaque district préside un adepte comme un prêtre dirige sa paroisse. De temps en temps, l'Eglise tente un effort spécial qui n'est pas destiné au bien d'une seule paroisse, mais au bien général ; elle envoie ce que l'on appelle une « mission à l'intérieur » en vue de ranimer la foi et de réveiller l'enthousiasme dans un pays entier. Les résultats obtenus ne rapportent aucun bénéfice aux missionnaires, mais contribuent à augmenter l'efficacité du travail dans chaque paroisse.

A certains points de vue, la Société Théosophique ressemble à une pareille mission et les divisions naturelles faites sur la terre par les diverses religions correspondent aux différentes paroisses. Notre Société paraît au milieu de chacune d'elles ; ne faisant aucun effort pour détourner les peuples de la religion qu'ils pratiquent, essayant au contraire de la leur mieux faire comprendre et surtout de la leur faire mieux vivre, souvent même les ramenant à une religion qu'ils avaient abandonnée en leur en présentant une conception plus élevée.

D'autres fois, des hommes qui, bien que d'un tempérament religieux, n'appartenaient nominalement à aucune religion, parce qu'ils n'avaient pu se contenter des explications vagues de la doctrine orthodoxe, ont trouvé dans les enseignements théosophiques un exposé de la vérité qui a satisfait leur raisonnement et à laquelle ils ont pu souscrire, grâce à sa large tolérance. Nous avons parmi nos membres des djaïns, des parsis, des israélites, des mahométans, des chrétiens, et jamais aucun d'eux n'a entendu sortir de la bouche d'un de nos instructeurs un mot de condamnation contre sa religion; au contraire, dans beaucoup de cas, le travail de notre Société a produit un véritable réveil religieux là où elle s'est établie.

On comprendra facilement la raison de cette attitude en pensant que toutes les religions ont eu leur origine dans la Confrérie de la Loge Blanche.

Dans son sein existe, ignoré de la masse, le véritable gouvernement du monde, et dans ce groupement se trouve le département de l'Instruction religieuse. Le Chef de ce département a fondé toutes les religions, soit Lui-même, soit par l'intermédiaire d'un disciple, adaptant son enseignement à la fois à l'époque et au peuple auquel il le destinait. Les religions sont les différentes représentations d'une même vérité; il est facile de le voir en les comparant. La forme extérieure peut varier, mais l'essence en est toujours identique. Toutes recommandent les mêmes vertus et condamnent les mêmes vices, en sorte que la vie d'un bon bouddhiste ou d'un bon hindou est pratiquement identique à celle d'un bon chrétien ou d'un bon musulman. Ils accomplissent les mêmes actes sous des noms différents; l'un passe beaucoup de temps en prière, l'autre en méditation; mais en réalité les pratiques sont les mêmes, et les membres de toutes les religions sont d'accord pour déclarer qu'un homme, pour mériter le nom d'homme de bien, doit être juste, bienveillant, généreux et véridique.

On nous dit qu'il y a quelques centaines d'années, les chefs de la Loge Blanche ont décidé qu'une fois tous les cent ans, pendant le dernier quart de chaque siècle, un effort spécial serait fait pour venir en aide au monde d'une manière quelconque. Certaines de ces tentatives sont facilement reconnaissables. Tel est, par exemple, le mouvement imprimé par Christian Rosenkreutz au quatorzième siècle, en même temps que Tsong-Kha-Pa réformait le Bouddhisme du Nord; tels sont encore en Europe la Renaissance dans les arts et les lettres, au quinzième siècle, et l'invention de l'imprimerie. Au seizième nous avons les réformes d'Akbar aux Indes; en Angleterre et ailleurs, la publication des ouvrages de Lord Bacon, avec la floraison splendide du règne d'Elisabeth; au dix-septième, la fondation de la Société Royale des Sciences en Angleterre et les ouvrages scientifiques de Robert Bayle et d'autres, après la Restauration. Au dix-huitième on essaya d'exécuter un mouvement très important (dont l'histoire occulte sur les plans supérieurs n'est connue que d'un petit nombre) qui malheureusement échappa au contrôle de ses chefs et aboutit à la Révolution Française. Enfin nous en arrivons au dix-neuvième siècle, à la fondation de la Société Théosophique.

Cette Société est un des Grands Monuments dans l'histoire du monde; elle est destinée à produire des résultats bien plus considérables que ceux que nous avons vus jusqu'à présent. Son œuvre actuelle n'est que le prologue de ce qu'elle doit être dans l'avenir et l'importance de sa mission est hors de toutes proportions avec ce qu'elle a paru être jusqu'à nos jours.

Elle diffère des mouvements qui l'ont précédée, premièrement en ce qu'elle annonce la nouvelle venue du Christ, ensuite en ce qu'elle est le premier des efforts qui doivent aboutir à la formation de la sixième race-mère. Beaucoup, parmi nos étudiants, savent que le Maître M., le Grand Adepte auquel se rattachaient plus particulièrement nos deux fondateurs, a été choisi pour être le Manou de cette nouvelle race et que son ami inséparable, le Maître K. H., doit en être l'instructeur religieux.

Il est évident que dans l'Œuvre que ces deux Grands Etres doivent accomplir, ils auront besoin d'une armée de travailleurs dévoués qui, par dessus toutes choses, devront être fidèles, obéissants et laborieux. Ils pourront aussi avoir d'autres qualités, mais celles-ci sont indispensables. La plus vive intelligence, la plus grande habileté, les talents les plus variés trouveront leur place et leur utilité dans ce mouvement; mais toutes ces capacités seront inutiles sans l'obéissance parfaite et la foi absolue dans les Maîtres. La suffisance est un obstacle à tout progrès dans cette voie. L'homme qui ne peut obéir à un ordre, parce qu'il croit en savoir plus long que ses chefs, celui qui ne peut mettre entièrement de côté sa personnalité pour accomplir le travail qui lui est donné et coopérer harmonieusement avec ses collègues, cet homme n'a aucune place dans l'armée du Manou. Ceux qui en feront partie devront subir une suite rapide d'incarnations dans la nouvelle race pour s'efforcer de façonner leur différents corps sur le modèle que donnera le Manou. Ce travail sera laborieux et difficile, mais absolument nécessaire pour établir le type nouveau d'humanité qui sera celui de la sixième race.

L'occasion de nous présenter volontairement pour accomplir cette tâche nous est donnée maintenant. Ceux qui voudront participer à cette œuvre devront dès à présent avoir dans leur vie un but différent de celui de l'homme ordinaire. Si nous voulons être choisis pour faire le travail dans l'avenir, il faut que nous nous montrions prêts à y coopérer en accomplissant de notre mieux la tâche qui nous est offerte aujourd'hui, quelle qu'elle soit.

Le Grand Chef du département de l'instruction religieuse, le Seigneur Maîtreya, qui a déjà enseigné sous les noms de Krishna aux hindous et sous celui de Christ aux chrétiens, a déclaré que, bientôt, il reviendrait dans le monde pour apporter la guérison et l'aide aux nations, et pour revivifier la spiritualité que la terre a presque perdue.

Une des grandes œuvres de la Société Théosophique est de faire son possible pour préparer les hommes à sa venue, de façon qu'un plus grand nombre d'entre eux puisse profiter de l'occasion unique qui leur est offerte par sa présence même parmi eux.

La religion qu'Il a fondée lorsqu'Il vint en Judée, il y a deux mille ans, est maintenant répandue sur toute la terre, mais lorsqu'Il quitta son corps physique, les disciples réunis pour envisager la situation nouvelle n'étaient, dit-on, que cent-vingt. Un seul précurseur annonça sa venue la dernière fois. Maintenant c'est à une société de vingt mille membres répartis sur le monde entier, qu'est donnée cette tâche! Espérons que les résultats seront meilleurs cette fois que la dernière et que nous pourrons garder le Seigneur parmi nous, plus de trois ans, avant que la méchanceté humaine l'oblige à se retirer; puissions-nous aussi réunir autour de Lui un plus grand nombre de disciples que jadis! Ceci n'est pas encore une certitude et les résultats obtenus dépendront, en grande partie, de l'énergie, de l'effort et de l'impersonnalité dont feront preuve, dès maintenant, les membres de la Société Théosophique.

A côté de son but principal qui est de répandre la vérité occulte sur la terre, notre Société en a un autre qui est de réunir en faisceau ceux qui s'intéressent suffisamment à l'occultisme pour y consacrer leurs efforts. Parmi ceux-ci, un certain nombre voudront pousser plus loin et apprendre tout ce que la Société peut leur enseigner; il est probable que tous ne réussiront pas, mais quelques-uns atteindront leur but, comme d'autres l'ont atteint dans le passé et parmi ceux-là les Adeptes choisiront ceux qu'Ils jugeront dignes de travailler directement sous leurs ordres dans l'avenir. On ne peut garantir à personne qu'il fera partie de cette élite, même s'il est entré dans le groupe le plus intime de la Société, car le choix reste entièrement entre les mains des Maîtres. Tout ce que nous pouvons affirmer, c'est que de pareilles sélections ont été faites dans le passé et que le besoin de travailleurs volontaires est grand.

Beaucoup sont venus dans la Société sans connaître les possibilités d'avancement offertes dans son cercle intérieur, ni les relations étroites avec les Maîtres qu'elle permet de faire naître. Beaucoup y sont entrés à la légère, sans trop réfléchir ni se rendre compte de l'importance de la décision qu'ils prenaient; aussi certains l'ont-ils quittée tout aussi légèrement, justement parce qu'ils n'avaient pas compris. Même ceux-ci ont acquis quelque chose, mais beaucoup moins qu'ils n'auraient pu le faire s'ils avaient montré plus de compréhension. La Comtesse Wachtmeister raconte qu'une fois des personnes faisant par hasard visite à Mme Blavatsky, demandèrent d'entrer dans la société; Mme Blavatsky fit aussitôt chercher les feuilles nécessaires et les admit. Lorsqu'elles furent parties, la comtesse fit remarquer, comme un léger reproche, qu'on ne pouvait s'attendre à grand'chose de pareils membres, car il était facile de voir que la curiosité seule les attirait ou bien qu'elles avaient voulu faire un acte de pure politesse. « Cela est vrai, dit Mme Blavatsky, mais le fait d'avoir signé leur engagement, bien qu'il ne soit qu'une formalité, a créé un léger lien karmique entre ces personnes et la Société, et ce lien, quelque faible qu'il soit, leur comptera dans l'avenir ».

Quelques membres ont commis la folie de quitter la Société parce qu'ils n'approuvaient pas la politique de sa Présidente, ne se rendant pas compte que cette politique est l'affaire de la Présidente et non la leur; ils oubliaient aussi que celle-ci en tant que Présidente, en sait beaucoup plus long qu'eux à tous les points de vue, et qu'elle avait sans doute d'excellentes raisons que ces membres ignoraient complètement; ils n'avaient pas compris, non plus, que les présidents et leur politique ne durent qu'un temps et qu'ils ne peuvent en rien entamer cette vérité fondamentale qui est que la Société appartient aux Maîtres et les représente, et que l'abandonner, c'est abandonner aussi leur drapeau. Puisqu'Ils sont derrière elle et qu'Ils comptent s'en servir comme de leur instrument, soyons certains qu'Ils ne laisseront pas commettre d'erreur grave. Un bon soldat ne déserte pas parce qu'il désapprouve la tactique du général, et s'il va se battre seul un pareil combat ne ferait pas grand bien à la cause qu'il prétendrait défendre.

D'autres sont partis parce qu'ils ont craint que, restant dans la Société, on les accusât de partager des idées qu'ils n'avaient pas et qu'ils blâmaient. Ils ont fait preuve, non seulement d'égoïsme, mais de vanité. Qu'importe ce qu'on dit ou ce qu'on pense de nous, pourvu que l'œuvre des Maîtres s'accomplisse et que son plan s'exécute! Il faut apprendre à oublier notre personnalité et à ne penser qu'à ce travail. Il est certain qu'il se fera quand même et malgré les défections, parce que la place de ceux qui refusent de travailler sera aussitôt remplie. Les défections n'ont pas grande importance alors, dira-t-on? Elles importent peu en ce qui concerne l'œuvre à faire, mais beaucoup pour celui qui s'en va; il a laissé échapper une occasion qui ne lui sera probablement plus offerte pendant de nombreuses incarnations. De telles désertions montrent une incompréhension complète du fait que les membres sont entre eux comme les parties d'un même corps, ainsi qu'une profonde ignorance de ce qu'est en réalité la Société et de l'importance du côté caché de son œuvre.

Ce travail des Maîtres qui consiste à faire évoluer l'humanité est de tous les travaux du monde le plus passionnant. Il est quelquefois permis, à ceux qui ont développé les facultés des mondes supérieurs, de jeter un coup d'œil sur le plan général et de soulever un coin du voile. Je ne connais rien de plus émouvant ni d'un intérêt plus profond. La splendeur, l'immensité de ce plan rend haletant et plus imposantes encore sont la dignité calme et la certitude avec lesquelles tout s'accomplit. Non seulement les individus, mais les nations sont les pions du jeu; pourtant ni l'individu, ni la nation ne sont forcés de jouer le rôle qui leur est assigné. L'occasion leur est donnée de le remplir, mais s'ils refusent, un remplaçant est toujours prêt à combler le vide.

En ce moment, une occasion magnifique est offerte à la race Anglo-Saxonne, à la sous-race Teutonne tout entière, si elle veut bien en profiter et laisser de côté des rivalités et des jalousies mesquines. J'espère de tout mon cœur qu'elle acceptera de jouer son rôle et je crois qu'elle le fera; mais je sais que si elle vient à faire défaut, une autre nation est déjà choisie pour saisir le sceptre qu'elle aura laissé tomber de ses mains. Une pareille faillite obligerait à un certain délai pendant lequel la nouvelle nation serait rapidement poussée jusqu'au niveau qu'elle devrait atteindre, mais au bout de quelques siècles, exactement le même résultat serait obtenu.

C'est là le seul point certain : le but assigné sera atteint. Par quel intermédiaire? Voilà qui a une grande importance pour l'intermédiaire, mais aucune pour le progrès total du monde.

Jetons-nous donc avec ardeur *dans* le travail de la Société et non en dehors de lui, en nous efforçant d'en prendre une part de plus en plus active et de la faire de mieux en mieux. Car si nous travaillons bien maintenant dans des choses comparativement peu importantes, telles que les activités de notre loge ou la propagande ou encore le service de ceux qui nous entourent, il nous sera permis plus tard de prendre part à une œuvre bien plus importante et d'aider à préparer la venue du Seigneur. Si à ce moment il nous est accordé le privilège de nous rendre humblement et sérieusement utiles, plus tard encore il nous sera donné une charge plus importante dans la formation de la nouvelle race. Ces paroles, qui ont été dites jadis, s'appliqueront à nous : « C'est bien, bon et fidèle serviteur. Tu as été fidèle en peu de choses; je t'établirai sur beaucoup. Entre dans la joie de ton Seigneur ».

LA THÉOSOPHIE ET LES GUIDES DU MONDE

Les théosophes s'étonnent souvent que la Théosophie, qui expose incontestablement les théories les plus avancées sur l'existence et traite de la sagesse la plus haute qu'on puisse envisager aujourd'hui, ne semble pas toucher les maîtres éminents de la pensée moderne et du progrès humain dans les domaines de la science, des arts, de la littérature, de la philosophie ni de la religion. Il semblerait cependant que des hommes d'une si haute intelligence, d'une spiritualité si noble, devraient les premiers être attirés vers la Théosophie par la clarté et la logique de son système, par la lumière qu'elle jette sur les problèmes de la vie et de la mort, par la beauté des idéals qu'elle présente.

Hélas! le fait est malheureusement exact. La Théosophie ne touche pas ces hommes d'élite; au contraire, ils la traitent avec indifférence, voire même avec mépris!

Comment expliquer cette étonnante attitude?

Encore une fois, nous théosophes, en mettant à part notre Présidente qui est bien au-dessus de la normale, nous savons très bien que nous sommes, au point de vue intellectuel, bien loin en arrière des grands maîtres de la pensée scientifique et philosophique, de même qu'en spiritualité, nous sommes fort en arrière des grands saints dont nous parlent les diverses religions. Et pourtant nous avons le privilège inestimable d'appartenir à la Société Théosophique, de croire à ses enseignements, de les comprendre, de nous les assimiler, tandis que ces autres semblent ne pas le pouvoir! Certes, nous ne sommes pas meilleurs qu'eux et, à certains égards, nous sommes certainement moins développés; alors pourquoi cette récompense si haute, si glorieuse nous est-elle accordée plutôt qu'à eux?

Oui! c'est une haute et glorieuse récompense; ne nous y trompons pas. Les qualificatifs les plus forts, les descriptions les plus poétiques ne sauraient exprimer ce qu'est la Théosophie pour ceux qui ont pu la comprendre, ce qu'elle fait pour ceux qui la mettent en pratique. Dès lors qu'elle fait tant pour nous qui ne sommes que des gens bien ordinaires, pourquoi laisse-t-elle froids et insensibles ces êtres si supérieurs et si brillants?

Oui, ils sont supérieurs et brillants et, ici encore, il ne faut pas nous y tromper. L'intellect d'un homme de science éminent est une chose merveilleuse et digne d'envie; c'est le couronnement de nombreux siècles de développement. La spiritualité, le détachement absolu du monde, la profonde dévotion du saint sont des choses belles et précieuses au delà de toute expression; c'est le couronnement de tous les efforts faits au cours de nombreuses vies dans cette ligne spéciale. Certes, toutes ces qualités sont des biens que l'on ne peut nier ni mépriser et que « l'on doit désirer plus que l'or, et vraiment plus que l'or fin, plus doux aussi que le miel et que le gâteau de miel ».

Et cependant eux, qui ont ces biens, ne possèdent pas la perle inestimable qu'est la Théosophie alors que nous la possédons, nous qui, de la plaine où nous sommes restés, levons nos regards vers eux sur les sommets où ils se tiennent. Incontestablement, ces grands hommes ont beaucoup de choses que nous n'avons pas, ou que nous n'avons encore qu'à l'état rudimentaire. Qu'avons-nous donc qu'ils n'ont pas et qui nous rend dignes d'un si grand honneur.

Nous avons *la connaissance de la direction dans laquelle nous devons orienter nos forces*. Et cette connaissance, nous l'avons parce que, grâce à l'enseignement théosophique, nous percevons quelque chose du plan de l'évolution d'après lequel le monde a été édifié, quelque chose du but et du processus de l'évolution, non pas seulement dans les grandes lignes, mais d'une manière assez détaillée pour être en mesure de l'appliquer dans notre propre vie.

Mais comment les données théosophiques nous sont-elles plus accessibles, à nous si humbles, qu'à ces êtres transcendants ? Par nos enseignements, nous savons que « la juste balance pèse avec équité », et que nul ne peut recevoir le moindre avantage qu'il n'ait mérité. Qu'avons-nous donc fait alors pour avoir la faveur d'une si grande récompense, la plus précieuse de toutes, nous qui, semblables à tant de milliers de gens, sommes remplis des défauts communs à la moyenne des hommes, ni meilleurs, ni pires, que la grande majorité de nos frères ?

Quoi que nous ayons pu faire, nous ne l'avons évidemment fait que dans une vie autre que celle-ci. Beaucoup parmi nous peuvent témoigner que, la première fois qu'ils ont entendu parler (dans cette vie) de la

Théosophie, quelque chose en eux a vibré à cet appel, quelque chose qui répondait à leur propre pensée et qu'il leur semblait reconnaître. Et pourtant, nous savons aussi que, chez bien des gens de beaucoup nos supérieurs, la Théosophie n'évoque aucune réponse et qu'ils ne peuvent même comprendre l'enthousiasme qu'elle suscite en nous.

En général, nous expliquons ce phénomène, et avec juste raison, en disant que ces hautes vérités ont été connues de nous dans le passé, que ces théories ont fait l'objet de nos études dans une vie antérieure, tandis que ceci n'a pas eu lieu pour ces autres personnes. Cette explication toutefois ne résout pas le problème et le complique plutôt, car pourquoi, dans cette vie antérieure, avons-nous étudié ces choses alors que nos amis, si hautement doués, n'ont pu le faire?

On peut répondre que, le monde étant actuellement à un stade peu avancé de son évolution, l'humanité n'a pas encore eu le temps de développer toutes les facultés que, à un certain moment de son évolution, elle devra acquérir selon un ordre déterminé et que, si les hommes diffèrent entre eux, c'est qu'ils ont choisi des points de départ différents. Si nous possédons les qualités, les facultés qui nous attirent vers ces sujets, c'est que, dans un lointain passé, nous avons fait converger nos efforts dans cette direction. Nul ne peut posséder une faculté pour le développement de laquelle il n'a fait aucun effort. Il ressort de ceci que si les hommes hautement favorisés au point de vue intellectuel ou moral sont « doués » dans un certain sens, ils ont mérité ces dons grâce à un travail laborieux dans des vies antérieures. De même que, grâce aux études auxquelles nous nous sommes livrés dans une autre vie, nous avons mérité le « don » que nous possédons, c'est-à-dire le pouvoir de comprendre et d'apprécier l'enseignement théosophique — de même ils ont acquis les brillantes facultés d'intellect ou de dévotion en travaillant autrefois dans ce sens.

Nous avons dans le passé suivi des lignes différentes,

nous avons consacré notre temps à développer des qualités différentes; chacun récolte aujourd'hui le prix de son travail et chacun, naturellement, se trouve privé des qualités pour lesquelles il n'a *pas* fait d'efforts spéciaux. Nous sommes tous imparfaits, mais non dans les mêmes choses; c'est pourquoi, il est clair que notre but, dans l'avenir, doit être de nous développer sur toutes les lignes en cherchant à acquérir toutes les qualités que possèdent les autres et qui nous font défaut pour l'instant.

Un autre point très intéressant à ce sujet et que notre Présidente a exposé dans un de ses ouvrages, est que ces maîtres de la pensée contemporaine occupent actuellement dans l'évolution une certaine fonction qu'ils ne pourront mener à bien s'ils savaient tout ce que nous savons. La sous-race qui est la nôtre est la cinquième de la cinquième race-mère et la tâche impartie à l'humanité de cette sous-race est de développer le plus possible le mental inférieur. Ces maîtres de la pensée qui intensifient ce mental, qui le glorifient, qui en font presque une divinité, accomplissent ainsi la tâche qui leur a été dévolue pour le progrès de l'humanité. Précisément parce qu'ils ont une telle confiance dans l'intellect, parce qu'ils croient que rien n'est au-dessus, ils sont aptes à lui donner tant de force et à le porter au plus haut degré d'élévation. C'est parce qu'ils en connaissent juste assez et pas plus qu'il ne faut, qu'ils sont les pions propres à être utilisés dans cette partie spéciale du grand jeu cosmique. Car, ainsi que le dit Omarkhayam :

« Nous ne sommes que des pions dans le jeu qu'Il joue
« Sur cet échiquier des nuits et des jours,
« Des pions qu'Il place ici et là, qu'Il met en échec et qu'Il détruit,
« Et que l'un après l'autre, Il réintègre dans leurs cases. »

Ces hommes éminents ont été désignés pour être les guides du monde à un certain stade de son progrès; ils accomplissent noblement leur tâche et nous ne pouvons espérer qu'ils s'en détourneront pour écouter notre message. Un temps viendra dans l'avenir où ils *voudront* écouter; alors le magnifique développement intellectuel, qu'ils acquièrent aujourd'hui les portera loin et rapidement sur la voie du progrès occulte.

Ce que l'on peut donner comme certain, c'est qu'avant d'espérer arriver à la perfection, l'homme doit avoir développé ces trois qualités : l'intelligence, la spiritualité et le discernement. Cette dernière peut être définie celle qui enseigne à utiliser les deux autres. Que l'une de ces qualités fasse défaut, l'application des autres ne peut être que défectueuse; nous pouvons, d'ailleurs, constater qu'il en est toujours ainsi. L'homme de science, en effet, évolue l'intellect à un très haut degré, mais si le côté spirituel de sa nature n'a reçu aucun développement, il emploie son intelligence à des fins personnelles au lieu de la faire servir au bien général, ou encore il se montre peu scrupuleux dans le choix des moyens qui peuvent enrichir ses connaissances; tel le vivisecteur. Le saint, lui, arrive à un haut degré de dévotion et de spiritualité, mais si l'intelligence fait défaut, il peut arriver qu'il tombe dans la superstition, l'étroitesse d'esprit et que, le cas échéant, il devienne même un persécuteur. Ainsi, tous les deux, le savant et le saint, risquent d'égarer leurs énergies dans de fausses directions s'ils n'ont pas la vraie connaissance du plus grand plan du *Logos,* la connaissance même que donne la Théosophie!

Tout homme est la résultante de ses actes et de ses pensées du passé. S'il a consacré ses énergies au développement de l'intellect, il récolte l'intellect pour lequel il a travaillé; mais comme il doit en outre posséder la spiritualité et le discernement, c'est vers l'acquisition de ces deux qualités que doivent tendre maintenant tous ses efforts. S'il a jusqu'ici consacré ses forces au développement de la dévotion, il a certainement fait de grands progrès dans cette voie; il lui reste donc maintenant à faire tous ses efforts pour développer l'intellect et le discernement vers lesquels il n'a pas encore dirigé son attention. Si, dans des vies antérieures, il a étudié le grand plan de la nature, il revient dans cette vie avec la faculté de comprendre, avec l'intuition qui lui permettra de reconnaître et d'accepter la vérité. C'est vraiment un bon résultat pour lui, mais il lui faut encore développer les qualités sur lesquelles les autres hommes ont porté leur effort.

Mais, hélas! aux premiers stades de l'évolution, où nous sommes aujourd'hui, l'homme est ainsi constitué qu'il est enclin à se glorifier de ce qu'il possède lui-même et à exalter les qualités dont il est doué au détriment de celles d'autrui, au lieu de chercher à imiter ce qu'il y a de bon chez les autres. L'homme de science et le saint ne savent pas s'apprécier l'un l'autre et bien souvent, de part et d'autre, règne le mépris et l'incompréhension. Ne nous laissons pas tomber sur le même écueil! Rappelons-nous que le but que nous nous sommes proposé, est l'Adeptat, et que l'Adepte est l'homme parfait qui réunit *toutes* les qualités portées au plus haut degré.

Avant que nous puissions atteindre l'Adeptat, il nous faut développer la spiritualité autant et même davantage que le plus grand saint, l'intelligence autant, et même davantage que le plus brillant des savants. Aussi notre attitude envers ceux qui possèdent ces qualités éminentes est-elle bien claire : elle doit être celle, non d'un critique qui dénigre, mais d'un homme sensé et sincère qui sait apprécier et admirer avec enthousiasme tout ce qui est beau et bien, et ainsi la qualité qui nous est propre, la connaissance de la direction de l'évolution, nous empêchera, tandis que nous acquerrons celles où les autres nous sont supérieurs, de tomber dans les erreurs qu'ils commettent car, quoique beaucoup plus avancés que nous sur d'autres lignes, ils sont à peine arrivés au seuil de la nôtre.

Toutes ces qualités sont indispensables et devant nous s'étend la tâche ardue du développement de celles qui nous manquent. Cependant, nous pouvons, **je crois**, nous féliciter du choix que nous avons fait dans d'autres vies quand nous nous sommes voués à l'étude du grand plan du Logos dans son ensemble, quand nous nous sommes efforcés de le saisir et d'y coopérer avec les humbles moyens dont nous disposions.

Car ceci nous a donné, ou devrait nous avoir donné le contentement de notre sort, le pouvoir de tirer le meilleur parti des choses et de voir en toutes leur meilleur côté. La plupart des hommes sont enclins à découvrir chez les autres le pire de leur nature, à trouver le défaut de la cuirasse, à critiquer et à ergoter. Nous, théosophes, nous devons nous appliquer à cultiver un esprit tout différent. Voyons dans chacun et en toutes choses la divinité qui s'y cache et désirons ne voir en eux que le bien et non le mal. S'ils nous méprisent, si le savant nous tourne en ridicule en nous taxant de superstitieux, s'il refuse d'écouter nos explications, si le dévot se détourne de nous avec horreur sous prétexte que nous sommes hétérodoxes, s'il persiste à envisager un aspect de sa divinité moins noble que celui que nous lui offrons, de notre côté veillons avec soin à ne pas commettre la même faute. Sans aucun doute, ces hommes éminents ont leurs points faibles, entre autres les préjugés qui les empêchent de percevoir la vérité; soyons donc assez courtois pour ignorer généreusement ce qui leur manque et concentrons toute notre attention sur les belles qualités où ils excellent et que notre devoir présent est d'aquérir.

Comprenant que le *Logos* veut utiliser notre intelligence et notre dévotion, nous avons, de ce fait, le mobile le plus puissant qu'on puisse concevoir pour développer ces qualités aussi rapidement que possible; grâce à la connaissance que nous possédons déjà sur la direction dans laquelle Il veut que ses forces soient employées, bien des efforts, bien des souffrances et une grande perte d'énergie nous seront épargnés. Tout ce que nous possédons émane du *Logos*, tout ce que nous avons doit donc être mis à sa disposition pour être toujours utilisé par Lui et pour Lui seul.

RÉMINISCENCES

La première fois que la Théosophie vint à ma connaissance, ce fut grâce à la deuxième édition du livre de M. Sinnett, *Le Monde Occulte* qui tomba entre mes mains ; mais la première communication qui me vint des Maîtres eut lieu par un procédé assez usité. Quelques années auparavant, je m'étais livré à des recherches sur le spiritisme, au cours desquelles j'avais eu l'occasion d'entrer en contact avec les médiums les plus remarquables de l'époque et de voir tous les phénomènes relatés dans les ouvrages qui traitent de ce sujet. Un des médiums avec qui je fus le plus en rapports était M. Eglinton ; malgré toutes les histoires que j'ai entendues contre lui, je dois ici porter témoignage que, en ce qui me concerne, je l'ai toujours trouvé plein de droiture, de bon sens et de courtoisie.

Une de ses spécialités était l'écriture sur ardoise, et ce phénomène, ainsi que j'ai pu le constater, est celui qu'il convient de montrer à ceux qui cherchent tout en restant sceptiques. Voici quelle méthode j'employais : sur le chemin conduisant à la séance spirite, j'entrais avec mon sceptique dans une papeterie où je le priais d'acheter deux ardoises neuves et de les faire empaqueter en plaçant entre elles un crayon d'ardoise. Je lui conseillais de s'assurer par lui-même que le paquet était bien ficelé et d'apposer son cachet, s'il en avait un, sur les nœuds ; puis je le priai de porter le paquet en lui recommandant de ne s'en dessaisir sous aucun prétexte soit avant soit pendant la séance, et si au cours de la séance, il était nécessaire de joindre les mains, je lui disais de s'asseoir sur son paquet. La séance commençait dans ces conditions, et, au bout d'un temps généralement assez court, se produisaient des craquements ou quelque autre signe indiquant que les forces occultes s'étaient concentrées.

En général, nous nous asseyions autour d'une petite table carrée en bois, non recouverte de tapis ; le procédé d'Eglinton consistait à prendre une ardoise sur laquelle il posait un bout de crayon et qu'il maintenait contre la face inférieure de la table. Ceci se passait en plein jour et nous étions seuls avec le médium ; il n'y avait donc aucun risque que des ardoises préparées au préalable puissent être substituées, ni qu'aucune autre fraude fût employée. L'ardoise étant maintenue de la façon que je viens de dire, des caractères se formaient bientôt sur la surface appliquée en dessous de la table et ces caractères constituaient une phrase répondant à la question qu'il nous avait plu de faire.

Ces préliminaires terminés, je demandais si les « chers esprits » étaient disposés à écrire sur *nos* ardoises. Presque toujours, la réponse était affirmative ; une ou deux fois, cependant, il me fut répondu que la force n'était pas assez puissante. Je me tournais alors vers mon sceptique et lui demandais de présenter le paquet cacheté des deux ardoises, en lui recommandant de veiller à ce qu'elles ne lui soient pas prises des mains. En général, il l'élevait de ses deux mains et au-dessus de la table et M. Eglinton y apposait légèrement une des siennes.

Les conditions ainsi établies, je priais le sceptique de formuler mentalement une question et, pendant qu'il tenait le paquet nous entendions le crayon marcher rapidement entre les deux ardoises. Quand les trois petits coups d'usage annonçaient que le message était terminé, je lui disais : « Maintenant examinez vos ardoises et la ficelle qui les tient attachées : assurez-vous bien que personne ne vous a mis en trance hypnotique et n'a pu se livrer à des machinations quelconques sur votre paquet ; ouvrez-le et lisez la réponse qui vous a été faite ».

Nous trouvions le plus souvent les deux côtés des ardoises qui se faisaient face couverts d'écriture formant une réponse se rapportant plus ou moins à la question posée. Le sceptique se montrait d'habitude tellement impressionné qu'il en restait, pendant quelques instants, muet d'étonnement, ce qui ne l'empêchait pas, quelques jours après, d'écrire que nous avions dû être trompés d'une manière quelconque et que nous n'avions pas vu réellement ce que nous avions cru voir.

M. Eglinton avait avec lui divers personnages qu'il appelait des contrôleurs; l'un d'eux était une jeune Indienne cuivrée qui se nommait Daisy et qui parlait avec une grande volubilité, qu'elle en eût l'occasion ou non. Un autre était un Arabe de haute stature, nommé Abdullah, dont la taille dépassait six pieds de hauteur; celui-ci ne parlait jamais, mais produisait des phénomènes remarquables et accomplissait des tours témoignant d'une force extraordinaire; je l'ai vu soulever à bout de bras deux hommes d'un poids énorme. Un troisième contrôleur, que l'on présentait souvent, était le nommé Ernest; il ne faisait que très peu de matérialisations, mais il parlait souvent de sa propre voix et il avait l'écriture caractéristique d'un homme bien élevé. Un jour, pendant que je conversais avec lui, quelque chose fut dit relativement aux Maîtres de Sagesse; Ernest parla d'eux avec la plus profonde vénération et ajouta qu'il avait eu en diverses occasions le privilège de les voir. Je lui demandai aussitôt s'il serait disposé à se charger pour eux d'un message verbal ou d'une lettre; il me répondit qu'il le ferait volontiers lorsque l'occasion s'en présenterait, mais qu'il ne pouvait fixer de date.

Je puis dire à ce propos que j'eus plus tard un bon exemple du peu de confiance qu'il faut avoir dans de pareilles communications. Très longtemps après cette conversation, un spirite écrivit dans le *Light* qu'il ne pouvait exister de personnages comme ceux que l'on appelait des Maîtres de Sagesse, Ernest le lui ayant positivement affirmé. Je répondis dans le même journal, que, d'après les affirmations provenant de ce même Ernest dont l'autorité n'avait d'ailleurs aucune valeur, ces Maîtres existaient véritablement et qu'il les connaissait. Dans les deux cas, Ernest n'avait fait que reproduire la pensée de chacun des questionnaires, ainsi que le font souvent ces entités.

Donc, pour revenir à mon récit, j'acceptai provisoirement l'offre d'Ernest; je lui dis que j'écrirai une lettre à l'un de ces grands Maîtres et que je la lui confierais si mon ami et instructeur, M. Sinnett, n'y voyait pas d'inconvénients. A ce nom de M. Sinnett, les « esprits » parurent étrangement troublés; Daisy tout spécialement se mit en fureur et déclara qu'elle ne voulait à aucun prix avoir affaire avec cet individu. « Quoi! il dit que nous sommes des fantômes! », dit-elle avec indignation. Je maintins néanmoins fermement mon idée, disant que tout ce que je connaissais de Théosophie m'étant venu par M. Sinnett, je ne pouvais agir en dehors de lui, ni essayer d'autres moyens de communication sans le consulter au préalable.

Finalement, et bien que de très mauvaise grâce, les esprits adhérèrent à ma proposition et la séance fut terminée. Lorsque M. Eglinton se réveilla de sa trance, je lui demandai le meilleur moyen de faire parvenir une lettre de moi à Ernest; il me répondit immédiatement de la lui envoyer à lui-même, qu'il la mettrait dans une certaine boîte accrochée au mur où Ernest viendrait la prendre quand il le voudrait. Je mis donc à la poste une lettre pour M. Sinnett, lettre dans laquelle je lui demandais son avis sur toute cette affaire. Il fut vivement intéressé et me répondit aussitôt, me conseillant d'accepter l'offre et de voir ce qu'il en adviendrait.

Je rentrai chez moi où j'écrivis trois lettres : la première au Maître K. H., lui disant avec le plus grand respect que, depuis le premier jour où j'avais eu connaissance de la Théosophie, mon plus grand désir avait été de me ranger au nombre de ses disciples. Je l'informais des circonstances où je me trouvais et lui demandais s'il était nécessaire que les sept années de probation, dont j'avais entendu parler, fussent passées dans l'Inde. Je mis cette lettre dans une petite enveloppe que je fermai avec un cachet portant mes initiales; puis j'enfermai le tout dans une autre enveloppe avec une lettre que j'adressais à Ernest lui rappelant sa promesse de remettre ma lettre au Maître et lui demandant de me rapporter la réponse si toutefois il y en avait une. Je cachetai cette seconde lettre comme la première et l'enfermai dans une troisième enveloppe avec un mot pour Eglinton, le priant de mettre cette lettre dans la boîte en question et de me faire connaître le résultat. Avant de l'envoyer, j'avais prié un de mes amis, resté avec moi, d'examiner au microscope les cachets apposés sur les deux enveloppes dans le but de nous rendre compte, au cas où il nous serait donné de les revoir, si on avait essayé de les ouvrir par un subterfuge quelconque. Par retour du courrier, je reçus de M. Eglinton un mot me disant qu'il avait bien mis ma lettre dans la boîte d'où elle avait déjà disparu; il ajoutait que, si une réponse lui parvenait, il me l'enverrait immédiatement.

Quelques jours plus tard, je reçus une lettre portant une adresse dont l'écriture m'était inconnue; en l'ouvrant, je découvris ma propre lettre adressée à Ernest et qui apparemment n'avait pas été ouverte; le mot « Ernest » était inscrit sur l'enveloppe et au-dessous mon propre nom était écrit au crayon. Une fois encore, mon ami et moi examinâmes les cachets au microscope, mais rien ne vint nous révéler qu'une tentative quelconque eût été faite pour les ouvrir par des moyens illicites, et tous les deux nous fûmes d'accord pour conclure qu'il était impossible que la lettre eût été ouverte; cependant, après l'avoir décachetée moi-même, je m'aperçus que celle que j'avais écrite au Maître avait disparu. Je ne trouvai donc dans l'enveloppe que la lettre que j'avais écrite à Ernest, sur la page blanche de laquelle celui-ci avait ajouté quelques mots me disant que ma lettre avait été remise au Maître et que si, dans l'avenir, j'étais trouvé digne de recevoir une réponse, il me l'apporterait avec plaisir.

J'attendis quelques mois sans rien recevoir. Entre temps, je me rendais aux séances que tenait Eglinton et lorsqu'il m'arrivait d'y rencontrer Ernest, je lui demandais chaque fois, s'il ne pensait pas que j'aurais bientôt une réponse. Invariablement, il me répliquait qu'il avait bien remis ma lettre, mais que rien ne lui avait encore été dit au sujet de la réponse et qu'il ne pouvait faire plus.

Six mois plus tard encore, je reçus une réponse, mais non par l'entremise d'Ernest. Dans cette lettre, le Maître me disait qu'il n'avait pas reçu ma lettre, et ne pouvait la recevoir, ainsi qu'il le faisait remarquer, étant donné le caractère du messager, mais qu'il savait que je lui avais écrit et me répondait.

Il me disait aussi que les sept années de probation pouvait être passées n'importe où, mais qu'il me conseillait cependant d'aller quelques mois à Adyar afin de voir par moi-même si je pouvais travailler de concert avec l'état-major du Quartier Général. J'aurais bien voulu répondre que, dans les circonstances où je me trouvais, il m'était impossible d'aller passer trois mois à Adyar et de revenir ensuite en Angleterre reprendre mes fonctions, mais que j'étais toutefois bien résolu à abandonner ces fonctions pour consacrer ma vie à son service. Mais comment transmettre cette nouvelle lettre ? Ernest ayant failli d'une façon si évidente à la promesse qu'il m'avait faite, il ne me restait plus qu'un moyen : c'était d'aller trouver Mme Blavastsky; et, comme elle devait justement partir le lendemain même pour l'Inde, je me hâtai d'aller à Londres afin de la voir.

Il me fut bien difficile d'obtenir d'elle qu'elle lût la lettre du Maître car, me déclara-t-elle, les communications de ce genre ne doivent être lues que par ceux à qui elles sont destinées. Sur mes instances cependant elle s'y décida et me demanda ce que je voulais répondre. Je lui fis part de mes intentions et lui demandai par quel moyen je pourrais faire parvenir ma lettre au Maître. Elle me répliqua qu'il connaissait déjà ce que j'avais à lui dire, faisant ainsi probablement allusion aux relations très étroites qu'elle avait avec lui en raison desquelles ce qui était dans sa conscience à elle, était aussi dans la conscience du Maître chaque fois qu'il le désirait.

Elle me dit alors de rester avec elle et de ne la quitter sous aucun prétexte. J'attendis donc patiemment tout l'après-midi, toute la soirée, et même assez tard dans cette soirée, je l'accompagnai chez Mme Oakley où s'étaient réunis quelques amis qui voulaient lui dire adieu. Mme Blavatsky s'était assise au coin du feu sur un siège confortable, parlant avec son brio accoutumé en roulant son éternelle cigarette quand, tout à coup, elle avança sa main droite vers le feu dans une position assez singulière, la paume tournée en haut. Elle la regarda avec surprise, ainsi que moi du reste, car je me tenais debout près d'elle, le coude appuyé sur le manteau de la cheminée ; et même plusieurs d'entre nous virent nettement se former sur sa main un nuage blanchâtre qui se condensa bientôt en une feuille de papier pliée qu'elle me tendit en me disant : « Voici la réponse que vous attendiez ». Tous ceux qui étaient dans la pièce s'approchèrent avec empressement, mais Mme Blavatsky m'enjoignit de sortir pour lire ma lettre, disant que personne d'autre que moi ne devait en connaître le contenu.

Le Maître m'écrivait que l'intuition qui m'avait conduit à me déclarer prêt à tout quitter était excellente, que c'était justement ce qu'il attendait de moi, mais qu'il ne pouvait me le demander avant que je ne l'eusse offert moi-même. Il me disait, en outre, de prendre le bateau quelques jours plus tard et d'aller en Egypte rejoindre Mme Blavatsky. Je m'empressai naturellement de le faire.

Au Caire, nous nous installâmes à l'Hôtel d'Orient. C'est là que, pour la première fois, il me fut donné de voir un des membres de la Fraternité. Un jour que j'étais assis sur le plancher, aux pieds de Mme Blavatsky, occupé à trier pour elle quelques papiers, je sursautai soudain à la vue d'un homme qui se tenait entre nous deux et qui n'était sûrement pas entré par la porte. C'était celui que l'on appelle aujourd'hui le Maître D. K., et qui n'avait pas encore, à cette époque, franchi les degrés qui devaient faire de lui un Adepte.

Notre séjour en Egypte en compagnie de Mme Blavatsky fut pour nous d'un profit tout à fait remarquable, car elle nous expliquait en grande partie le côté occulte de tout ce que l'on voyait dans ce pays. Ayant déjà eu l'occasion de venir auparavant en Egypte, elle y avait fait la connaissance de plusieurs fonctionnaires tels que le premier ministre, Nubar-Pacha, le consul de Russie, et, en particulier, le conservateur du musée, M. Maspéro. Je me rappelle, entre autres, la visite qu'il voulut bien faire avec nous au Musée, au cours de laquelle Mme Blavatsky lui donna toutes sortes de renseignements très intéressants relatifs aux diverses curiosités qu'il avait sous sa garde.

Mme Blavatsky, qui comprenait l'Arabe, nous divertissait bien souvent en nous traduisant les remarques saugrenues qu'échangeaient entre eux les graves et dignes marchands arabes assis dans leurs bazars respectifs. Ceux-ci, un jour, après nous avoir pendant un certain temps traités de chiens de chrétiens, s'étaient mis à parler d'une façon fort irrévérencieuse des femmes européennes de tout âge. Mme Blavatsky les interrompit brusquement, leur demandant s'ils pensaient que ce fût là, pour un digne fils du Prophète, une façon convenable de parler à ceux dont ils espéraient tirer profit en leur faisant acheter leurs produits. Ils restèrent muets de confusion ne pouvant s'imaginer qu'un Européen pût comprendre ce qu'ils disaient.

Cependant l'Arabe semble être la seule langue orientale qu'elle ait connue; elle ignorait le sanscrit, et la plupart des difficultés existant dans notre terminologie théosophique proviennent précisément de ce que, à cette époque, elle décrivait au premier Hindou qu'elle rencontrait sur son chemin ce qu'elle voyait ou savait et lui en demandait le nom en sanscrit. La plupart du temps, celui à qui elle s'adressait ainsi n'avait pas compris nettement ce qu'elle voulait dire, et quand bien même il eût compris, il faut se rappeler qu'elle parlait à des adhérents d'écoles philosophiques différentes et que chacun d'eux répondait, selon le sens que l'on donnait au terme dans l'enseignement qu'il suivait.

A cette époque, de nombreux phénomènes se produisaient dans son entourage. Elle-même présentait des phénomènes remarquables et manifestait des changements dignes d'un Protée. Les Maîtres eux-mêmes utilisaient son corps; ils écrivaient et parlaient par son intermédiaire. D'autres fois, lorsque son Ego était occupé ailleurs, l'un des deux disciples moins avancés qu'elle-même, entrait dans son corps et à certains moments il nous semblait qu'une autre femme en avait pris possession. J'ai été moi-même fréquemment témoin de ces transformations; j'ai vu le nouveau possesseur du corps regarder autour de lui comme pour se rendre compte du milieu dans lequel il arrivait, essayant par exemple de se mettre au courant de la conversation. Toutefois, Mme Blavatsky ne pouvait sous aucun rapport être comparée à un médium ordinaire car, toujours consciente que ce corps lui appartenait, elle se tenait constamment dans ses environs et était au courant de tout ce qui se passait.

Des phénomènes extraordinaires se produisaient de temps à autre. Un jour, traversant le désert dans le train qui va d'Ismaïlia au Caire, une lettre tomba dans le wagon; cette lettre faisait des allusions au sujet dont nous parlions et renfermait pour chaque personne présente, chacune étant désignée par son nom, un aimable message d'encouragement. Une des personnes qui étaient avec nous et moi-même ayant par hasard regardé en l'air au moment où la lettre arrivait, nous la vîmes apparaître dans la partie circulaire du plafond de la voiture où l'on suspend habituellement la lampe quand vient la nuit. Cette lettre nous arriva exactement de la même manière que celle dont j'ai parlé plus haut, sous la forme d'un vague nuage blanchâtre qui se condensa en une feuille de papier et vint s'abattre sur nous en voltigeant.

Je me souviens encore d'une autre circonstance qui se produisit au Caire. Mme Blavatsky était entrée dans un bazar pour y acheter un flacon d'essence de roses dont elle voulait se servir dans la chambre de méditation d'Adyar; elle paya ce flacon deux livres. Rentrés une demi-heure plus tard à l'hôtel pour le lunch, nous étions assis à la petite table qui nous était réservée dans une sorte d'alcôve lorsque deux souverains anglais vinrent tomber sur la table; Mme Blavatsky nous donna l'explication de ce fait. Les Maîtres, nous dit-elle, lui avaient fait connaître qu'ils ne voulaient pas qu'on dépensât d'argent pour Eux, car nous aurions besoin de tout ce que nous avions, jusqu'au dernier shilling même, avant d'avoir atteint Adyar. Cette affirmation se trouva confirmée dans la suite.

Il m'a été donné d'ailleurs de voir de temps à autre un assez grand nombre de phénomènes associés avec la personnalité de Mme Blavatsky. Je l'ai vue, grâce à ses pouvoirs occultes, précipiter des dessins et de l'écriture, retrouver un objet perdu. Plusieurs fois, j'ai vu des lettres venir de l'espace et tomber sur elle; je puis même certifier qu'un jour, à Adyar, j'ai vu tomber une de ses lettres alors qu'elle était elle-même en Angleterre, à six milles de distance, et que j'ai eu plusieurs fois le privilège d'être employé moi-même par le Maître pour transmettre des lettres après qu'elle eut quitté le plan physique.

Aux premiers temps de la Société Théosophique, les messages et les instructions des Maîtres étaient fréquents; nous vivions alors dans un état d'enthousiasme indicible dont ne peuvent se faire une idée ceux qui ne sont entrés dans la Société qu'après la mort de Mme Blavatsky. Ceux d'entre nous qui ont eu le privilège inestimable d'entrer directement en relations avec les Maîtres ont naturellement gardé cet enthousiasme; malheureusement, il nous a été impossible, par suite de circonstances moins favorables, d'entretenir cet état d'esprit au sein de la Société. Peut-être nous sera-t-il donné de le voir bientôt revivre dans toute sa force. Puissions-nous tous être dignes de participer aux jours glorieux qui vont luire.

FIDÈLE JUSQU'A LA MORT

Il y a bien longtemps, dans cet antique continent de l'Atlantide et dans l'imposante Cité de la Porte d'Or, régnait un Roi puissant. Un jour se présenta devant lui un soldat qu'il avait envoyé à la tête d'une expédition dirigée contre une tribu turbulente sur les confins de ce vaste empire. Ce soldat revenait victorieux. Le Roi, en récompense, le nomma capitaine des gardes du palais et lui confia tout spécialement la garde de son fils unique, héritier présomptif de la couronne.

Peu de temps après sa nomination à ce grade, le nouveau capitaine eut l'occasion de prouver sa fidélité envers celui qui avait placé en lui sa confiance. Un jour, pendant qu'il se promenait seul avec le jeune prince dans les jardins du Palais, une bande de conspirateurs se précipita sur eux et essaya d'assassiner ce dernier. Le capitaine fit bravement face à ces forces si supérieures et, bien que mortellement blessé, il réussit à sauvegarder le prince, qui avait perdu connaissance, jusqu'au moment où les secours arrivèrent. Tous les deux furent conduits devant le roi qui, se tournant vers le capitaine mourant, lui dit :

« Que puis-je faire pour vous qui avez donné votre vie pour moi? »

Le capitaine répondit : « Accordez-moi la grâce de vous servir toujours, vous et votre fils, dans toutes les vies qui suivront celle-ci, puisque maintenant il y a entre nous le lien du sang. »

Et, par un dernier effort, ayant trempé un de ses doigts dans le sang qui coulait abondamment de ses blessures, il en toucha les pieds de son souverain et le front du jeune prince toujours sans connaissance.

Le roi éleva la main pour le bénir et répondit : « Par le sang qui a été répandu pour moi et pour mon fils, je fais le serment que tous les deux vous me servirez jusqu'à la fin. »

Ainsi fut contracté le premier lien entre trois grandes personnalités destinées à conduire les hommes et dont tous vous avez entendu parler, car le grand roi est aujourd'hui le Maître M., le prince, son fils, fut Héléna Petrowna Blavatsky, et le capitaine des gardes fut Henry Steele Olcott. Depuis lors, à travers les siècles innombrables, à travers les vicissitudes les plus étranges, le lien est resté indissoluble; le soldat a continué à servir son roi comme nous savons qu'il le fera dans les siècles à venir.

Revenu ensuite en incarnation, nous le retrouvons dans la personne de Gashtasp, roi de Perse; là, il protège le Zoroastrisme et contribue à donner à cette religion la forme qu'elle a actuellement. Plus tard, sous la personnalité du Roi Asoka, connu du monde entier, il promulgua ces admirables édits qu'on retrouve encore aujourd'hui en Inde gravés sur les rocs et piliers, témoignages de son zèle et de son dévouement. Parvenu au terme de cette vie longue et pénible, comme il s'attristait, portant ses regards en arrière, de voir combien peu de ses projets avaient pu se réaliser, son Maître, pour le réconforter, lui envoya deux visions, l'une du passé, l'autre de l'avenir.

Celle du passé représentait la scène où le lien qui les unissait avait été contracté; celle de l'avenir lui montrait son Maître, Manou de la sixième race-mère et lui-même, notre président fondateur, remplissant sous ses ordres les fonctions de lieutenant pour l'aider dans l'œuvre grandiose qu'il serait alors appelé à diriger. Et ainsi Asoka mourut heureux, certain que le lien terrestre le plus étroit possible, celui qui lie le Maître à son disciple, ne serait jamais rompu.

Ayant ainsi contribué dans une très large mesure à répandre deux des plus grandes religions du monde, le Zoroastrisme et le Bouddhisme, il était tout indiqué qu'il fût associé au grand mouvement qui synthétise toutes les religions : la Société Théosophique. Jamais il ne voulut s'immiscer dans les questions du domaine spirituel ; ils se contenta toujours d'être un administrateur remarquable qui rendit possible le travail de l'instructeur dans sa dernière vie, comme dans toutes les autres, son principe dominant fut la loyauté envers son Maître, le dévouement à l'œuvre qu'il devait accomplir.

Lorsque je le rencontrai pour la première fois, il y a un quart de siècle, ce sentiment de loyauté était la caractéristique principale de son caractère et il ne cessa de l'être pendant toutes les années qui suivirent. Cette loyauté inspira tous ses actes ; c'est elle encore qui lui dicta la lettre qu'il m'écrivit quelques semaines avant sa mort et, depuis, elle fut toujours sa caractéristique dominante dans le monde astral où il vit maintenant.

En considérant sa dernière vie dans tous ses détails, nous pouvons constater que le sentiment du devoir a aussi été sa note dominante. C'est ainsi que le secrétaire adjoint du Trésor des Etats-Unis lui écrivit ces lignes au sujet des fonctions publiques qu'il avait occupées :

« Je tiens à vous dire que jamais je n'ai rencontré d'homme, investi de fonctions aussi importantes, présentant les capacités, la facilité de travail et inspirant autant de confiance que vous. Par dessus tout, je désire rendre un témoignage d'estime à la droiture et à l'intégrité de votre caractère, qui sont, j'en suis certain, la note dominante de toute votre carrière, et qui n'ont jamais, à ma connaissance, été prises en défaut. Le fait qu'aucune tache n'a terni votre réputation, si nous considérons la corruption, l'audace et la puissance de tant de gens indignes, occupant de hautes situations que vous avez poursuivis et punis, est une chose dont vous pouvez être fier et qu'aucun de ceux qui occupèrent un tel poste et ourent à remplir dans ce pays-ci les mêmes fonctions n'a jamais obtenue ».

Il montra la même énergie et les mêmes capacités dans son administration de la Société Théosophique ; peu de gens cependant se rendent compte de l'étendue et des succès de son œuvre, dont la plus grande partie ne peut être appréciée que par ceux qui ont visité ces contrées orientales qu'il aimait tant. A ses efforts inlassables on doit la reconstruction et l'agrandissement du quartier général d'Adyar. C'est lui qui fonda la bibliothèque si importante aujourd'hui et qui, au jour de son inauguration, rassembla, pour la bénir, des prêtres de toutes les grandes religions du monde, première fois, dans l'histoire, où les représentants de ces religions se soient rencontrés en un fraternel accord, chacun reconnaissant franchement les autres pour ses égaux.

A lui encore est dû le grand mouvement en faveur de l'éducation bouddhiste dans l'île de Ceylan, grâce auquel il y a aujourd'hui 287 écoles bouddhistes où 35.000 enfants sont instruits. C'est lui qui rallia, par un programme de croyances communes, les Eglises bouddhistes du nord et celles du sud séparées depuis plus de mille ans; c'est lui enfin qui entreprit d'instruire la classe si délaissée des Pariahs.

Nombreuses et grandes furent les difficultés qu'il rencontra pour maintenir l'union dans la Société Théosophique et diriger un mouvement aussi complexe; cependant dans tous les pays il était populaire, partout il était bien accueilli. Son dévouement à la Société et sa bonne foi évidente ne pouvaient manquer de faire impression sur tous ceux qui le voyaient. Je puis parler de lui en toute connaissance de cause, car j'ai eu des occasions toutes spéciales de l'apprécier. Jamais je n'oublierai sa bienveillance paternelle lorsque, relativement jeune et ne connaissant rien de la vie hindoue, je vins pour la première fois à Adyar habiter le Quartier Général.

Depuis lors, je me suis retrouvé avec lui dans maints pays; j'ai passé seul avec lui, sauf un interprète et un domestique, des semaines entières en char à bœufs dans les jungles de Ceylan; je l'ai accompagné dans le voyage qu'il fit en Birmanie en 1885 pour y exposer la Théosophie. Dans ces circonstances, on arrive à connaître les gens plus intimement qu'après des années de rapports dans la vie sociale; je puis donc rendre sans aucune restriction hommage à son dévouement absolu et attester que son unique but fut, sans cesse, l'extension de l'œuvre théosophique, son unique préoccupation, de chercher à satisfaire son Maître, en se donnant de toute son âme à sa mission.

Son départ est encore trop récent pour que nous en ayons oublié les détails. Tous, nous savons avec quel courage il supporta ses souffrances et comment, au cours même de sa maladie, sa pensée se tournait constamment vers la prospérité de la Société qu'il aimait tant et à laquelle il avait consacré sa vie. Nous nous souvenons que, lorsque arriva pour lui le moment de quitter son corps, trois des grands Maîtres se tenaient près de lui avec son ancienne collègue, et amie, Mme Blavatsky. Tous aussi, nous avons lu le magnifique discours que prononça son successeur à son incinération. Ce fut là une grande et belle cérémonie. Le bûcher était en bois de santal, et son corps recouvert du drapeau américain et de l'étendard bouddhiste qu'il avait imaginé lui-même et sur lequel étaient disposées, dans leur ordre, les couleurs de l'aura du Seigneur Bouddha.

Après sa mort, il eut un moment d'inconscience, mais il ne tarda pas à se réveiller et à recouvrer toute son activité. Comme je lui avais toujours été profondément attaché, son Maître me dit de lui servir de guide si le besoin s'en faisait sentir, et de lui expliquer tout ce qu'il demanderait. Il avait toujours manifesté un vif intérêt pour les pouvoirs et les possibilités du plan astral; dès que sa vision y fut devenue bien claire, il montra un désir insatiable de connaissance voulant comprendre la raison et le processus de chaque chose et apprendre à agir par lui-même. Sa très exceptionnelle force de volonté lui a beaucoup facilité ses expériences, même celles qu'il faisait pour la première fois. Il se complaît dans les activités qui demandent de la force d'une manière quelconque, lutter, guérir, défendre. Il est plein de grands projets pour l'avenir et plus enthousiaste que jamais pour sa Société.

Son attention a été attirée par les fortes pensées que j'ai formées en écrivant ceci. Il est maintenant près de moi et il insiste pour que je transmette de sa part aux membres de la Société le conseil que voici : vouer à son noble successeur toute la fidélité et l'assistance qu'elle mérite; rejeter et pour jamais toutes les petites questions de personnalités, toute vaine querelle sur des sujets qu'ils ne peuvent comprendre, et qui ne les concernent pas, et concentrer leur attention sur la seule chose importante, l'*œuvre* que la Société doit accomplir dans le monde.

Et son message se termine ainsi : « Oubliez-vous vous-mêmes, oubliez vos limitations et vos préventions et ne songez qu'à répandre les vérités théosophiques! »

Nous ne pouvons encore dire que bien peu de chose sur l'avenir qui l'attend. Lorsque ces lignes seront sous les yeux du lecteur, il sera probablement réincarné et il le désire profondément afin de travailler de nouveau aux côtés de Mme Blavatsky dans son incarnation actuelle. Je ne puis dire encore jusqu'à quel point son désir sera réalisé; il sera certainement employé là où les Maîtres penseront que ses services sont le plus utiles.

Son talent remarquable est un talent d'organisation; nous avons vu comment il l'a montré en réorganisant le Zoroastrisme, en provoquant des missions pour l'enseignement du Bouddhisme et dans la fondation de la Société Théosophique. Il n'est donc pas douteux qu'il soit chargé d'un travail analogue dans la grande religion future et l'avènement de la sixième race-mère. Quoi qu'il advienne, la grande âme que nous avons connue dans sa dernière vie sous le nom de Henry Steele Olcott, sera toujours prête à prendre sa part dans tous les travaux analogues, à nous guider comme il l'a déjà fait, sans cesse dévoué au service de son Maître et fidèle, comme toujours, dans la vie et dans la mort.

PLAN D'ÉTUDE POUR LA THÉOSOPHIE

Ceux qui veulent étudier à fond la Théosophie doivent se familiariser peu à peu avec toute la littérature. Ce n'est pas une tâche aisée, et l'ordre dans lequel il faut lire les ouvrages est d'une grande importance pour en tirer le meilleur parti possible. On ne peut établir d'ordre fixe pour la lecture des livres théosophiques, car cet ordre varie avec chacun ; les uns prennent plus facilement contact avec la Théosophie en commençant par les enseignements de nature dévotionnelle ; les autres s'intéressent au côté scientifique plutôt qu'au côté sentimental. Le mieux que je puisse faire est donc d'établir un plan général de lectures qui laisse place à toutes les modifications nécessaires aux idiosyncrasies individuelles.

Il importe d'avoir tout d'abord une vue d'ensemble très claire avant d'aborder les détails. Nul ne peut se rendre compte de l'utilité d'une partie de l'enseignement théosophique s'il n'a compris l'ensemble de cet enseignement ; alors seulement il voit chaque partie confirmée, renforcée par le reste, et il comprend qu'elle est vraiment une portion indispensable de l'ensemble. Je pense donc que le débutant doit commencer par lire les ouvrages élémentaires, sans s'arrêter aux détails, cherchant plutôt à saisir les grandes lignes et ce qu'elles impliquent, et s'efforçant de les considérer comme des lois naturelles. Il se placera ainsi dans ce que nous appelons l'attitude théosophique, par laquelle on apprend à juger toute chose du point de vue théosophique.

A cette fin, l'étudiant peut prendre :

Une esquisse de la Théosophie (C. W. Leadbeater).
Le Secret de la Vie (Annie Besant).
Précis de Théosophie (C. W. L.).

Lorsque après la lecture de ces petites brochures de

propagande, écrites par Mme Besant et par moi, il commencera à se familiariser avec elles, je recommanderai *Les Lois fondamentales de la Théosophie,* puis la *Sagesse Antique* par Mme Besant, qui lui donneront une idée claire de l'ensemble. Un autre livre peut encore être utile à ce stade : *Echappées sur l'occultisme* (C. W. Leadbeater). Il s'adonnera ensuite à l'étude de quelques détails qui lui sembleront les plus aptes à l'intéresser.

S'il est plutôt porté vers l'éthique, les meilleurs livres sont : *Aux Pieds du Maître* (Alcyone), *La Lumière sur le Sentier, La Voix du Silence* (H. P. Blavatsky), *Le Sentier du Disciple* (Annie Besant), *Vers le Temple* (Annie Besant), *Les Trois Sentiers* (Annie Besant), *Le Dharma* (Annie Besant) et la *Bhagavad-Gîta.*

Celui qui désire s'instruire sur la vie après la mort trouvera ce qu'il désire dans *L'Autre Côté de la Mort* (C. W. Leadbeater), *Le Plan Astral* (C. W. Leadbeater), *La Mort et l'Au-delà* (Annie Besant), *Le Plan Mental* (C. W. Leadbeater).

Si le côté scientifique attire plutôt, voici les livres qui lui conviendront : *Le Bouddhisme ésotérique* (A. P. Sinnett), *Théosophie et Science Moderne* (par Marquès), *La Chimie Occulte* (A. Besant et C. W. Leadbeater).

S'il est porté vers l'étude des religions comparées, qu'il lise : *Précis universel de Religion et de morale* (Annie Besant), *Les grandes Religions actuellement pratiquées dans l'Inde* (A. Besant), *The great Law* (Williamson), *La Bhagavad-Gîta* (Annie Besant), *Hints on the study of Bhagavad-Gîta, Neuf Upanishads, The Wisdom of Upanishads, An advanced Text-Book of hindu Religion and Ethics, La Lumière d'Asie* (E. Arnold), *Catéchisme Bouddhique* (H. S. Olcott), *Buddhist popular Lectures.*

S'il s'intéresse spécialement aux vérités du Christianisme, qu'il lise : *Le Christianisme ésotérique* (Annie Besant), *Le Credo chrétien* (C. W. Leadbeater), *Fragments of a Faith forgotten* (Mead), *La Voie parfaite* (A. Kingsford).

Si l'on désire pousser ses recherches sur l'origine et

l'histoire primitive du Christianisme, on peut ajouter aux livres indiqués ci-dessus les ouvrages de M. Mead : *Did Jesus live 100 B. C., The Gospel and the gospels, Orpheus, Plotinus.*

Ceux qui recherchent l'application de la Théosophie aux questions d'actualités politiques et sociales liront avec profit : *Le monde de demain* (A. Besant), *L'Avenir imminent* (A. Besant), *Theosophy and human Life* (A. Besant), *Occult Essays, Theosophy and the New Psychology.*

Si, comme c'est le cas le plus fréquent, l'intérêt se porte vers une connaissance plus générale, vers cette vie décrite par la science de l'occultisme, il faudra lire, outre les livres déjà nommés : *Etude sur la conscience* (A. Besant), *Introduction à la Yoga* (A. Besant), *La Clairvoyance* (C. W. Leadbeater), *Les Rêves, Les Aides invisibles, L'Homme visible et invisible* (C. W. Leadbeater), *Les Formes-Pensées* (A. Besant et C. W. Leadbeater), *L'Evolution de la Vie et de la forme* (A. Besant), *Le Pouvoir de la pensée* (A. Besant), *L'Occultisme dans la nature* (C. W. Leadbeater).

Il est bon de se familiariser complètement avec les sujets dont traitent *Réincarnation, Karma, L'Homme et ses corps* (A. Besant). En réalité, ces livres devraient être lus dans le début.

Celui qui désire vivre la Théosophie sans se contenter d'en faire une simple question intellectuelle, doit s'efforcer de comprendre le but que poursuit la Société Théosophique. Il lira avec profit : *Les Maîtres et la Société Théosophique, Mélanges théosophiques* (A. Besant), *L'Occultisme dans la nature* (2° vol. C. W. Leadbeater). De même aussi : *Histoire authentique de la Société Théosophique*, 3 vol. (H. S. Olcott), *Le Monde occulte* (A. Sinnett).

A mon avis, le livre le meilleur de tous est *La Doctrine secrète* par Mme H. P. Blavatsky, mais il doit être laissé de côté tant que les autres livres n'ont pas été étudiés à fond; alors celui qui abordera cette œuvre en tirera un profit beaucoup plus grand. Je sais que la plupart des personnes préfèrent commencer par là ; il me semble que la *Doctrine secrète* peut être utilisée plutôt comme une sorte d'encyclopédie, de livre de références.

Le *Précis de théosophie* expose la Théosophie dans la forme la plus simple et sans termes techniques ; *L'Homme, d'où il vient, ce qu'il est, où il va!* est l'histoire détaillée de l'évolution de l'homme dans le passé, en même temps qu'un aperçu de l'avenir ; *Premiers principes de Théosophie,* qui traite de la Théosophie au point de vue scientifique et présente notre doctrine sous un aspect entièrement nouveau (1).

Le plan que je viens d'indiquer comporte des années d'études laborieuses et suivies ; mais celui qui, s'y étant adonné, l'a terminé et tente de mettre en pratique ce qu'il a appris, sera certainement d'un grand secours à son prochain.

---

(1) Ce volume n'est pas paru en français, mais on peut recommander : *l'Evolution occulte de l'Humanité* (C. Jinarajadasa).

TABLE DES MATIERES

PREMIERE SECTION

Le Théosophe après la mort

Le Théosophe après la mort	7
Rapports des décédés avec la terre	9
Des conditions d'existence après la mort	18
De l'obsession animale	21
Animaux individualisés	30
De la localisation des Etats	31
La vie céleste	36
Le Karma dans la vie céleste	41

DEUXIEME SECTION

Le travail astral

Les aides invisibles	50
Du souvenir des expériences astrales	62
Les dimensions supérieures	69

TROISIEME SECTION

Le corps mental

Le corps mental	73
Un pouvoir négligé	81
Intuition et impulsion	87
Des centres de pensées	89
La pensée et l'essence élémentale	94

QUATRIEME SECTION

Les pouvoirs psychiques

Les pouvoirs psychiques	96
De la clairvoyance	104
L'accord mystique	115
Comment on voit les vies passées	120
Prévision de l'avenir	133

CINQUIEME SECTION

L'Aura du Déva

L'Aura du Déva	137
L'esprit d'un arbre	143

SIXIEME SECTION

La construction d'un système

La construction d'un système	145
Les chaînes planétaires	153
Les vagues de vie successives	159
Les monades lunaires	178
La chaîne terrestre	190
Modes d'individuation	212
Les sept types	223
Notes sur les races	225
Mars et ses habitants	235

SEPTIEME SECTION

Trois lois de la vie humaine

Trois lois de la vie humaine	245
Le retour en incarnation	246
Caractéristiques personnelles	259
Intervalles entre les vies successives	262

HUITIEME SECTION

La loi d'équilibre

La loi d'équilibre	272
Le fonctionnement de la loi de Karma	282
Le Karma de la mort	286
Le Karma au point de vue éducateur	290
Variétés de Karma	292
Le Karma des animaux	297

NEUVIEME SECTION

Qu'est-ce que la Société Théosophique?

Qu'est-ce que la Société Théosophique	301
La théosophie et les guides du monde	310
Réminiscences	317
Fidèle jusqu'à la mort	327
Plan d'étude pour la Théosophie	333

SOCIÉTÉ THÉOSOPHIQUE

QUARTIER GÉNÉRAL

Adyar, Madras (Indes Anglaises.)

La Société Théosophique (fondée en 1875 par H.-P. Blavatsky et H.-S. Olcott) a pour objet :

1° De former un noyau de fraternité dans l'humanité sans distinction de sexe, de race, de rang ou de croyance ;

2° D'encourager l'étude des religions comparées, de la philosophie et de la science ;

3° D'étudier les lois inexpliquées de la nature et les pouvoirs latents dans l'homme.

L'adhésion au premier de ces buts est seule exigée de ceux qui veulent faire partie de la Société.

La Société théosophique se compose d'étudiants appartenant, ou non, à une religion reconnue quelconque. Tous ses membres ont approuvé, en y entrant, le premier au moins, des trois buts qu'elle poursuit ; tous sont unis par le même désir de supprimer les haines de religion, de grouper les hommes de bonne volonté, quelles que soient leurs opinions, d'étudier les vérités enfouies dans l'obscurité des dogmes, et de faire part du résultat de leurs recherches à tous ceux que ces questions peuvent intéresser. Leur solidarité n'est pas le fruit d'une croyance aveugle mais d'une commune aspiration vers la vérité qu'ils considèrent, non comme un dogme imposé par l'autorité, mais comme la récompense de l'effort, de la pureté de la vie et du dévouement à un haut idéal. Ils pensent que la foi doit naître de l'étude ou de l'intuition, qu'elle doit s'appuyer sur la raison et non sur la parole de qui que ce soit.

Ils étendent la tolérance à tous, même aux intolérants, estimant que cette vertu est une chose que l'on doit à chacun et non un privilège que l'on peut accorder au petit nombre. Ils ne veulent point punir l'ignorance, mais la détruire. Ils considèrent les religions diverses comme des expressions incomplètes de la Divine Sagesse et, au lieu de les condamner, ils les étudient.

La Théosophie peut être définie comme l'ensemble des vérités qui forment la base de toutes les religions. Elle prouve que nulle de ces vérités ne peut être revendiquée comme propriété exclusive d'une Eglise. Elle offre une philosophie qui rend la vie compréhensible et démontre que la justice et l'amour guident l'évolution du monde. Elle envisage la mort à son véritable point de vue, comme un incident périodique dans une existence sans fin, et présente ainsi la vie sous un aspect éminemment grandiose. Elle vient, en réalité, rendre au monde l'antique science perdue, la *Science de l'âme*, et apprend à l'homme que l'âme c'est lui-même, tandis que le mental et le corps physique ne sont que ses instruments et ses serviteurs. Elle éclaire les Ecritures sacrées de toutes les religions, en révèle le sens caché, et les justifie aux yeux de la raison comme à ceux de l'intuition.

Tous les membres de la Société théosophique étudient ces vérités, et ceux d'entre eux qui veulent devenir théosophes, au sens véritable du mot, s'efforcent de les vivre.

Toute personne désireuse d'acquérir le savoir, de pratiquer la tolérance et d'atteindre à un haut idéal, est accueillie avec joie comme membre de la Société Théosophique.

CONFÉRENCES ET COURS

SALLE DE LECTURE. — BIBLIOTHÈQUE

Au Siège de la Société : 4, square Rapp, Paris (VIIe).
S'y adresser, pour tous renseignements, de 3 à 6 heures, sauf le dimanche.

PUBLICATIONS THÉOSOPHIQUES

4, square Rapp, Paris.

EXTRAIT DU CATALOGUE

Ouvrages élémentaires.

Annie BESANT. — Les Lois fondamentales de la Théosophie ....
— Le Secret de la vie................................
C.-W. LEADBEATER. — Une Esquisse de la Théosophie..
D^r Th. PASCAL. — A. B. C. de la Théosophie............
— La Théosophie en quelques chapitres ....
Aimée BLECH. — A ceux qui souffrent................
M. JALAMBIC. — Vers la Théosophie................

Ouvrages d'instruction générale

J.-C. CHATTERJI. — La Philosophie ésotérique de l'Inde..
Annie BESANT. — La Sagesse antique................
A.-P. SINNETT. — Le Bouddhisme ésotérique............
Dr PASCAL. — Essai sur l'évolution humaine............
H.-S. OLCOTT. — Histoire authentique de la Société Théosophique (3 volumes) ....
C. JINARAJADASA. — L'Evolution occulte de l'humanité.....

Ouvrages d'instruction spéciale

Annie BESANT. — Etude sur la Conscience............
— Le Monde de demain ....
— Le Karma ....
— Le Pouvoir de la Pensée ....
C.-W. LEADBEATER. — Le Plan astral ....
— Le Plan mental ....
— Clairvoyance ....

L. REVEL. — Vers la fraternité des Religions............
H.-P. BLAVATSKY. — Doctrine secrète (6 volumes).......

Ouvrages d'ordre éthique

ALCYONE. — Aux Pieds du Maître....................
— Le Sentier ....
— Pour devenir disciple ....
Annie BESANT. — Vers le Temple ....
— Le sentier du Disciple ....
— Les Trois Sentiers ....
H.-P. BLAVATSKY. — La Voix du Silence ....
— Premiers pas sur le chemin de l'occultisme......
M. C. — La lumière sur le Sentier ....
La Bhagavad Gîtâ ....
Neuf Upanishads ....

PÉRIODIQUES

Revue théosophique (mensuelle), *Le Lotus Bleu,* le numéro, 2 fr.
Abonnement par an : France, 20 fr.; étranger, 25 fr.

ÉDITIONS ADYAR

4, Square Rapp
PARIS (VIIe Arr^t)

Demandez notre Catalogue

L'*Emancipatrice,* Imp. coopérative, Rue de Pondichéry, 3, — 8432-8-26

www.ingramcontent.com/pod-product-compliance
Lightning Source LLC
Chambersburg PA
CBHW060509170426
43199CB00011B/1380